21世纪普通高等教育创新型基础课程教材

应用文写作

（第3版）

主　编　黄传武

副主编　曾爱波　白明启　王秋生

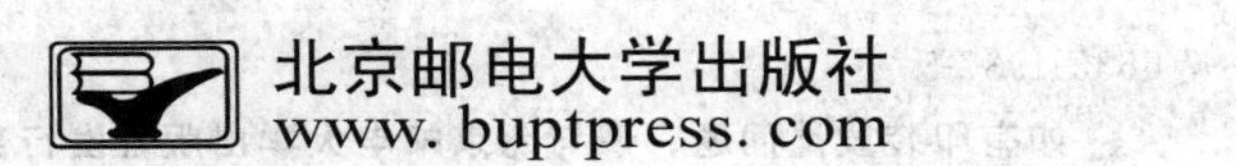

内 容 简 介

《应用文写作》第3版是为适应我国高等教育教学改革发展需要，根据全国普通高等院校公共专业基础课程教材的编写精神而写的一本创新型教材。本教材努力体现时代感、创新型、立体化的特点，旨在提高全国普通高等院校的学生应用文写作能力，为大学生适应社会、服务社会奠定良好基础。

本书基本内容包括应用文概述、应用文写作基础知识、公文概述、党政机关公文写作、常用行政公文写作、经济类应用文写作、法律类应用文写作、礼仪类应用文写作、新闻宣传类应用文写作、学业论文类应用文写作、日常应用文写作、网络应用文写作、提高写作能力的途径等。

本书力求理论联系实际，理论知识明确要点，实际例文典型恰当，使学生在学习基本理论知识的同时，迅速掌握实际写作能力。

本书适合全国高等院校作为公共教材，也可作为相关部门培训教材和参考书。

图书在版编目(CIP)数据

应用文写作 / 黄传武主编. -- 3版. -- 北京 : 北京邮电大学出版社，2016.11（2021.12重印）
ISBN 978-7-5635-4937-5

Ⅰ. ①应…　Ⅱ. ①黄…　Ⅲ. ①汉语－应用文－写作－教材　Ⅳ. ①H152.3

中国版本图书馆 CIP 数据核字（2016）第 225764 号

书　　　名：应用文写作（第3版）
著作责任者：黄传武　主编
责 任 编 辑：徐振华　孙宏颖
出 版 发 行：北京邮电大学出版社
社　　　址：北京市海淀区西土城路10号（邮编：100876）
发 行 部：电话：010-62282185　传真：010-62283578
E-mail：publish@bupt.edu.cn
经　　　销：各地新华书店
印　　　刷：保定市中画美凯印刷有限公司
开　　　本：720 mm×1 000 mm　1/16
印　　　张：20
字　　　数：379千字
版　　　次：2008年10月第1版　2010年8月第2版　2016年11月第3版
2021年12月第6次印刷

ISBN 978-7-5635-4937-5　　　　定　价：40.00元

·如有印装质量问题，请与北京邮电大学出版社发行部联系·

前言

随着我国经济建设的发展，社会对应用型人才需求紧迫。为适应应用型教育的改革需要，相应的教材编写和出版也进行了调整，教材必须体现新的理念、新的要求。

2008年10月，编委会根据全国普通高等院校公共专业教材的编写精神，为适应我国高等教育教学改革的需要，我们组织相关领域的专家学者，包括高等院校的实际讲课教授、国家行政机关办公厅的资深秘书、大学语文教育的知名学者，对现代应用文写作及教育问题进行了反复研讨论证，出版了《应用文写作》一书。

2010年8月，在第1版教材的基础上，编委会对教材重新修订改版，体现最新写作内容和精神，强化教材配套，真正体现紧跟时代、创新写作的立体化教材特点。教材出版至今，市场反映很好，连续加印5次，发行册数3万多册。教材的出版修订、市场读者的认同给予了编委会极大的鼓舞。

随着社会的发展，国家教育教学改革的进一步深化，应用文的教学与实际应用环节也发生很大变化。为适应新形势的变化，编委会根据实际教学的需要，决定在2010年第2版《应用文写作》的基础上，根据最新中国中央办公厅、国务院办公厅2012年印发的《党政机关公文处理工作条例》进行进一步的修订、改版，重新调整体例，增加实用案例，注重实际应用训练，强化电子内容，并且适应市场形势，增加第十二章网络应用文写作。本书是真正体现与时俱进、创新应用的新型教材。

本教材体现如下特点。

1. 内容新颖。本教材选材新、例文新，具有很强的时代气息；本教材的编写人员由长期从事应用文研究、写作和教学一线的专家组成，本书具有较强的权威性、实用性。本书依据2012年颁布的《党政机关公文处理工作条例》《党政机关公文格式》修订，内容新颖，优选最新写作例文并讲解，同时增加网络应用文写作一章，注重内容的时代性和现代特色。

2. 结构完善。本教材坚持以素质教育为目标，以能力培养为本位，主要任务是帮助学生学习掌握应用文写作的基础理论、写作方法和技巧，提高写作能力和语文素养。本书在结构上注重理论与实际的合理安排。

3. 注重应用。本教材注重学以致用，突出写作能力培养，设计了写作能力训练题，让学生通过评析、修改、写作等训练来提高写作能力。

4. 案例教学。本教材按“案例法”的教学原则，重视知识应用能力的培养，突出可操作性，并配合知识点设计了许多典型案例与例文点评。

5. 延伸阅读。为配合实际教学需要，本教材设计了部分补充材料，实现师生延伸阅读的功能。

6. 立体开发。配合本教材，我们开发了电子教案、题库、学习卡、网站等一系列的配套立体化教材，在实际的应用文写作中创新出新型的教学模式。

《应用文写作》编委会

目　录

第一章　应用文概述

本章学习目标

1. 理解应用文概念。
2. 掌握应用文的几大特点。
3. 了解应用文的作用。
4. 通过和文艺文的比较了解应用文的表现形式。
5. 清楚应用文的分类。

一、应用文

应用文是指日常工作和生活中经常使用的、为某种具体的实用目的而写的文体。因此,它是完成具体工作或事情的一种工具。

在所有的文体中,应用文的使用频率最高。政府部门用它来上传下达、办理公务。普通人用它来交流思想。因此,应用文又称为实用文体。

二、应用文的特点

一般来说,应用文具有以下几个特点。

(一) 实用性

实用性即“应用”,应用文是为实用目的而写作,具有实用工具的作用。

(二) 规范性

应用文的形体、格式、语体及操作方式要符合严格的规范要求,具有很强的规范性。

(三) 真实性

应用文是以解决实际问题为目的的,都是为现实需要而写作的,其内容必须具有真实性。

(四) 平实性

应用文要求语言简朴、表达明确,在行文中要求体现平实性的特点。

三、应用文的作用

随着社会的发展、时代的前进、科学技术的进步,应用文发挥的作用越来越大。具体说来,应用文的作用体现在以下几个方面。

(一) 管理指导

机关、团体、企事业单位要经常制发应用文件,对下级进行领导和指导。所以,党的各项方针、政策的贯彻,国家各项任务的完成,都离不开应用文。

(二) 信息交流

应用文以其方便快捷的方式,在人们之间传递信息、沟通思想。机关、团体和企事业单位要经常利用应用文与上下左右联系,沟通情况,指导工作,处理问题。

(三) 凭证依据

应用文在实际的工作中,是指导工作的重要依据,在工作完毕之后,文件存档,又具有重要的凭证作用。

四、应用文与文艺文的区别

文章是由内容和形式两个方面构成的,也就是说,有思想内容,还要有与它相适应的形式才能成为文章。通常将文章分为两个类型,即文艺文与应用文。文艺文又称文学作品,主要有诗歌、小说、散文、戏剧等体裁;应用文包括公文、日常应用文书及条据等。

应用文与文艺文是文章的两大类型,两者之间有着明显的区别,弄清两者的区别,对我们写好应用文是大有裨益的。

(一) 写作目的不同

文艺文是为了让人欣赏而创作的,它的读者不确定,它通过艺术形象和曲折的情节来影响人、感染人,让读者从中得到启示。

应用文是为了实现某个目的而写作的,它有特定的作者和读者,它的目的是要求特定的读者知道什么,服从什么或做什么。

(二) 基本思维形式不同

文艺文属于"形象思维"范畴,它通过艺术形象和对事情的描写教育人、感染人,通常代表作者个人的观点。不同的读者可以从中得出不同的认识和见解。

如《三国演义》,小说描述了东汉末年的战争画面和东汉分为三国、一统为晋的历史。有的读者从中得出了"天下大事、分久必合、合久必分"的历史发展规律;有的读者得出了"时势造英雄"的结论;而有的读者则认为"这是一部宣扬封建的正统观"的代表作。

应用文属"逻辑思维"范畴,它通过大量的事实,通过概念、判断、推理,以逻辑的力量去说服人、教育人,或要求受文者做什么。作者的意图是直接说出来的,一是一、二是二,观点明确,任何人读后,只能得出一个结论,而绝不会出现

多种解释。

（三）反映现实不同

文艺文的特点是可以虚构，可以采用夸张、拔高及典型化、理想化的手法去塑造人物，烘托环境，以意料之外、情理之中的构思描写来反映客观现实及作者的意图。

如引起轰动效应的小说《雍正皇帝》，就违背了历史真貌，采用艺术夸张、拔高的手段，描写了一个励精图治、为"乾隆盛世"奠基的、理想化的、有为之君的形象。小说也寄托了作者为改革者"死后骂名滚滚来"所抱的不平。

应用文章不能虚构，也不可夸张、拔高，只能通过典型和真实的事例来说明，从而达到宣传、教育、指导的作用。

如《人民日报》采编的关于我国驻南联盟大使馆坚守岗位、无畏工作的报道，就以真实的事例和典型人物恰如其分地向我们展示了新中国外交战士的无畏精神，读后让人激愤、向上。

（四）表现形式不同

文艺文表现形式提倡多样化、个性化，标新立异。

应用文写作的目的是为了实用，因而在社会应用和制发过程中形成了一定的程式。虽然程式并非是僵死不变的，但基本的表现形式是不能违背的。

如应用文中的公文，主要文种的写作格式及表现方法已经以规范形式固定下来，写作过程中不能随意为之。例如，"请示"的文尾语"妥（可）否，请批示（复）"就是这一文种的固定模式，是任何公文作者不能改变的。

（五）语言运用不同

文艺文被称为语言的艺术，它重视语言的形式美，以及语言的形象性、生动性，给人以美的享受。

例如，《水浒传》中《林教头风雪山神庙》一节中关于林冲去镇上买酒返回草料场时两段天气的描写：

去：彤云密布，朔风渐起，却早纷纷扬扬卷下一天大雪来。

回：雪地里踏着碎琼乱玉，迤逦背着北风而行，那雪正下得紧。

一去一回，通过"彤云密布""朔风渐起""纷纷扬扬""碎琼乱玉"等形象、生动的描写，使人有身临其境的感觉。

应用文在语言运用上，讲究准确、简洁、得体，不需要过多的形容、描写。例如，《林教头风雪山神庙》一文中林冲冒雪往返草料场的描写，如改成应用文的写法，则成为：

去：林冲离开草料场时，下起了大雪。

回：顶风踏雪赶回草料场。

(六) 流传范围及时间不同

文艺文流传范围广，时间长，优秀的先秦散文、唐诗、宋词至今让人诵读，《三国演义》《水浒传》《西游记》《红楼梦》几百年盛行不衰且跨出国界，成为中华灿烂文化的重要代表。

应用文有限定的传阅范围和时间。当某项工作或任务完成后，与之相关的应用文也就完成了使命。重要发文应该整理、归档，一般文件则登记销毁。

五、应用文的分类

应用文可以从不同的方面(角度)划分成不同的类别。

(一) 按处理事情的性质划分

按处理事情的性质划分可以分为公务类应用文和私务类应用文。公务类应用文是指为处理国家和集体的事务而写作和使用的应用文，即通常所说的公文；私务类应用文是指为处理个人的事务而写作和使用的应用文，即通常所说的个人日用文书。

(二) 按表达方式划分

按表达方式划分可分为记叙文、说明文、议论文。记叙文是以记叙作为主要表达方式的应用文；说明文是以说明作为主要表达方式的应用文；议论文是以议论作为主要表达方式的应用文。

(三) 按使用领域划分

1. 行政类应用文

行政类应用文包括重要公文和常用行政公文。重要公文指国务院发布的《党政机关公文处理工作条例》中所规定的决议、决定、命令(令)、公报、公告、通告、意见、通知、通报、报告、请示、批复、议案、函、纪要。

常用行政公文指规划、计划、调查报告、总结、简报、提案、建议、章程、条例、规定、制度办法、规则、细则等。

2. 司法类应用文

司法类应用文包括起诉书、答辩状、判决书、庭审笔录、法院公告等。

3. 外交类应用文

外交类应用文包括照会、国书、备忘录、条约、协定等。

4. 经济类应用文

经济类应用文包括广告、合同、市场调查报告等。

5. 科技类应用文

科技类应用文包括学术论文、学术报告、实验报告、设计说明书、可行性研究报告等。

6. 教学类应用文

教学类应用文包括教材、讲义、教案等。

7. 新闻类应用文

新闻类应用文包括消息、通讯、简讯、评论等。

8. 日常生活应用文

日常生活应用文包括书信、电报、聘书、启事、请柬、条据等。

不同类型的应用文有不同的写法,适合不同的行业和部门使用。

本章小结

应用文是党政机关、企事业单位以及个人在日常工作、生活和学习中不可或缺的工具,具有指导、沟通、宣传和凭证等作用。

学习应用文写作,对于完善知识结构、提升能力、提高学习质量和工作效率具有重要的意义。

思考与练习

一、名词解释

应用文

二、填空题

1. 一般说来,应用文具有________、________、________、________等特征。

2. 一般来说,应用文的作用体现在________、________、________等方面。

3. 司法类应用文主要包括________、________、________、________等种类。

4. 外交类应用文主要包括________、________、________、________、________等种类。

三、问答题

1. 什么是应用文?

2. 应用文有何特点?

3. 应用文有何作用?

4. 举例说明应用文与文艺文的区别。

5. 应用文可以分为哪些种类?

第二章　应用文写作基本知识

本章学习目标

1. 理解应用文主旨的写作要求。
2. 掌握收集应用文材料的方法与原则。
3. 明晰应用文的结构安排。
4. 了解应用文的语言特点。
5. 清楚应用文的基本书写要求。
6. 了解应用文的写作原则。

第一节　应用文的主旨

一、主旨

主旨是一篇应用文的中心思想、中心论点，也就是通常所说的应用文主题。具体是指文章在说明问题、反映情况、提出意见时所要表达的意图、信息、观点或态度。应用文的主旨是应用文的灵魂，一篇应用文好不好，主要看主旨是否正确、鲜明。主旨不正确、不鲜明，必然影响应用文的作用。举例如下。

关于×××赴香港的函

国务院港澳办：

我部所属×××公司经理×××、副经理×××因业务需要，2010 年需多次赴港。

妥否，请函告。

这篇公文让人读后不知行文目的何在，也就是说此篇公文的主旨是什么，让人模糊。该文的真实目的其实是要办理赴港签注。因此，该文的写法应作修改。

关于申请办理×××等二人赴港签注的函

国务院港澳办：

我部所属×××公司经理×××、副经理×××，2010 年内需多次赴港处理在香港的子公司的业务问题。为此，特申请办理×××、×××2010 年的多次赴港签注。请予审批。

附件：1. ×××、×××多次赴港申请表

2. ×××公司在港子公司简介

由上例不难看出，动笔之前必须确定好公文主旨，否则，写起来就会不得要领，达不到写作的目的。

二、怎样确立应用文的主旨

（一）根据写作目的

应用文是为解决某个问题而产生的，如一个请示、一个批复，都是针对某个问题，为实现某个目的而写的。从这个意义上讲，目的是确定主旨的重要原则。

（二）符合党和国家的方针政策，国家的法律、法令

这是应用文写作的根据与原则，同样也是确定主旨的原则。

（三）根据不同的文种确定

如通知的主旨不能脱离发通知的目的；请示的主旨不能偏离需要解决或批准的事项；批复的主旨只可根据请示的事项加以确定。

三、确立应用文主旨应符合的要求

（一）正确

正确，是对主旨的基本要求。正确的标准是符合国家的法律、法令以及党和国家的方针政策，客观反映事物的本质和规律。这就要求公文的撰写者能够运用科学的理论和方法来观察问题、分析问题，从而提出正确主张。否则，就不能保证主旨的正确性。

（二）明确

明确的意思是主旨应该是确定无疑的，不能模糊，不能模棱两可。为了做到主旨明确，提出的要求应明确、具体。文章的表达要突出重点，尤其要防止出现逻辑错误。例如，××部就其下属单位拟将厂房租与外企的批文中，这样写道：

你局《关于拟出租××车间的请示》（××[××××]××号）收悉，经研究，现批复如下：

1. 不同意将××厂房租与外企；

2. 若租与外企，应与其签订租让合同，并严格恪守；

……

此批文中先说“不同意将××厂房租与外企”，紧接着又说“若租与外企”，前后矛盾，主旨似是而非，让人无所适从。

(三) 集中

集中即主旨必须单一，不能多中心。《党政机关公文处理工作条例》的行文原则中有着“一文一事”，报告中不得夹带请示事项的规定，就是主旨必须集中的原则的具体体现。主旨单一，有利于贯彻执行，以及应用文的立卷、归档。

第二节 应用文的材料

写好应用文必须收集一定数量的材料，并合理地选择、运用材料。所谓材料，在应用文中就是指撰写者用来说明观点、体现应用文主旨的具体事件、情况、数字、依据等，也就是通常所讲的客观事实。一篇文章提出的问题或观点，如果没有材料来说明，就称不上是一篇好文章，也就难以达到撰写的目的。

材料对于文章撰写十分重要，那么应该怎样收集和使用材料呢? 下面就此分述如下。

一、收集的方法

(一) 深入实际收集

要获取材料，就必须深入实际，参加社会实践，通过撰写者个人的观察、体验、走访、调查而得到材料，也就是通常所讲的直接材料或第一手材料。这是公文写作中最重要的材料，因为它最真实、生动、具体，最具有说服力。例如，《湖南农民运动考察报告》就是毛泽东同志于 1927 年 2 月针对党内党外对于农民斗争的责难，深入湖南湘潭、湘乡、衡山、醴陵、长沙五县考察，取得重要资料后写成的。报告以大量事实歌颂了伟大的农民运动，驳斥了以陈独秀为首的右倾机会主义者被国民党的反动统治所吓倒，不敢支持已经起来和正在起来的伟大的农民革命斗争的错误做法。读后使人拍手称快。

(二) 使用间接材料

间接材料即通过文件、文献、报刊、简报、讲话汇编等所取得的材料。此类材料并非自己亲自考察、了解、整理出来的，故称为间接材料。在间接材料的基础上同样可以写出好文章。郭沫若先生的《甲申三百年祭》就是作者在对明史，尤其是对崇祯年的史料进行反复研究后写出来的。

二、收集的原则

(一) 真实

真实是材料收集的重要原则，材料只有真实、可信，才能为应用文主旨的表

述增加说服力、可信度。

（二）详细

材料必须详细，也就是材料论述必须详细，有前因、后果、核心、背景，要现状也要历史，该用数据表示的一定要有准确数据，绝不可怕麻烦、图省事。

（三）定向

定向指的是收集资料必须有一定的方向或范围，因为任何人都不可能全面地掌握所有的知识或资料。因此，每个部门或个人要根据工作内容、特点，有针对性地收集材料，通过长期积累而拥有大量材料，并进行归纳整理，这样提炼出来的材料才具有可靠性、准确性、权威性，才能更好地表现应用文主旨。

三、材料的选择

收集材料要“多多益善”“广收博采”，要的一个是“多”，一个是“真”。在对材料进行选择时，则要的是“精”，即“以一当十”，越精越好。

在材料选择时，要遵循哪些原则呢？

（一）围绕主旨

主旨确定以后，材料的选择就必须围绕主旨，按主旨的需要来取舍材料。与主旨有关，且能说明主旨的材料就取，与主旨无关或关系不大的则舍。材料的取、舍，与文种的关系很大。例如，报告、请示、调查报告、情况通报等选用的材料就要详尽些，指示、通知、通告选用的材料就应简略些。

（二）典型事例

典型材料就是具有代表性的，能反映应用文主旨的本质和事务规律性的材料。社会生活是复杂的，事务的表现形式多种多样，材料也是很丰富的，如不加思考，随便用几个事例来说明某个问题或某种观点，无助于应用文主旨的表述，而且会影响应用文的效能与权威。

（三）新颖

我们正处在建设有中国特色的社会主义现代化强国的伟大实践中，这是前无古人经验可以借鉴的伟大实践，各项事业迅猛发展，新事物、新问题、新作法不断出现，这就要求我们，面对发展的情况，提取和选择能反映时代特点的新材料、新经验，并给以科学的总结和概括，这样才能真正做到解放思想，勇于实践，为开创新的局面起到指导作用。

第三节　应用文的结构

一、结构概述

应用文的结构，指的是应用文内部的组织和构造，又称谋篇、布局、章法等，是应用文表达方式的重要内容。应用文的结构安排得是否合理,将直接关系应用文的质量。人们通常把主旨称为应用文的灵魂,材料称为应用文的血肉,那么结构就是应用文的骨架,试想,如果一个人的骨架有问题,其形象可想而知,同样,应用文的结构若安排不好,应用文同样也是"立"不起来的。

安排好应用文的结构,不仅是写作技巧问题,同时也是思想方法和思想认识问题,和作者的思路有着十分密切的关系,所谓思路,指的是作者写作时思考的线索,是作者对客观世界观察、认识的反映。作者通过对客观事物的思考、判断形成对某一事物的印象、看法,把这些印象、看法按照一定的逻辑理出个头绪来,就是思路。这个思路的架构,也就是应用文的结构。

应用文的结构是否合理、严谨,取决于作者对客观事物的认识是否正确、清晰、严密,安排好应用文的结构,是一项艰苦的创造性活动。每个从事文字工作的人员,应下气力把应用文结构安排好,使应用文更好地发挥自己的效用。

二、应用文结构的基本内容

应用文结构的基本内容一般包括层次与段落、开头与结尾、过渡与照应。

(一) 层次与段落

1. 层次

层次指的是应用文内容的表现次序、论述展开的步骤,也就是人们分析文章所讲的"结构意义段"。它是应用文的结构单位。层次的划分通常有如下几种。

(1) 递进式

递进式即按照表述内容,一层一层步步深入。一些分条目的通知、决定、指示等多采用这种形式。

如《中共中央关于加强社会主义精神文明建设若干重要问题的决议》就从加强社会主义精神文明建设的重大意义,社会主义精神文明建设的指导思想和奋斗目标,努力提高全民族思想道德素质,积极发展社会主义文化事业,深入持久开展群众性精神文明创建活动,加强和改善党对精神文明建设的领导 6 个部分进行论述,全篇层层衔接,步步深入,把建设社会主义精神文明建设的意义、目标、途径、要求表述得清晰分明。

(2) 并列式

并列式即各层次之间是并列关系,报告、讲话、会议纪要、指示、通知常采用这种结构。

如《关于研究广东省重点建设项目有关问题的会议纪要》(国阅〔1994〕145号),在叙述完会议概况后,就"关于中国东方汽车有限公司生产轻型面包车项目的问题""关于开辟国际航线的问题""关于顺德大程控交换机项目筹建问题"

等分段叙述，这些问题并列，层次清晰，让人一目了然。

(3) 总分式

总分式即各个层次之间的关系是由“总”到“分”。有的先总述后分述，有的先提出问题，然后一一分述，最后得出结论。

如《政府工作报告》就采用了先总述后分述的方式。报告一般都在开始时概括任期内工作情况，然后依次分政治、经济、军事、外交等方面加以阐述。

以上就应用文结构中的层次做了简要介绍，但在实际运用中，并非3种形式界限分明，而是几种形式相互交叉结合使用。总之，形式的选择与运用，主要应遵循有利于应用文主旨的表述和结构顺畅严谨的原则。

2. 段落

段落就是文章的自然段，它是表现层次的一种形式。一般地讲，一个段落在内容上也是一层完整的意思，但段落与层次不尽相同。主要区别是：层次侧重于思想内容的划分，段落则侧重于文字表述的需要。划分段落的作用，主要是为了使层次的内容更加清晰，有利于理解应用文的内容，并可以起到转折、过渡和强调的作用。

如邓小平在1978年12月中央工作会议闭幕会的讲话《解放思想，实事求是，团结一致向前看》一文中讲：

思想不解放、思想僵化，很多怪现象就产生了。

思想一僵化，条条框框就多起来了。

思想一僵化，随风倒的现象就多起来了。不讲党性、不讲原则，说话做事看来头，看风向，满以为这样不会犯错。

思想一僵化，不从实际出发的本本主义也就严重起来了。

不打破思想僵化，不大大解放干部和群众的思想，四个现代化就没有希望。

以上整个说的是思想僵化所带来的问题，由于作者在表述时，连用了几个“思想一僵化”，并分段表述，不仅表述更加清晰，而且强调了解放思想的重要性，使读者更容易领会和牢记讲话的精神。

划分段落应掌握的原则。

(1) 单一性、完整性

就是说，一段只能说一个意思而且要说完整，不能把几个互不相干的意思混到一起。

(2) 段与段之间要意思贯通，衔接自然

分段方法如下。

① 按条款分段

通知、通报、通告、指示、条例、规定多采用这种方法。当然，内容较丰富的条款，也可再分若干段落(层次)。

② 篇段合一

多用于批转、转发性的通知及内容简略的批复或函。如：

关于报送1998年中央国有企业住房公积金情况的函

财政部：

根据财政部《关于报送1998年中央国有企业住房公积金情况的通知》要求，现将我局1998年住房公积金情况附上，请予审批。

×××局

××××年××月××日

虽然此文只一段，但却包含了财政部要求、报公积金使用情况、请求审批三层意思。

(3) 小标题分段

小标题分段即每段的段落，用简要的话把本段的意思概括出来，使人对分段的理由一望而知。

如《国家邮政局关于邮票图案使用有关问题的通知》，共分为四部分，四部分的小标题分别为：

一、实行审批制度

二、实行资质认证

三、实行合同管理

四、收取邮票图案使用费

(二) 开头与结尾

开头与结尾在文章结构中占有重要位置，必须认真对待。

1. 开头

俗话说万事开头难，写好开头对于全文的展开具有重要意义。其重要性就在于，它在全文中起着“定调”的作用。“调”定好了，全文就会顺利展开，反之，就会文不达意，让人无法理解事情的脉络。开头的写法常有如下4种方式。

(1) 概述式

这种写法是用叙述的方法，概括地写出基本情况、问题，或写出基本的过程。这种写法多用于报告、总结、决定、决议等。

如《中共中央关于加强社会主义精神文明建设若干重要问题的决议》的开头：

中国共产党第十四届中央委员会第六次全体会议，根据全面实现我国国民经济和社会发展“九五”计划和2010年远景目标的要求，分析了社会主义精神文明建设面临的形势，总结了经验和教训。鉴于教育和科学的发展中央已有全面部署，本次会议主要讨论思想道德和文化建设方面的问题，并作出如下决议。

(2) 目的式

这种开头通常以简明的语言说明应用文的目的，或开头概述情况，而后引出主旨。这种写法多用于通知、通告、决定、条例、规则等。

如《党政领导干部选拔任用工作条例》的开头：

为认真贯彻执行党的干部路线方针政策，落实从严治党、从严管理干部的要求，建立科学规范的党政领导干部选拔任用制度，形成有效管用、简便易行、有利于优秀人才脱颖而出的选人用人机制，推进干部队伍革命化、年轻化、知识化、专业化，建设一支高举中国特色社会主义伟大旗帜，以马克思列宁主义、毛泽东思想、邓小平理论、"三个代表"重要思想和科学发展观为指导，信念坚定、为民服务、勤政务实、敢于担当、清正廉洁的高素质党政领导干部队伍，保证党的基本路线全面贯彻执行和中国特色社会主义事业顺利发展，根据《中国共产党章程》和有关法律法规，制定本条例。

如《中共中央国务院关于严格控制成立国家性组织的通知》的开头：

随着四化建设的发展，一些从事经济技术咨询、信息服务和专题研究的民间组织相应出现，对搞活经济、促进智力开发起了积极作用。但是，最近一个时期，新成立的各种"协会""学会""研究会""基金会""中心"等一类组织越来越多，并有继续发展之势。据不完全统计，目前包括专业性学术团体在内的各类全国性组织已有七百多个，正在酝酿成立的还有一批。好事一哄而起，也会产生新的问题。党的十二届三中全会指出，进行经济体制改革的同时，上层建筑领域的许多部门要简政放权，精简机构。目前过多地成立这类跨行业、跨部门、跨地区的全国性组织，使已经膨胀了的上层机构、人员继续增加，不符合十二届三中全会精神。成立全国性的组织是一件十分严肃的事情。现在有些单位和个人不经中央审批，随意成立全国性的组织，这种做法发展下去，叠床架屋，鱼龙混杂，可能助长某些不正之风，不利于四化建设。

为此，特作如下通知：

……

(3) 缘由式

这种写法以上级文件、领导指示或有关法规、规定作为行文的依据和出发点，多用于通知、通告等。如：

《×××局关于做好企业改革工作有关问题的通知》

根据《中共中央关于加快国有大中型企业改革的决定》的有关精神，为做好邮政企业单位改革的有关工作，现就有关事项通知如下：

(4) 直述式

直述式即开宗明义，直接切入正题，这种形式大都用于批复(答复)。

如《关于××邮件处理中心工程初步设计的批复》的开头：

×××局：

你局×××〔1999〕××号文收悉。批复如下：

2. 结尾

结尾是全文收尾的部分,若收尾部分写得好,给人以完整的印象,若结尾不好,也会影响公文的感染力和效果。结尾的方式如下。

(1) 自然结束

一件公文要阐明的问题说完了,全文也就自然结束。

如《国务院关于同意建立阿尔金山国家级自然保护区给新疆维吾尔自治区人民政府的批复》(〔1985〕国函字31号)一文共分3条,其中的第三条为:

三、自然保护区所需人员编制、物资、经费、设备等纳入你区计划

第三条说完,全文自然结束。

(2) 提出请求

这种结尾用于上行文,如请示、报告、函,请示的结尾一般是:以上意见妥否,请批复(示)。

报告的结尾一般是:以上妥否,请指示;以上若有不妥,请指示。

请求上级批转的报告,结尾一般是:以上报告如无不妥,请批转各地或相关部门依照执行。

(3) 指出方向

指出方向即在结尾提出努力方向,发出号召。多用于通知、通报、决定。

如《中共中央国务院关于对我国驻南斯拉夫联盟共和国大使馆工作人员和驻南新闻工作者给予表彰的决定》的结尾:

党中央、国务院号召全国人民学习他们热爱祖国、尽职尽责、英勇无畏、无私奉献的优秀品质和高尚情操,更加紧密地团结在以江泽民同志为核心的党中央周围,高举邓小平理论伟大旗帜,立足本职、努力工作、艰苦奋斗、不断进取,维护国家社会稳定的大局,搞好改革开放和现代化建设,为把建设有中国特色社会主义伟大事业全面推向21世纪而努力奋斗。(1999年5月13日《人民日报》)

(4) 提出要求

在结尾时,就贯彻执行中的有关事项提出要求,多用于通知、通报等下行文。

如《关于江苏省吴江县红星玻璃厂擅自制作和出售国徽的通知》(国办发〔1983〕23号)的结尾:

请各省、自治区、直辖市人民政府办公厅认真检查一下本地区有关类似情况,一经发现,应立即纠正。

(三) 过渡与照应

过渡,指的是上下文之间的转折、衔接,一般体现在论述问题"由总到分"或"由分到总"的衔接处,从一层意思转换为另一层意思的转折处。没有过渡,有

些段落之间的联系就不紧，意思跳跃太大，使人感到突然。

过渡方式视行文实际需要而定，意思跳跃较大的，可用过渡句式过渡段，如通知中常用的“为此，特作通知如下”，批复中常用的“现就有关事项批复如下”等。在意思转折不大的情况下，一般用关联词语过渡，如：“虽然……但是……”“因为……所以……”“鉴于……特……”等。

照应，指首尾呼应，也就是在公文开头揭示主旨后，在结尾处再加以强调。最常见的是通知、批复。以通知为例：开始通常是“为了……，现通知如下”，结尾是“特此通知”，因前后呼应，显得文章更加紧凑、完整。

第四节　应用文的语言

应用文是国家机关、企事业单位和人民团体处理公务的文件，是一种实用性极强的书面语言。随着改革开放的不断深化，应用文在社会政治生活、经济生活中显得更加重要，了解应用文的语言特点，掌握应用文用语的适用范围，对于提高应用文质量和文秘人员的文字表述能力都有重要意义。

一、应用文语言要求

(一) 准确

这是对应用文语言的最基本要求。这是应用文的政治性、指导性、权威性、实用性所决定的。因此，应用文的语言必须准确，如果词不达意，用词不当，对传达、理解和贯彻执行文件精神，维护应用文的权威性都是不利的。

如某公司招聘电子产品营销业务经理的启事中关于招聘条件：

应聘人员必须具备大专以上学历，具有5年工作经验。

启事刊出后，咨询电话不断，因为此条款表述不够准确。“大专以上学历”是否含“大专”，“5年工作经验”中的“工作经验”是指什么“工作经验”。

正确的写法应该是：

应聘人员必须具备大专及以上学历，具有5年电子产品业务营销经验。

语言准确才能使概念准确，表述符合逻辑。为了做到这点，在撰写公文时，对关键词句要仔细斟酌推敲，尤其要注意同义词、近义词在词义、色彩、使用范围等方面的细微差别，从中选用最确切的词语。

(二) 简明

简明即简洁明了，通俗易懂。公文用词只有简明，才能把事情说得人人都清楚，才易于执行；只有文章短小精悍，才能加深读者的印象和记忆。经周恩来总理亲自修改审定的四届人大政府工作报告，全文只7 000余字，但却把三届人大政府的工作总结和四届人大政府的工作目标和任务说得明白透彻。政府工作报告文字精练,突出重点,读后使人振奋,催人进取。

(三) 庄重

庄重的意思是庄严、持重,礼貌得体。这是公文的约束力和一定强制力的特点所决定的。

要做到语言庄重,首先是语言要符合语法规范,娴熟地运用书面语、公文专用语。要避免使用口语词、方言词,少用描写性和带有感情色彩的词语。如果使用褒贬色彩的词要反复推敲,注意分寸。

二、应用文专用语

应用文在它的应用过程中逐渐形成了一些专用的词汇,这些词汇不仅在应用文中有特定的含义或使用范围,而且是公文准确、简明、庄重的语言特点的体现。

(一)应用文专用语分类

① 引述词语:如“近接”“收悉”“悉”等。

② 称谓词语:如“我(贵)部”“你(贵)委”。

③ 常用开头词语:如“按照”“根据”“遵照”“近接”“据反映”“兹因”“由于”“为了”等。

④ 请示词语:如“请”“拟请”“特请”“恳请”“希望”“望”等。这些词语的共同应用原则是在行文中表示要求、请示。表述作用是:

a. 在部署工作的指示、通知、通报中,多用“请”“希望”“望”等;

b. 在情况报告或有关请示及商请类函中,常用“拟请”“恳请”“特请”等。

⑤ 综合词语:如“鉴于”“为此”“据此”“总之”“综上所述”等这些词语的共同应用原则是在行文中对上部分进行综合,对下部分表示承启性的概括。

⑥ 询问词语:如“当否”“可否”“妥否”“是否可行”“是否妥当”等这些词语,大都用于上行文,用于“请示”“报告”的结束语。

⑦ 表态词语:如“同意”“拟同意”“准予备案”“遵照执行”“按照执行”“参照执行”“研究办理”等。多用于对下级机关请示、报告的事项进行批复及下发通知,转发文件后,对受文单位提出要求。

⑧ 结尾用语:如“特此报告”“专此报告”“特此公告”“特此通告”“特此批复”“此复”“为要”“为盼”“为荷”等。其中,“特此报告”“专此报告”多用于报告。“特此公告”“专此通告”分别用于公告和通告。“特此批复”“此复”多用于批复。“为要”多用于通知。“为盼”多用于平行文函。

(二) 专用词语运用中应注意的问题

应用文专用词语是在应用文写作与运用过程中逐渐形成的固定词语,是应

用文语言体系的有机组成部分，是应用文语言准确、简明、庄重的重要体现，为了使专用词语运用得当，必须注意把握好以下问题。

1. 注意词语的意义和表述作用

专用词语的意义不同，其表述作用也不同。例如，请示词语中的“拟请”“特请”“恳请”，都具有请求的作用，但“拟”有想要或打算的意思，“特”表示特此的意思，“恳”有诚恳、诚挚的意思，词义之间有差别，虽然都用于上行文或平行文中，但“拟请”多用于请求的语境中，“特请”则常用于平行部门间商请解决问题，“恳请”多用于请示、报告中。

2. 注意礼貌得体，防止混用

在应用文写作中，必须根据文体的要求，准确得体地运用专用词语，才能获得预想的效果，切不可混用或错用。例如，“为要”“为感”“为盼”“为荷”等词语，“为要”用于下行文；“为感”用于平行文；“为盼”多用于上行文、平行文；“为荷”多用于平行文。“特此批复”“此复”（为“特此批复”的缩略语）只用于下行文。

应用文专用语要运用得当，防止混用、错用，但绝不是千篇一律，而是要根据应用文的性质和专用词语的作用适当灵活运用。例如，报告的结束语常用“妥否，请指示”，但如果是上报材料等则可以用“请审示”“请审阅”“请查收”等专用词语，如请示的结束语是“可否，请批复”。但请求解释或答复某些问题的请示，则可用“恳请答复”，或“请示”即可。切不可不视应用文的性质，随意用“可否，请指示”等。

第五节　应用文的书写

书写，又称为缮写、抄写。指文稿确定后、送签前，将文稿誊写到规定的稿纸上。随着机关办公自动化进程的加快，许多单位的文稿均采用打印稿送签，打印稿有规定的字号、行数、字数，这里暂不进行表述。只就手写稿的规定进行介绍。

一、书写工具

（一）纸

机关、单位拟文，一般均誊写在机关专门印制的发文稿纸上，没有发文稿纸的单位，应使用常用的作文纸，或行距较大的信纸，以备应用文核稿时修改。

（二）笔

用钢笔或毛笔。切忌使用铅笔或圆珠笔。因铅笔字极易被翻阅时因摩擦而导致字迹模糊；圆珠笔等写的字因油外洇，而导致稿纸变黄且褪色较快。

二、书写要求

(一) 字要写对

字要写对,不写错字,是从事文字工作人员的基本功。书面语言的最小单位是字,为了准确地表述公文的主旨,首先要把字写对。汉字是表意的,每个汉字都有它特定的形体、固定的读音和表达的意思。掌握一个汉字的形、音、义,了解它的用法,才能做到在书写时把字写对。汉字大约有 47 035 个(康熙字典),但为了适应工作需要,一般掌握 3 000 左右的常用字就可以了。

错字,指笔画结构有误,即通常所讲自造的字,如异写成(异),采写成(采),擅写成(擅)等。然而在现实工作中,有时不是写错了字,而是用错了字,也就是写了别字,让人家不懂,或发生误解。这都与字意有关,写了别字,直接会影响语意的表达,如“请同志们勿(务)必于三点前到达”。写别字主要有如下 3 种情况。

① 形误,因两字形体相近而误用,成为别字。

同仇敌气(忾)　　格守成规(恪)

造指很深(诣)　　问题辣手(棘)

两军对持(峙)　　草管人命(菅)

高中肆业(肄)　　街头巷偶(隅)

② 音误,因两字读音相同、相近而误用。

纠割不清(葛)　　再接再励(厉)

奇形发展(畸)　　宣传题纲(提)

权力义务(利)　　大名顶顶(鼎鼎)

狐架虎威(假)　　精神可佳(嘉)

寻规蹈矩(循)　　防碍公务(妨)

③ 义误,同音或音近的字,以为其意义相近而使用,成为别字。

若无疑义(异议)　　新供献(贡)

世外桃园(源)　　割除蔽端(弊)

准备就序(绪)

首先,为保证不写错字、别字,最基本的方法还是要一个一个地掌握。其次,要勤查字典(词典),对那些音同义不同的汉字,更要引起重视,要力争公文中无错字、别字。

(二) 写简化字

简化汉字虽不是汉字的根本改革,但它却适应了广大人民群众的需要,我们应该认真执行。在公文写作过程中凡是已简化了的字,就严格按简化字书写,没有简化的字,不要自行简化。随着改革开放的深入和对外交往活动的增加,尤其是与以华语为主的国家、地区之间的交往日益密切,从事文字工作的人

员也应该熟悉繁体字，以适应交往需要。

（三）字要工整清楚

汉字是由一笔一画构成的方块字，汉字的基本笔画虽然只有几种，但字数却有几万个。汉字是讲究书法的，字写得漂亮能给人以享受。对文稿的书写要求如下。

① 字要写得清楚，点、横、竖、撇、捺、钩、折一笔一画写清楚，写准确。

② 字的排列要工整、匀称。

③ 忌写草书。草书是书体的一种，草字有它自身的结构规律。一般的人难以辨认。文稿不是书法作品，文稿中不应写草字，否则易给下一步从事打字、核对、审核、签发等工序的人员造成麻烦。

④ 为提高文稿的写作速度，可以写行书，但应写“行楷”，而不要写“行草”。

三、标点符号

标点符号是书面语言的有机组成部分，是书面语言不可缺少的辅助工具，它帮助人们更加确切地表达自己的思想感情和意图。正确使用标点符号，可以使公文的表意更加严谨、确切。标点符号是点号、标号的总称。点号表示语言中的停顿、结构、语气，点号包括句号、逗号、顿号、分号、冒号、问号、感叹号。标号表示词语的性质、作用，包括引号、括号、破折号、省略号、书名号、着重号、间隔号。

（一）标点符号的用法

1. 句号　（。）

句号表示陈述句完了之后的停顿。陈述句语调一般是平的。

2. 问号　（?）

问号表示一句问话完了之后的停顿。疑问句语调一般是上扬的。

3. 感叹号　（!）

感叹号表示感情强烈的句子末了的停顿。感情强烈的反问句、祈使句末尾用感叹号，语调一般是下降的。

4. 逗号　（，）

逗号表示一句话中间的停顿。

5. 顿号　（、）

顿号表示句中较短的并列词语之间的停顿及次序语之后。

6. 分号　（；）

分号表示并列的长分句或分组之间的停顿，凡是用逗号不能清楚地表示并列分句关系的地方用分号。

7. 冒号　（：）

冒号表示提示语以后的停顿，用于讲话、文件、信函的称呼语后及总括语前的停顿标号,是用来标明词语或句子的性质和作用的。

8. 引号 (“ ”)

引号表示文中的引用部分。重要的或有特定意义的词语,以及讽刺、否定词语也用引号。

引号有双引号、单引号,一般用双引号。引号内又有引文,用单引号。若引文连着好几段,每段的开头用前引号,直到末尾才用一个后引号。

9. 括号 (( )、[ ])

括号表示文中注释的部分。括号里的注释一般不读出来。括号里的注释应紧挨着正文,注释语若有标点,那最末一个标点(问号、感叹号除外)应省去。从注释的范围上分,有句内括号和句外括号两种。只注释或补充说明一部分词语的叫句内括号;注释和说明全句的叫句外括号,句外括号内若有标点照原样不动。句外括号后不得用句号。

10. 破折号 (——)

破折号表示它后面有个注释,或表示语意的转换、递进,或语音的中断、延长。

11. 省略号 (……)

省略号表示文中的省略部分。省略号表示沉默、语言中断,断断续续,欲言又止。

省略号占两个字的位置,一共 6 个圆点。有时省略的是一大段或几段文字,就用 12 个圆点表示,单独成行,不顶格。

12. 书名号 (《 》、〈 〉)

书名号表示书籍、篇章、报刊、剧作、歌曲等名称,书名内还有书名时外用双书名号,内用单书名号。

13. 着重号 (.)

着重号表示文中着重指出的部分,标在文字下面,一个字下面用一个圆点。在近年的印制工作中,通常用同型号黑体字代替。

14. 间隔号 (·)

间隔号也称分读号,也是一个小圆点,用在月份和日期、音译的名和姓、书名与其中篇名,以及其他需要隔开的词语的正中间。如:

一二·九　　诺尔曼·白求恩　　《三国志·蜀志》

15. 连读号 (—)

连读号即用短横放在两个词之间表示某种联系或时间起讫,比破折号短,只占一个字的位置。如:

北京—南京　　1949—1999

16. 专名号

专名号表示文章中的人名、地名、国名、山名、河流名、朝代名、种族名、机关

团体名，横排时用在文字下边。如：

董存瑞　　孔繁森　　北京　　几内亚比绍

专名和职称、称谓、统治区划名称等与普通词用在一起，专名号不画在普通名词上。如：

华西村　　西安市

这种专名号一般不用，只有在不容易引起误会时才用。如：

香港明天会更好(基金会)

(二) 标点符号的位置

① 点号必须放在语句的右下角，占一个字的位置，它可以放在一行的末尾，但不得放在另一行的开头。

② 标号中的引号、括号、书名号的前半个不能放在一行的末尾，后半个不得放在另一行的开头。

省略号和破折号各占两个字的位置，不应分为两截而分行在上行末尾和下行的开头。

③ 竖写时，点号都放在文字下偏右，着重号放在文字右边，书名号放在文字的上下，书名号若用竖浪线，就放在文字的左边(右边)。专名号也放在文字的左边或右边，引号用 ∟　¬，括号改用︶　︵，破折号改用竖线，省略号改为直(竖)行。

(三) 标点符号的使用

《中国共产党机关公文处理条例》《国家行政机关公文处理办法》中都提出了标点符号"使用得当"的要求。为什么要求是"得当"，而不是"准确"呢？这是因为每个标点符号都有一定的使用范围，有规范性，但也有变通性或灵活性。标点的使用同语句的结构和意思有密切的关系。因此，标点不止一种用法，有的地方标点起来可此可彼。例如，演讲(讲话)稿的开头称呼语后，可以用冒号，也可以用感叹号。

分号是用在并列的分句之间的，但并列的分句内没有用逗号时，一般也不用分号，而用逗号，并列分句内即使用了逗号，分句间也可以用逗号而不用分号。如：

到了江苏访水乡支局，到了云南走山村局所，到了新疆，他直奔数十年坚持徒步往返于边陲小镇的乡邮班。

"水乡支局""山村局所"后可以用分号，但用逗号也层次分明，故用逗号了。

公文中的主送单位的写法：

各省、自治区、直辖市邮电管理局，局直属各企业单位，各直属院校：

若将"自治区、直辖市"用括号括起，则可将上边的逗号改成顿号。即：

各省(自治区、直辖市)邮电管理局、局直属各企业单位、各直属院校：

从上述例句可以看出,点号因其所表示的停顿长短可分为不同的级,由低到高依次为:"、"→","→";"→"。""?""!"。

一个句子内部使用了不同级的点号,就可以清楚地显示出层次。但若某种点号有了变化,那么其他点号也往往发生相应的变化,即递升或递降。例如:

出差前,王刚准备好了换洗的衣服、发言资料、钢笔本册。

若于"钢笔本册"之间加一顿号,则前两个顿号则变为逗号。即:

出差前,王刚准备好了换洗的衣服,发言资料,钢笔、本册。

第六节 应用文写作的基本原则

一、要有严肃认真的态度

应用文"是传达贯彻党和国家的方针、政策,发布命令、指示,请示和答复问题,指导、部署和商洽工作,报告情况,交流经验的重要工具",是各级领导机关对所属部门、单位实施领导的重要手段。应用文的撰写、制发,不仅代表着机关的工作质量和效率,反映着机关的整体形象,而且直接关系工作的成败。所以,要以对党、对人民高度负责的精神,从事文件起草工作,要一丝不苟、严肃认真。从主旨到材料,从内容到标点符号,从内容到形式,都必须认真对待,力争做到:主题鲜明、结构合理、文字严谨、言简意赅、礼貌得体。

二、符合党和国家的方针、政策

应用文是各级领导机关统一意志、部署工作、协调行动的重要依据和检查工作的重要凭证。应用文要正确发挥其依据和凭证的作用,就必须符合党的路线、方针、政策和国家的法律、法规。各级机关要在思想上、政治上同党中央保持高度一致,一个重要方面是通过应用文来体现。因此,撰写应用文的人员必须不断加强对党的路线、方针、政策和国家法律、法规的学习,以保证撰写的应用文符合党和国家的路线、方针、政策。

三、体现领导机关意图

应用文体现的是机关(部门)的意图,从某种意义上讲是文件制发机关的书面代表。撰写应用文的人员应全面、准确地表达本机关(部门)的意图,而不能在应用文中掺杂个人观点。当然,表达本机关的意图,并不是机械地照本宣科,而是要通过大量的素材及论述,深刻、准确地阐述机关的意图,使所属部门更加自觉地贯彻、执行。

四、要有的放矢

撰写的应用文要有较强的针对性。或是从带倾向性的思想实际出发，提出解决问题的方针、步骤和办法；或是从某一具体情况出发，提出指示和解决此类情况的政策等。总之，撰写的应用文针对性强，才能增强应用文的权威性、指导性，才能发挥应用文的依据与凭证作用。反之，应用文若不符合实际或脱离实际，不仅使下级难以执行，甚至会造成失误，不仅会损害机关的威信，也会给党和国家的工作带来不利影响。

五、符合机关的职责范围

应用文体现机关的意图，是行使职权的重要手段。但任何机关的职责都有一定范围，它所制发的应用文所决定的事项不能超越本机关的职责。也就是说，各级机关必须在自己的职责范围内对相关问题作出决定。原则是，应由上级机关决定的问题，下级机关无权决定，属于几个部门共同决定的问题，本部门无权决定。否则，行文不仅无效，而且会受到上级或相关部门的批评。

如《关于对社会上违规经营邮品的处罚办法》，就超出了邮政部门的职责范围，因此，必须与相关部门共同制定。

本章小结

应用文写作是一种规定性的写作，其规范性和程式化的特点明显。

了解应用文的写作主旨、材料、结构、语言以及书写方式的基本要求是应用文写作的基础。

明确应用文的写作主旨，掌握写作材料的收集与处理方法，熟悉应用文写作结构与应用文的语法和抒写方式是掌握应用文写作的基础。

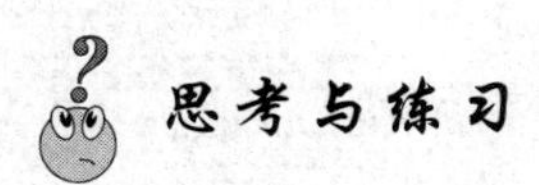

思考与练习

一、名词解释

主旨　材料处理　结构

二、填空题

1. 应用文写作对主旨的要求有________、________、________。
2. 应用文材料的收集原则有________、________、________。
3. 应用文材料的选择原则有________、________、________。
4. 应用文结构的三大部分是________、________、________。

5. 应用文开头常见写法有________、________、________。

6. 应用文结尾常见写法有________、________、________、________。

三、问答题

1. 什么是主旨？如何确定应用文主旨？简述应用文主旨写作要求。

2. 什么是材料？简述应用文材料收集与选择的方法与原则。

3. 什么是结构？简述应用文结构的主要内容与各项内容的处理方法。

4. 简述应用文语言应符合的要求。

5. 简述应用文写作中专用词语运用时应注意的问题。

6. 简述应用文写作的基本原则。

第三章　公文概述

本章学习目标

1. 理解公文概念、特点。
2. 清楚公文种类。
3. 掌握公文格式。
4. 清楚公文办理的一般规则。

第一节　概　　述

一、公文的概念

公文是公务文书的简称。它是党和国家机关、社会团体、企事业单位行使职权、处理公共事务的文字材料。党政机关公文参照《党政机关公文格式》最新标准第一章第三条。

二、公文的特点

（一）法定性

公文是由依法存在的机构、组织或其领导人，根据自己的职能和权限制发的公务文书。所以具有法定性（法定的作者，法定的读者）。

（二）权威性

公文一经签发公布，在它所涉及的范围内就具有很强的权威性和严格的行政约束力，并且国家以法律、行政手段来贯彻公文的执行。与此相关者都必须认真执行，否则，就会受到行政的批评、处分或法律的制裁。

（三）规范性

为了提高公文的质量和办事效率，国家规定了统一的公文格式。所以，公文具有严格的规范性。

（四）实用性

制发公文是为了完成某项工作，解决公务活动中的实际问题。所以，公文具有明显的业务性和实用性。

三、公文的作用

(一) 法规作用

国家各级机关经常以公文的形式颁布一些法律、法令及规定,在规定的范围内,对人们的行为有规范和制约作用,使公文具有法规作用。

(二) 指导作用

上级机关根据下级机关或整体实际情况,制定正确的方针,对工作作出部署,具有指导作用。

(三) 宣传教育作用

公文在贯彻执行党和国家的路线、方针、政策时,往往是通过制发文件,说明客观依据,对广大干部、群众进行宣传教育,提高他们执行路线、方针、政策的自觉性,调动建设社会主义的积极性。

(四) 交流沟通作用

公文在各行政机关之间起着重要的交流沟通的作用。上情下达,下情上传,相互联系,交流经验,在一系列的公务活动中,公文起着重要的协调作用。

(五) 依据凭证作用

公文是公文制发机关意图的具体体现,受文机关可以据此安排工作,开展活动。公文归档后,还具有查询、引用和研究的作用。

四、公文的种类

依新标准第二章第八条,目前,我国国家行政机关公文的种类,以国务院2012年4月16日公布的《党政机关公文处理工作条例》的规定为准。计有13类15种:决议、决定、命令(令)、公报、公告、通告、意见、通知、通报、报告、请示、批复、议案、函、纪要。

第二节 公文种类

各机关、团体、企事业单位在自己的工作职能和业务范围内,由于日常工作需要形成了不同种类的公文,这些公文可以从不同的角度、不同的要求、不同的标准来进行分类。明确公文的种类,可以使我们在工作中更好地运用公文,加快公文的运转,提高机关的办公效率。

一、按使用范围划分

(一) 通用公文

通用公文指在所有机关、团体、企事业单位公务活动中普遍适用的公文。

（二）专用公文

专用公文指仅在某专业公务活动中使用的公文，如外交文书、军事文书、司法文书等。

（三）行政公文

行政公文指在国家行政机关使用的公文，行政公文通常也适用于其他机关、团体、单位。

二、按行文方向划分

行文方向即发文方向，它表示收文单位的地位，反映了机关、团体、单位之间的关系，是划分公文种类的重要标准。

（一）上行文

上行文指发往上级机关、单位的公文。

（二）平行文

平行文指发往不相隶属机关单位之间的公文。

（三）下行文

下行文指发给下属机关、单位的公文。

三、按来源和运转方向划分

（一）收进公文（收文）

本机关收到其他机关、单位、团体的公文。

（二）外发公文（发文）

发往本机关（单位）之外的机关、单位、团体的发文。

（三）内发公文（内发文）

发给本机关、单位内部相关部门、人员的公文。

四、按处理时限划分

按此划分表示公文所谈事项的紧急程度：

① 紧急公文（特急件），通常当日办复；

② 急办公文（急件），通常 3 日内办复；

③ 常规公文（平件），通常 7～10 日内办复。

五、按机密程度划分

指公文内容涉及有关机密，按照密级的规定划分的公文。

（一）绝密文件

绝密文件指内容涉及党和国家重要机密，在一定时间内需要绝对保密的公文,为密级最高的公文。

(二)机密文件

机密文件指内容虽然不涉及国家重大核心机密,但在一定时期、一定范围内需严格保密的公文。

(三)秘密公文

秘密公文即虽不涉及重大机密事项,但却有一定保密要求的公文。

以上3个等级的公文,在拟稿、审核、签发、印制、封发、传递、阅读、保管、清理、移交、整理、归档、销毁等环节必须按照保密相关要求办理。

(四)普通公文

普通公文指不涉及机密事项的公文,即通常所说的普发文。

六、按传阅对象和范围划分

有内部公文、公开公文。内部公文又分为一般内部公文和指定传阅对象的内部公文。

七、按承担的职能划分

不同的公文承担不同的职能,起不同的作用。按职能分为如下种类。

① 联系性公文,指用于机关、单位、团体联系公务的公文,如函;

② 告知性公文,指向有关部门通告、传达某些事项的规定、情况,如通告、通报、通知等;

③ 呈请性公文,指向上级机关或主管部门请示问题、报告事项的公文,如请示、报告;

④ 提议性公文,指向有关机关或上级领导部门提出意见或建议,如意见、提案、建议;

⑤ 提示性公文,指上级机关要求下级机关(单位)完成某些任务、贯彻某些规定的公文,如命令、批复、决定、通知等;

⑥ 法规性公文,指对有关事项作出规定,要求下属机关必须严格执行,如章程、条例办法、制度、计划及经济协议、经济合同等;

⑦ 实录性公文,指以实际情况或在记录稿基础上形成的公文,如总结、调查报告、会议纪要、大事记等。

八、按制发机关划分

① 党的公文。

② 政府公文。

③ 专门公文，指业务职能机关制发的公文。

④ 法规文件，指权力机关、行政机关制发的公文。

九、按行政机关的公文种类划分

国务院2012年4月16日公布的《党政机关公文处理工作条例》中将公文分为15种：决议、决定、命令（令）、公报、公告、通告、意见、通知、通报、报告、请示、批复、议案、函、纪要。

第三节 公文格式

公文格式指的是公文的规格式样，它是公文法定权威性和约束力在形式上的表现。公文格式的特点是标记准确、结构完整、醒目庄重。

参照新标准第三章，公文一般由份号、密级和保密期限、紧急程度、发文机关标志、发文字号、签发人、标题、主送机关、正文、附件说明、发文机关署名、成文日期、印章、附注、附件、抄送机关、印发机关和印发日期、页码等组成。

（一）份号

公文印制份数的顺序号。涉密公文应当标注份号。

（二）密级和保密期限

公文的秘密等级和保密的期限。涉密公文应当根据涉密程度分别标注“绝密”“机密”“秘密”和保密期限。

（三）紧急程度

公文送达和办理的时限要求。根据紧急程度，紧急公文应当分别标注“特急”“加急”，电报应当分别标注“特提”“特急”“加急”“平急”。

（四）发文机关标志

由发文机关全称或者规范化简称加“文件”二字组成，也可以使用发文机关全称或者规范化简称。联合行文时，发文机关标志可以并用联合发文机关名称，也可以单独用主办机关名称。

（五）发文字号

由发文机关代字、年份、发文顺序号组成。联合行文时，使用主办机关的发文字号。

（六）签发人

上行文应当标注签发人姓名。

（七）标题

由发文机关名称、事由和文种组成。

（八）主送机关

公文的主要受理机关，应当使用机关全称、规范化简称或者同类型机关统称。

（九）正文

公文的主体，用来表述公文的内容。

（十）附件说明

公文附件的顺序号和名称。

（十一）发文机关署名

署发文机关全称或者规范化简称。

（十二）成文日期

署会议通过或者发文机关负责人签发的日期。联合行文时，署最后签发机关负责人签发的日期。

（十三）印章

公文中有发文机关署名的，应当加盖发文机关印章，并与署名机关相符。有特定发文机关标志的普发性公文和电报可以不加盖印章。

（十四）附注

公文印发传达范围等需要说明的事项。

（十五）附件

公文正文的说明、补充或者参考资料。

（十六）抄送机关

除主送机关外需要执行或者知晓公文内容的其他机关，应当使用机关全称、规范化简称或者同类型机关统称。

（十七）印发机关和印发日期

公文的送印机关和送印日期。

（十八）页码

公文页码顺序号。

公文的版式按照《党政机关公文格式》国家标准执行。

公文使用的汉字、数字、外文字符、计量单位和标点符号等，按照有关国家标准和规定执行。民族自治地方的公文，可以并用汉字和当地通用的少数民族文字。

公文用纸幅面采用国际标准 A4 型。特殊形式的公文用纸幅面，根据实际需要确定。

第四节　行文规则

行文规则指的是机关之间文件往来所必须遵守的原则，它反映了文件运行的客观规律，是行文通畅的保证。按照行文关系来行文，可以加速文件的运转，避免职责不清和互相推诿，提高机关工作效率，同时还可以避免行文混乱、公文

旅行等弊端。

行文应当确有必要，讲求实效，注重针对性和可操作性。

行文关系根据隶属关系和职权范围确定。一般不得越级行文，特殊情况需要越级行文的，应当同时抄送被越过的机关。

向上级机关行文，应当遵循以下规则。

① 原则上主送一个上级机关，根据需要同时抄送相关上级机关和同级机关，不抄送下级机关。

② 党委、政府的部门向上级主管部门请示、报告重大事项，应当经本级党委、政府同意或者授权；属于部门职权范围内的事项应当直接报送上级主管部门。

③ 下级机关的请示事项，如需以本机关名义向上级机关请示，应当提出倾向性意见后上报，不得原文转报上级机关。

④ 请示应当一文一事。不得在报告等非请示性公文中夹带请示事项。

⑤ 除上级机关负责人直接交办事项外，不得以本机关名义向上级机关负责人报送公文，不得以本机关负责人名义向上级机关报送公文。

⑥ 受双重领导的机关向一个上级机关行文，必要时抄送另一个上级机关。

向下级机关行文，应当遵循以下规则。

① 主送受理机关，根据需要抄送相关机关。重要行文应当同时抄送发文机关的直接上级机关。

② 党委、政府的办公厅(室)根据本级党委、政府授权，可以向下级党委、政府行文，其他部门和单位不得向下级党委、政府发布指令性公文或者在公文中向下级党委、政府提出指令性要求。需经政府审批的具体事项，经政府同意后可以由政府职能部门行文，文中须注明政府已经同意。

③ 党委、政府的部门在各自职权范围内可以向下级党委、政府的相关部门行文。

④ 涉及多个部门职权范围内的事务，部门之间未协商一致的，不得向下行文，擅自行文的，上级机关应当责令其纠正或者撤销。

⑤ 上级机关向受双重领导的下级机关行文，必要时抄送该下级机关的另一个上级机关。

同级党政机关、党政机关与其他同级机关必要时可以联合行文。属于党委、政府各自职权范围内的工作，不得联合行文。党委、政府的部门依据职权可以相互行文。部门内设机构除办公厅(室)外不得对外正式行文。

第五节 公文拟制

公文拟制包括公文的起草、审核、签发等程序。

公文起草应当做到如下几个方面。

① 符合党的理论路线方针政策和国家法律法规，完整准确体现发文机关意

图,并同现行有关公文相衔接。

② 一切从实际出发,分析问题实事求是,所提政策措施和办法切实可行。

③ 内容简洁,主题突出,观点鲜明,结构严谨,表述准确,文字精练。

④ 文种正确,格式规范。

⑤ 深入调查研究,充分进行论证,广泛听取意见。

⑥ 公文涉及其他地区或者部门职权范围内的事项,起草单位必须征求相关地区或者部门意见,力求达成一致。

⑦ 机关负责人应当主持、指导重要公文起草工作。

公文文稿签发前,应当由发文机关办公厅(室)进行审核。审核的重点如下。

① 行文理由是否充分,行文依据是否准确。

② 内容是否符合党的理论路线方针政策和国家法律法规;是否完整准确体现发文机关意图;是否同现行有关公文相衔接;所提政策措施和办法是否切实可行。

③ 涉及有关地区或者部门职权范围内的事项是否经过充分协商并达成一致意见。

④ 文种是否正确,格式是否规范;人名、地名、时间、数字、段落顺序、引文等是否准确;文字、数字、计量单位和标点符号等用法是否规范。

⑤ 其他内容是否符合公文起草的有关要求。

需要发文机关审议的重要公文文稿,审议前由发文机关办公厅(室)进行初核。

经审核不宜发文的公文文稿,应当退回起草单位并说明理由;符合发文条件但内容需作进一步研究和修改的,由起草单位修改后重新报送。

公文应当经本机关负责人审批签发。重要公文和上行文由机关主要负责人签发。党委、政府的办公厅(室)根据党委、政府授权制发的公文,由授权机关主要负责人签发或者按照有关规定签发。签发人签发公文,应当签署意见、姓名和完整日期;圈阅或者签名的,视为同意。联合发文由所有联署机关的负责人会签。

第六节　公文办理

公文办理包括收文办理、发文办理和整理归档。

收文办理主要程序如下。

① 签收。对收到的公文应当逐件清点,核对无误后签字或者盖章,并注明签收时间。

② 登记。对公文的主要信息和办理情况应当详细记载。

③ 初审。对收到的公文应当进行初审。初审的重点是:是否应当由本机关办理,是否符合行文规则,文种、格式是否符合要求,涉及其他地区或者部门职

权范围内的事项是否已经协商、会签，是否符合公文起草的其他要求。经初审不符合规定的公文，应当及时退回来文单位并说明理由。

④ 承办。阅知性公文应当根据公文内容、要求和工作需要确定范围后分送。批办性公文应当提出拟办意见报本机关负责人批示或者转有关部门办理；需要两个以上部门办理的，应当明确主办部门。紧急公文应当明确办理时限。承办部门对交办的公文应当及时办理，有明确办理时限要求的应当在规定时限内办理完毕。

⑤ 传阅。根据领导批示和工作需要将公文及时送传阅对象阅知或者批示。办理公文传阅应当随时掌握公文去向，不得漏传、误传、延误。

⑥ 催办。及时了解掌握公文的办理进展情况，督促承办部门按期办结。紧急公文或者重要公文应当由专人负责催办。

⑦ 答复。公文的办理结果应当及时答复来文单位，并根据需要告知相关单位。

发文办理主要程序如下。

① 复核。已经由发文机关负责人签批的公文，印发前应当对公文的审批手续、内容、文种、格式等进行复核；需作实质性修改的，应当报原签批人复审。

② 登记。对复核后的公文，应当确定发文字号、分送范围和印制份数并详细记载。

③ 印制。公文印制必须确保质量和时效。涉密公文应当在符合保密要求的场所印制。

④ 核发。公文印制完毕，应当对公文的文字、格式和印刷质量进行检查后分发。

涉密公文应当通过机要交通、邮政机要通信、城市机要文件交换站或者收发件机关机要收发人员进行传递，通过密码电报或者符合国家保密规定的计算机信息系统进行传输。

需要归档的公文及有关材料，应当根据有关档案法律法规以及机关档案管理规定，及时收集齐全、整理归档。两个以上机关联合办理的公文，原件由主办机关归档，相关机关保存复制件。机关负责人兼任其他机关职务的，在履行所兼职务过程中形成的公文，由其兼职机关归档。

各级党政机关应当建立健全本机关公文管理制度，确保管理严格规范，充分发挥公文效用。

党政机关公文由文秘部门或者专人统一管理。设立党委（党组）的县级以上单位应当建立机要保密室和机要阅文室，并按照有关保密规定配备工作人员和必要的安全保密设施设备。

公文确定密级前，应当按照拟定的密级先行采取保密措施。确定密级后，应当按照所定密级严格管理。绝密级公文应当由专人管理。公文的密级需要变更或者解除的，由原确定密级的机关或者其上级机关决定。

公文的印发传达范围应当按照发文机关的要求执行;需要变更的,应当经发文机关批准。涉密公文公开发布前应当履行解密程序。公开发布的时间、形式和渠道,由发文机关确定。经批准公开发布的公文,同发文机关正式印发的公文具有同等效力。

复制、汇编机密级、秘密级公文,应当符合有关规定并经本机关负责人批准。绝密级公文一般不得复制、汇编,确有工作需要的,应当经发文机关或者其上级机关批准。复制、汇编的公文视同原件管理。复制件应当加盖复制机关戳记。翻印件应当注明翻印的机关名称、日期。汇编本的密级按照编入公文的最高密级标注。汇编,确有工作需要的,应当经发文机关或者其上级机关批准。复制、汇编的公文视同原件管理。

复制件应当加盖复制机关戳记。翻印件应当注明翻印的机关名称、日期。汇编本的密级按照编入公文的最高密级标注。

公文的撤销和废止,由发文机关、上级机关或者权力机关根据职权范围和有关法律法规决定。公文被撤销的,视为自始无效;公文被废止的,视为自废止之日起失效。

涉密公文应当按照发文机关的要求和有关规定进行清退或者销毁。

不具备归档和保存价值的公文,经批准后可以销毁。销毁涉密公文必须严格按照有关规定履行审批登记手续,确保不丢失、不漏销。个人不得私自销毁、留存涉密公文。

机关合并时,全部公文应当随之合并管理;机关撤销时,需要归档的公文经整理后按照有关规定移交档案管理部门。

工作人员离岗离职时,所在机关应当督促其将暂存、借用的公文按照有关规定移交、清退。

新设立的机关应当向本级党委、政府的办公厅(室)提出发文立户申请。经审查符合条件的,列为发文单位,机关合并或者撤销时,相应进行调整。

本章小结

公文是行政管理中最重要的应用文,了解其概念、特点、作用、种类,掌握其格式、行文规则、处理程序是公文写作的基本要求。

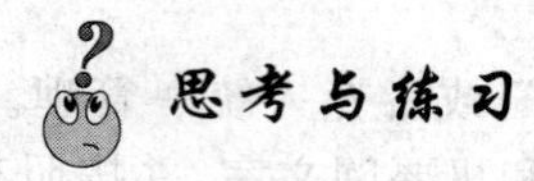

思考与练习

一、名词解释

公文　公文格式　公文处理　公文起草

二、填空题

1. 一般来说,公文具有________、________、________、________等特征。

2. 一般来说,公文具有________、________、________、________、________等作用。

3. 公文格式具有________、________、________等特点。

4. 公文处理包括________、________、________3个环节。

5. 公文拟制包括________、________、________等程序。

6. 公文文稿签发前应当由________进行审核。

7. 公文办理包括________、________、________等。

8. 公文收文程序是________、________、________、________、________、________、________。

9. 公文发文程序是________、________、________、________。

三、问答题

1. 什么是公文?

2. 公文有何特点?

3. 简述15项常用公文。

4. 简述公文格式的内容。

5. 简述公文行文规则。

6. 简述公文处理程序。

7. 简述公文起草与审核的原则。

8. 简述收文、发文的主要程序。

延伸阅读

公文在我国的产生发展与历史沿革

公文即公务文书,是指国家行政机关行政管理系统中形成的机关应用文。公文是伴随着文字的出现、阶级的出现和国家的产生应运而生的。斯大林曾经说过:"生产的继续发展,阶级的出现,国家的产生,国家进行管理工作,需要比较有条理的文书……"就是说,公文是因国家管理工作的需要而产生的。

初始的公文种类较少。西周春秋时期,下行的王命文书主要有"诰""誓""命"3种,各诸侯国及其官吏之间的平行文书,也只有"檄文"和"移书"等,而臣下向国君陈述自己的见解则用"上书"。后来,由于国事的繁杂、礼仪的周全,加之封建等级观念的森严,公文种类逐渐膨胀起来。上对下的公文发展成为"制""诏""策""册""敕""教""令""谕""符""檄""旨"等;下对上的文书,秦时只有"奏"(上书)1种,两汉时期又增加了"章""表""驳议"3种,后来又繁衍了"碟""申""启""呈""笺""题""状"等;平行文则增加了"关""敕""咨""照会"等多种。这些文种名目虽多,但不少是大同小异的,有的则可互相代替,如"启"就是和"表""奏"同类的文种,刘勰在《文心雕龙·奏启》中说:"晋来盛启,用兼表、奏。"

辛亥革命后,南京国民临时政府颁布了第一个公文程式条例,废除了几千年来封建王朝使用的"制""诏""敕""题""奏""表""笺"等公文名目,明令规定采用"令""咨""呈""示""状"5种公文名称(另有"公函""布告"),并指明用途,这就使公文向简化、适用方面向前迈了一步。但是,由于辛亥革命反封建并不彻底,因而在公文的确定和使用中,仍免不了封建主义糟粕,如虚伪欺诈、连上骄下的恶习以及形式主义、文牍主义等。袁世凯准备复辟帝制期间,更变本加厉,公文程式一度出现向封建帝制时期倒退的现象。1914年5月26日,北洋政府第二次修改的公文程式规定,大总统的公文有"策令""申令""告令""批令"等,这些名称都是仿照古代的叫法。袁世凯称帝失败后,1916年7月,公文程式进行了第三次修改,恢复南京临时政府原定的公文程式,并细化了公文种类,由原来的7种增加到13种,即"大总统令""国务院令""各部院令""任命状""委任令""训令""指令""布告""咨""咨呈""呈""公函""批"。1927年8月13日,公文程式进行了第四次修改,明文规定公文种类有"令""通告""训令""指令""委任状""呈""咨""咨呈""公函""批答"共10种。

1928年6月11日,公文程式第五次修改,取消了"咨呈",将"通告"改为"布告"。1928年11月15日,公文程式第六次修改,又基本恢复了南京国民临时政府首倡的公文程式,只是把国民依法对政府陈述意见的"状"从公文种类中取消,其他依旧。此后,国民党政府机关的公文,大体沿袭了国民临时政府首倡的公文形式。

新中国成立后,人民政府十分重视公文建设。1951年9月2日,政务院发布《公文处理暂行办法》,规定公文种类为7类12种,即:①报告、签报;②命令;③指示;④批复;⑤通报、通知;⑥布告、公告、通告;⑦公函、便函。以后国家机关公文程式进行了几次修改和修订。1957年10月3日,国务院秘书厅发出《国务院秘书厅关于对公文名称和体式问题的几点意见(稿)》。这次修订和调整后的公文种类仍为7类12种,即:①命令、令;②指示;③报告、请示;④批复、批示;⑤通知、通报;⑥布告、通告;⑦函。这次增加了请示和批示,去掉了签报、公告和便函。

1981年2月27日,国务院办公厅颁发《国家行政机关公文处理暂行办法》,规定公文种类为9类15种,即:①命令、令、指令;②决定、决议;③指示;④布告、公告、通告;⑤通知;⑥通报;⑦报告、请示;⑧批复;⑨函。这次调整增加了决定、决议,将通报从通知类划出,单独成一类,增加了指令、公告,去掉了批示。

1987年2月18日,国务院办公厅发布《国家行政机关公文处理办法》,规定公文种类为10类15种,即:①命令(令)、指令;②决定、决议;③指示;④布告、公告、通告;⑤通知;⑥通报;⑦报告、请示;⑧批复;⑨函;⑩会议纪要。这次调整主要是增加了会议纪要。这个《处理办法》于1993年11月21日进行了修订,规定文种为12类13种,即:①命令(令);②议案;③决定;④指示;⑤公告、

通告；⑥通知；⑦通报；⑧报告；⑨请示；⑩批复；⑪函；⑫会议纪要。这次修订减去了指令、决议、布告3种，增加了议案，并将请示、报告分开，各自独立。

1996年5月3日，中共中央办公厅发布《中国共产党机关公文处理条例》，《条例》规定党的机关公文种类主要有决议、决定、指示、意见、通知、通报、公报、报告、请示、批复、条例、规定、函、会议纪要14种。

2000年8月24日，国务院发布《国家行政机关公文处理办法》，并于2001年1月1日起施行，使文种成为13种。

2012年，中共中央办公厅、国务院办公厅关于印发《党政机关公文处理工作条例》通知，规定了新的文种为15种。

第四章　党政机关公文写作

本章学习目标

1. 了解党政机关公文的种类。
2. 了解每一种公文的概念、特点。
3. 了解每一种公文格式及写法。
4. 能够完成党政机关公文的写作任务。

第一节　决　议

一、决议

决议适用于会议讨论通过的重大决策事项。

二、决议的特点

（一）下行文

只适用于上级机关对所属下级机关行文。

（二）权威性

决议要经过党政会议讨论通过才能生效，并由党政机关发布，是党政领导机关意志的反映。决议的内容事关重要决策事项，一经公布，全党、全国上下都必须坚决执行。

（三）程序性

决议必须经会议讨论，并经表决通过之后才能形成，有严格的程序性。

（四）指导性

决议表述的观点和对事项的评价都具有指导意义。

三、决议的结构写法

（一）标题和成文日期

1. 标题

决议的标题有 3 种写法。

第一种是由发文机关、主要内容、文种组成，如《中共四川省委关于认真学习、坚决贯彻〈中共中央关于加强党同人民群众联系的决定〉的决议》。

第二种是由会议名称、主要内容、文种组成，如《中国共产党第十四次全国代表大会关于〈中国共产党〉章程（修正案）的决议》。

第三种是省略发文机关，由主要内容和文种组成，如《关于确认十一届三中、四中全会增补中央委员的决定的决议》。

2. 成文日期

决议的成文日期，不像一般公文那样标写在公文正文之后，而是加括号标写于标题之下居中位置。具体写法有如下两种情况。

① 如果公文标题中已包括会议名称，括号内只需写明“××××年××月××日通过”即可。

② 如果公文标题中没有会议名称，括号内要写明“××委员会第×次会议××××年××月××日通过”。

（二）正文

1. 开头部分

决议的开头部分写决议的根据，一般要写明会议听取了什么，学习讨论了什么，审议了什么，批准或通过了什么，自何时生效等。如：

中国共产党第十四次全国代表大会通过十三届中央委员会提出的《中国共产党章程》（修正案），决定自通过之日起，经修正后的《中国共产党章程》即行生效。

2. 主体部分

决议根据：一般简要说明有关会议审议决议涉及事项的情况，陈述作出决议的原因、根据、背景、目的或意义。

决议事项：写明会议通过的决议事项，或会议对有关文件、事项作出的评价、决定，或对有关工作作出的部署安排和要求、措施。

结语：一般紧扣决议事项有针对性地提出希望、号召和执行要求。有的决议可不单列这部分。

3. 结尾部分

这部分可有可无。有时主体结束，全文也就自然结束了，不必再专门撰写结尾。有时需要写一个结尾，多以希望、号召收结全文。

【例文1】

全国人民代表大会常务委员会关于批准2015年中央决算的决议

（2016年7月2日第十二届全国人民代表大会常务委员会第二十一次会议通过）

第十二届全国人民代表大会常务委员会第二十一次会议听取了财政部部长楼继伟受国务院委托作的《国务院关于2015年中央决算的报告》和审计署审

计长刘家义受国务院委托作的《国务院关于2015年度中央预算执行和其他财政收支的审计工作报告》。会议结合审议审计工作报告,对2015年中央决算(草案)和中央决算报告进行了审查。会议同意全国人民代表大会财政经济委员会提出的审查结果报告,决定批准2015年中央决算。

【例文2】

全国人民代表大会常务委员会关于开展第七个五年法治宣传教育的决议

(2016年4月28日第十二届全国人民代表大会常务委员会第二十次会议通过)

2011年至2015年,我国法制宣传教育第六个五年规划顺利实施,法治宣传教育在服务经济社会发展、维护社会和谐稳定、建设社会主义法治国家中发挥了重要作用。为深入学习宣传习近平总书记关于全面依法治国的重要论述,全面推进依法治国,顺利实施"十三五"规划,全面建成小康社会,推动全体公民自觉遵法学法守法用法,推进国家治理体系和治理能力现代化建设,从2016年至2020年,在全体公民中开展第七个五年法治宣传教育十分必要。通过开展第七个五年法治宣传教育,使全社会法治观念明显增强,法治思维和依法办事能力明显提高,形成崇尚法治的社会氛围。特作决议如下:

一、突出学习宣传宪法。坚持把学习宣传宪法摆在首要位置,在全社会普遍开展宪法宣传教育,重点学习宣传宪法确立的我国的国体、政体、基本政治制度、基本经济制度、公民的基本权利和义务等内容,弘扬宪法精神,树立宪法权威。实行宪法宣誓制度,组织国家工作人员在宪法宣誓前专题学习宪法。组织开展"12·4"国家宪法日集中宣传活动,教育引导一切组织和个人以宪法为根本活动准则。

二、深入学习宣传国家基本法律。坚持把学习宣传宪法相关法、民法商法、行政法、经济法、社会法、刑法、诉讼与非诉讼程序法等法律法规的基本知识,作为法治宣传教育的基本任务,结合学习贯彻创新、协调、绿色、开放、共享发展理念,加强对相关法律法规的宣传教育。在全社会树立宪法法律至上、法律面前人人平等、权由法定、权依法使等基本法治理念。

三、推动全民学法守法用法。一切有接受教育能力的公民都要接受法治宣传教育。坚持把全民普法和守法作为依法治国的长期基础性工作,加强农村和少数民族地区法治宣传教育,以群众喜闻乐见、易于接受的方式开展法治宣传教育,引导公民努力学法、自觉守法、遇事找法、解决问题靠法,增强全社会厉行法治的积极性、主动性和自觉性。大力弘扬法治精神,培育法治理念,树立法治意识,共同维护法律的权威和尊严。

四、坚持国家工作人员带头学法守法用法。坚持把各级领导干部带头学法、模范守法、严格执法作为全社会树立法治意识的关键。健全国家工作人员学法用法制度，将法治教育纳入干部教育培训总体规划。坚持把依法办事作为检验国家工作人员学法用法的重要标准，健全重大决策合法性审查机制，推行政府法律顾问制度，推动行政机关依法行政，促进司法机关公正司法。坚持把遵法学法守法用法情况作为考核领导班子和领导干部的重要内容。

五、切实把法治教育纳入国民教育体系。坚持从青少年抓起，制定青少年法治教育大纲，设立法治知识课程，完善法治教材体系，强化学校、家庭、社会"三位一体"的青少年法治教育格局，加强青少年法治教育实践基地建设，增强青少年的法治观念。

六、推进社会主义法治文化建设。把法治文化建设纳入现代公共文化服务体系，繁荣法治文化作品创作推广，广泛开展群众性法治文化活动。大力弘扬社会主义核心价值观，推动法治教育与道德教育相结合，促进法律的规范作用和道德的教化作用相辅相成。健全公民和组织守法信用记录，建立和完善学法用法先进集体、先进个人宣传表彰制度。

七、推进多层次多领域依法治理。坚持法治宣传教育与法治实践相结合，把法律规定变成引领保障经济社会发展的基本规范。深化基层组织和部门、行业依法治理，深入开展法治城市、法治县（市、区）、民主法治示范村（社区）等法治创建活动，提高社会治理法治化水平。

八、推进法治宣传教育创新。遵循现代传播规律，推进法治宣传教育工作理念、方式方法、载体阵地和体制机制等创新。结合不同地区、不同时期、不同群体的特点和需求，分类实施法治宣传教育，提高法治宣传教育的针对性和实效性，力戒形式主义。充分发挥报刊、广播、电视和新媒体新技术等在普法中的作用，推进"互联网＋法治"宣传教育行动。建立法官、检察官、行政执法人员、律师等以案释法制度，充分运用典型案例，结合社会热点，开展生动直观的法治宣传教育。加强法治宣传教育志愿者队伍建设。深化法律进机关、进乡村、进社区、进学校、进企业、进单位等活动。

九、健全普法责任制。一切国家机关和武装力量、各政党和各人民团体、企业事业组织和其他社会组织都要高度重视法治宣传教育工作，按照"谁主管谁负责"的原则，认真履行普法责任。实行国家机关"谁执法谁普法"的普法责任制，建立普法责任清单制度。健全媒体公益普法制度，落实各类媒体的普法责任，在重要频道、重要版面、重要时段开展公益普法。把法治宣传教育纳入当地经济社会发展规划，进一步健全完善党委领导、人大监督、政府实施、部门各负其责、全社会共同参与的法治宣传教育工作体制机制。

十、加强组织实施和监督检查。各级人民政府要积极开展第七个五年法治宣传教育工作,强化工作保障,做好中期检查和终期评估,并向本级人民代表大会常务委员会报告。各级人民代表大会及其常务委员会要充分运用执法检查、听取和审议工作报告以及代表视察、专题调研等形式,加强对法治宣传教育工作的监督检查,保证本决议得到贯彻落实。

第二节　决　　定

一、决定

决定适用于对重要事项作出决策和部署、奖惩有关单位和人员、变更或者撤销下级机关不适当的决定事项。

二、决定的特点

(一) 规定性公文

内容明确、具体。

(二) 权威性、强制性

执行决定的相关机关及工作人员必须执行,不得违抗。

(三) 使用范围广

各级党政机关、团体和单位都可使用。

三、决定的种类

决定主要分为知照性决定和指挥性决定。

四、结构与写法

(一) 知照性决定

发文机关就某一事项或某一行动的决定告之社会或人民群众时,就用知照性决定,如表彰决定、处分决定、机构设置决定、人事安排决定等。

1. 标题

标题一般由发文机关、事由、文件组成。

2. 发文字号

在标题下写明发文字号,如果是经会议作出的决定,应在标题之下,写明什么会议,何时通过。

3. 正文

写出决定的根据与决定的具体内容即可,结构上常常只有一个段落。

4. 落款

在正文结尾处写明成文时间。如果是经过会议通过的决定,因其在发文字号中已经表明,此处可以不写。

（二）指挥性决定

指挥性决定是对重大事项或行动所做的部署，它不仅要使人们了解决定的内容，还要人们必须按照决定的内容去做，所以要说理透彻。

1. 标题

标题一般由发文机关、事由、文件组成。

2. 发文字号

在标题下写明发文字号，如果是经会议作出的决定，应写在标题之下，写明什么会议，何时通过。

3. 正文

开头写明决定的依据、必要性、目的及其意义，后写决定的事项。

关于事件处理和干部处分的决定，写明针对的当事者及针对的事实，分析问题的性质、产生的原因、应当吸取的教训等，最后写明处理或处分意见、意义和要求。

人事、机构的决定，开头写依据，再写决定事项，一般不做具体说明，也不另写结尾。

4. 落款

同知照性决定。

【例文1】

全国人民代表大会关于设立香港特别行政区的决定

（1990年4月4日第七届全国人民代表大会第三次会议通过）

第七届全国人民代表大会第三次会议根据《中华人民共和国宪法》第三十一条和第六十二条第十三项的规定，决定：

一、自1997年7月1日起设立香港特别行政区。

二、香港特别行政区的区域包括香港岛、九龙半岛，以及所辖的岛屿和附近海域。香港特别行政区的行政区域图由国务院另行公布。

（引自1990年4月5日《人民日报》）

【例文2】

国务院关于整合调整餐饮服务场所的公共场所卫生许可证和食品经营许可证的决定

国发〔2016〕12号

各省、自治区、直辖市人民政府，国务院各部委、各直属机构：

为贯彻落实简政放权、放管结合、优化服务协同推进的部署，减少对餐饮企业重复发证、重复监管，切实减轻企业负担，同时进一步明确和强化监管责任，

保障食品安全,现作出如下决定:

一、取消餐饮服务场所公共场所卫生许可证

取消地方卫生部门对饭馆、咖啡馆、酒吧、茶座4类公共场所核发的卫生许可证,有关食品安全许可内容整合进食品药品监管部门核发的食品经营许可证,由食品药品监管部门一家许可、统一监管。

二、规范和改进食品经营许可证管理

取消餐饮服务场所的公共场所卫生许可证后,各级食品药品监管部门要切实落实对餐饮企业的监管责任,进一步规范食品经营许可证审批和发放行为,依法依规依标准进行事前审查,编制服务指南,制定内部审查细则,优化审批流程,缩短审批时限,实行办理时限承诺制,着力提高办证效率。

三、加强对餐饮服务场所的事中事后监管

地方食品药品监管部门要加强对餐饮服务场所的监管,改进监管方式,建立信用体系,完善科学的抽查制度、责任追溯制度、黑名单制度和市场退出机制等,确保餐饮服务场所食品安全。食品药品监管部门接到传染病疫情及隐患的报告后,要及时向卫生部门通报。卫生部门要主动监测、收集、分析、调查、核实相关传染病疫情,依据传染病防治法等法律法规指导采取预防和应对措施。

卫生计生委、食品药品监管总局要联合制定具体实施办法,明确各地整合调整工作具体完成时限,对涉及的部门规章等进行清理修订。国务院办公厅将适时组织督查,督促各地在规定时限内落实改革要求。

本决定自印发之日起施行,已有规定与本决定不一致的,按照本决定执行。

国务院

2016年2月3日

【例文3】

国务院关于取消一批职业资格许可和认定事项的决定

国发〔2016〕35号

各省、自治区、直辖市人民政府,国务院各部委、各直属机构:

经研究论证,国务院决定取消47项职业资格许可和认定事项,现予公布。

取消不必要的职业资格许可和认定事项,是降低制度性交易成本、推进供给侧结构性改革的重要举措,也是为大中专毕业生就业创业和去产能中人员转岗创造便利条件。各地区、各部门要从大局出发,进一步提高认识,主动开展自我清查,人力资源社会保障部要对照职业分类大典对现有准入类和水平评价类职业资格许可和认定事项进行全面清理,持续降低就业创业门槛。只要不涉及国家安全、公共安全、公民人身财产安全的职业,原则上要放宽市

场准入。水平评价类职业资格要真正市场化,不能影响就业创业。今后没有法律法规依据的准入类职业资格一律不得新设。人力资源社会保障部要会同有关部门在继续取消职业资格许可和认定事项的同时,抓紧公布实施国家职业资格目录清单,接受社会监督,清单之外一律不得许可和认定职业资格,清单之内除准入类职业资格外一律不得与就业创业挂钩。要依法依规加强对职业资格设置和实施的监管,逐步构建国家职业资格框架体系,推动职业资格科学设置、规范运行、依法监管。在推进职业教育结构调整时,要更加突出以用为本,提升学生实践能力,让实际工作对职业技能的需求真正成为职业教育和选人用人的导向。

附件:国务院决定取消的职业资格许可和认定事项目录(共计47项)

国务院

2016年6月8日

第三节　命令(令)

一、命令(令)

命令(令)适用于公布行政法规和规章,宣布施行重大强制性措施,批准授予和晋升衔级,嘉奖有关单位和人员。

二、命令(令)的特点

(一) 下行文

命令(令)只适用于上级机关对所属下级机关行文。

(二) 严格的作者限定

据我国法律规定:

① 国家主席、人大常委会委员长、国务院总理、国务院所属各部部长、各委员会主任以及地方各级人民政府及其他法定的机关或人员才具有发布命令(令)的权力;

② 省以下机关不得发布命令,县级机关如遇紧急情况,偶尔才可使用;

③ 党的领导机关不能单独使用命令,它只能与国家领导机关联名使用。

(三) 强制性(指挥性、法规性)

命令(令)对一切受文机关和人员都带有直接的、不可动摇的约束力,命令(令)一经发布,任何机关和人员都必须无条件地严格遵守和执行,否则将受到国家法律的制裁。

三、命令(令)的种类

公布令(公布重要法规或规章)。

任免令(任命或免除政府高级官员)。

嘉奖令(表彰有重大贡献或有突出功绩的集体或个人)。

行政令(发布重要的强制性的行政措施)。

特赦令(减轻免除有悔改表现或特定犯人刑罚)等。

四、常用命令的结构写法

(一) 标题

标题一般写明发文机关、事由和文种,如下面的例文2。有的省略发文者或事由,如下面的例文1。

(二) 令号

令号于标题下方正中书写。如果命令是以机关名义发布的,令号以机关的发文字号编写;如果是以领导人名义发布的,则从领导人任职开始按前后顺序编号。

(三) 正文

1. 公布令

公布令由公布对象(即所公布的法规的全称)、公布依据(即所公布对象通过、批准的机关或会议)、公布决定(即所公布法规的实施日期)等组成。一般都非常简练。

2. 行政令

行政令由两部分组成:一是命令的原因、目的或者依据;二是阐述行政措施的具体内容。如果这部分内容较多,也可分条款写。

3. 任免令

任免令由两部分组成:一是任免依据;二是任免的具体内容。

4. 嘉奖令

嘉奖令通常包括三部分:嘉奖对象的主要事迹和意义;嘉奖的具体方式和内容;向有关方面或人员提出希望或号召。

(四) 落款

发布命令机关的名称或发令机关的领导人职务、姓名、发令时间等。

【例文1】

中华人民共和国主席令

第四十七号

《中华人民共和国野生动物保护法》已由中华人民共和国第十二届全国人民代表大会常务委员会第二十一次会议于2016年7月2日修订通过,现将修

订后的《中华人民共和国野生动物保护法》公布，自 2017 年 1 月 1 日起施行。

中华人民共和国主席　习近平

2016 年 7 月 2 日

【例文 2】

国务院关于授予和晋升赵福地等 5 名同志海关关衔的命令

国函〔2007〕68 号

海关总署：

根据《中华人民共和国海关关衔条例》的规定，国务院决定：

一、授予以下 1 名同志一级关务监督关衔：

赵福地　　湛江海关关长

二、以下 1 名同志由二级关务监督关衔晋升为一级关务监督关衔：

马忠源　　重庆海关关长

三、授予以下 1 名同志二级关务监督关衔：

耿国强　　贵阳海关副关长

四、以下 2 名同志由三级关务监督关衔晋升为二级关务监督关衔：

韩　森　　兰州海关关长

刘　丰　　西宁海关关长

国务院总理 温家宝

二〇〇七年七月四日

（引自《国务院公报》2007 年第 23 号）

【例文 3】

国务院、中央军委关于给武警部队抗洪抢险先进单位及个人授予荣誉称号和记功的命令

国函〔1998〕83 号

公安部、中国人民武装警察部队：

在今年这场规模空前、历史罕见的抗洪抢险斗争中。武警部队坚决执行党中央、国务院、中央军委的决策指示，按照国家防汛抗旱总指挥部的同意部署，全力以赴参加抗洪抢险。先后出动支队和建制团 220 个，投入兵力 5 万多人，排除险情 3 500 多起，加固堤坝 938 公里，抢修公路 278 公里，抢救、转移群众 3.6 万多人，抢运物资价值 4.5 亿多元，为保护国家财产和人民生命安全作出了重大贡献，涌现出一大批英模单位和个人。为表彰先进、激励斗志、弘扬伟大的抗洪精神，国务院、中央军委决定给下列 8 个单位和个人奖励。

授予武警部队第九十三师二五三团“抗洪抢险模范团”的荣誉称号。

授予武警部队湖北省总队武汉船艇大队“抗洪抢险英雄船艇大队”的荣誉称号。(下略)

国务院,中央军委希望上述单位和个人认清使命,珍惜荣誉,谦虚谨慎,戒骄戒躁,不断为祖国和人民创造新的业绩。武警部队广大官兵要以他们为榜样,忠实履行维护国家安全和社会稳定的神圣职责,坚决听从党的召唤,为保卫改革开放和社会主义现代化建设作出新的贡献;牢记全心全意为人民服务的宗旨,始终把祖国和人民的利益放在第一位,随时准备奉献自己的一切;永远保持和发扬不怕艰难困苦、不怕流血牺牲的革命英雄主义精神,坚决完成以值勤和处置突发事件为中心的各项任务,在党中央、国务院、中央军委的领导下,高举邓小平理论的伟大旗帜,深入贯彻党的十五大精神,高标准抓好各项工作落实,为加强武警部队革命化、现代化、正规化建设而努力奋斗!

国务院总理　朱镕基

中央军委主席　江泽民

一九九八年十月五日

第四节　公　报

一、公报

公报适用于公布重要决定或者重大事项。

二、公报的特点

(一) 权威性

公报的权威性表现在公报的发文机关级别很高,所涉及内容为重要决定或重大事件。

(二) 公开性

公报是公之于众的文件,无须保密。

(三)新闻性

公报内容涉及新近发生的事件或会议,属于人民群众应知而未知的事情,因此要求发布准确、迅速、及时。

三、公报的分类

(一) 会议公报

会议公报是用以报道重要会议或会谈的决定和情报的公报。这种公报一般用于党中央召开的会议。

（二）事项公报

党的高级领导机关用以发布重大情况、重要事件的文件。高层行政机关、部门向人民群众公布重大决策、重要事项或重大措施时有时也沿用此类公报。

（三）联合公报

这是一种特殊用途的公报，用以发布国家之间、政党之间、团体之间经过会议达成的某种协议，如《中俄联合公报》。

四、公报的结构写法

（一）公报开头

1. 标题

公报的标题常见的有 3 种形式。第一种是直写文种《新闻公报》；第二种是由会议名称和文种构成；第三种是联合公报，由发表公报的双方或多方国家的简称、事由、文种构成。

2. 成文时间

用括号在标题之下正中位置注明公报发布的年、月、日。

（二）公报正文

1. 开头

开头即前言部分。事件性公报要求用最鲜明、最精练的语言概述事件的核心内容，即何时、何地、发生了什么重大事件；会议性公报要求概述会议的名称、时间、地点、参加人员等；联合公报要求概述公报的来由，即在何时、何地、谁与谁举行了什么会谈或谁对谁进行了什么性质的访问等。

2. 主体

主体是公报的核心内容，要求把公报的内容完整、系统、有序地表达清楚。常见的有 3 种写作方式：第一种是分段式，即每段说明一层意思或一项决定；第二种是序号式，多用于内容复杂、问题较多的公报；第三种是条款式，多用于联合公报。

（三）公报结尾

事件性公报和会议性公报一般没有尾部；联合公报要在正文之后写明双方签署人的身份、姓名、时间，并写明签署地点。

【例文】

上海合作组织成员国政府首脑（总理）理事会第十三次会议联合公报

2014 年 12 月 14 日至 15 日，上海合作组织（以下称“上合组织”或“本组织”）成员国政府首脑（总理）理事会第十三次会议在阿斯塔纳市举行。哈萨克斯坦共和国总理马西莫夫、中华人民共和国国务院总理李克强、吉尔吉斯共和国总理奥托尔巴耶夫、俄罗斯联邦政府总理梅德韦杰夫、塔吉克斯坦共和国总理拉苏尔佐达、乌兹别克斯坦共和国第一副总理阿齐莫夫出席会议。

哈萨克斯坦共和国总理马西莫夫主持会议。

上合组织秘书长梅津采夫、上合组织地区反恐怖机构执行委员会主任张新枫、上合组织实业家委员会理事会主席萨伊德和上合组织银行联合体理事会授权代表雷科夫出席会议。

上合组织观察员国代表阿富汗伊斯兰共和国首席执行官阿卜杜拉、印度共和国外交国务部长辛格、伊朗伊斯兰共和国农业部长霍贾提、蒙古国驻哈萨克斯坦共和国特命全权大使苏和、巴基斯坦伊斯兰共和国总理国家安全和外交事务顾问阿齐兹,以及独联体执委会主席兼执行秘书列别杰夫、欧亚经济共同体秘书长曼苏罗夫、亚洲相互协作与信任措施会议秘书处执行主任宫建伟和联合国亚洲及太平洋经济社会委员会交通司司长李玉伟与会。

哈萨克斯坦共和国总统纳扎尔巴耶夫会见了上合组织成员国代表团团长。

总理们在友好、建设性和务实的气氛中就国际和地区经济发展的广泛议题交换了意见。为落实上合组织成员国元首理事会 2014 年 9 月 12 日在杜尚别作出的决定,总理们研究了互利合作的优先方向。

一、总理们指出,全球金融危机影响尚未完全消除,世界经济仍面临诸多挑战和负面影响。

因此,总理们重申,应采取共同措施,保障社会经济可持续发展,加强经贸和投资活动,发展经济和高技术领域合作,全面实现产业升级换代,完善交通物流、信息通信及其他领域基础设施,提升经济竞争力,提高上合组织成员国人民生活水平和质量。

二、总理们指出,为落实 2013 年 11 月 28 日至 29 日在塔什干举行的上合组织成员国政府首脑(总理)理事会会议决议,各方采取共同措施,加强本组织成员国经济和人文合作,维护经济稳定,提高投资吸引力,扩大工业生产。

总理们强调,根据《〈上海合作组织成员国多边经贸合作纲要〉落实措施计划》和《2012—2016 年上海合作组织进一步推动项目合作的措施清单》,为扩大金融、银行、科技、创新、能源包括替代和可再生能源利用以及海关、农业、交通、电信等领域务实合作创造便利条件十分重要。

总理们对中华人民共和国关于建设“丝绸之路经济带”的倡议表示欢迎,认为上合组织成员国就此进行协商与合作具有重要意义。

三、总理们指出,2014 年 11 月 19 日在阿斯塔纳举行的上合组织成员国经贸部长会议富有成果。

为落实 2013 年 11 月 28 日至 29 日塔什干总理会议指示,上合组织成员国经贸部长会同上合组织秘书处研究了各专门工作组的工作,并就进一步提高其效率作出了相应决定。

总理们责成成员国经贸部门与相关部委以及上合组织秘书处、实业家委员

会、银行联合体，共同梳理《〈上海合作组织成员国多边经贸合作纲要〉落实措施计划》中的项目，并在必要时更新该文件。此外，责成着手制订《2017—2021 年上海合作组织进一步推动项目合作的措施清单》，并按规定程序提交上合组织政府首脑（总理）理事会批准。

四、总理们强调，应尽快建立上合组织框架内项目融资保障机制，以促进经济增长，扩大成员国间经贸联系。

五、总理们赞同加强上合组织成员国政府部门及商业机构之间的投资合作，建立实业界之间的直接联系。

总理们强调，希望通过实施经济和高技术领域、交通物流、信息通信及其他富有前景领域的具体项目，加强投资合作。总理们欢迎中方关于利用中华人民共和国组建的投资机制为上合组织区域内经济项目融资的建议。

总理们指出，上合组织成员国代表根据本组织活动计划并结合共同关切，参加了国际论坛、展览、圆桌会议等活动，取得丰硕成果。

六、总理们高度评价上合组织成员国交通部门为 2014 年 9 月 12 日在杜尚别签署《上海合作组织成员国政府间国际道路运输便利化协定》所做的工作。

协定将使现有交通基础设施得到有效利用，提高过境运输潜力，促进上合组织成员国间经贸合作发展。

因此，总理们强调，使该协定尽快生效十分重要。

总理们指出，联合国亚洲及太平洋经济社会委员会和上合组织秘书处积极参与了协定草案制订工作，总理们支持进一步发展两组织合作。

总理们强调，加强本组织区域内公路、铁路和航空交通合作，包括实施改造和新建交通基础设施的项目具有重要意义。

总理们强调，在本地区新建综合国际联运物流中心和有效利用现有中心潜力十分重要。

七、总理们高度评价 2007 年 11 月 2 日在塔什干签署的《上海合作组织成员国政府海关合作与互助协定》及海关领域部门合作文件落实情况。

总理们指出，2014 年 12 月 15 日在阿斯塔纳签署的《上海合作组织成员国海关关于发展应用风险管理系统合作的备忘录》和《上海合作组织成员国海关执法合作议定书》十分重要，上述文件将进一步完善海关合作的条约法律基础，提升海关合作水平。

八、总理们强调，在农业领域全面加强双边和多边协作，以落实 2010 年 6 月 11 日在塔什干签署的《上海合作组织成员国政府间农业合作协定》十分重要。总理们支持开展粮食原料有机生产工艺的基础科学和应用科学联合研究，制订农业高新技术合作项目。

在这方面，总理们对 2014 年 10 月 9 日在莫斯科举行的上合组织成员国第三次农业部长会议成果表示肯定。

九、总理们指出，为进一步减少或限制有害废气包括温室气体排放，以及降

低能源消耗比重，应加强能源，包括替代和可再生能源利用领域合作。

十、总理们表示，上合组织实业家委员会和上合组织银行联合体(以下称“上合组织银联体”)为加强本组织框架下经济合作作出了贡献。

总理们强调，应切实落实2014年9月10日至11日杜尚别上合组织银联体理事会通过的《关于加强金融合作、促进区域发展措施计划》和上合组织实业家委员会理事会会议、上合组织商务论坛达成的共识。

总理们指出，应提高上合组织实业家委员会和上合组织银联体共同工作的实质效能，以扩大本组织成员国以及观察员国和对话伙伴国企业家和投资者的联系。

十一、总理们指出，2014年9月18日至19日在符拉迪沃斯托克举行的上合组织成员国第二次司法部长会议取得的成果，有助于进一步加强本组织框架下的司法合作，保障公民及法人的合法权益。

十二、总理们对人文领域合作成果表示满意，支持进一步发展文化、科技、教育、卫生、体育、旅游领域的多、双边交流，认为这有利于增进上合组织地区人民的相互理解，相互丰富文化，促进文化亲近和传统风俗知识传播。

十三、总理们强调，2014年6月10日在杜尚别举行的上合组织成员国文化部长会议取得的成果，对落实2007年8月16日在比什凯克签署的《上海合作组织成员国政府间文化合作协定》具有重要意义。

十四、总理们指出，2014年10月8日在巴尔瑙尔举行的上合组织成员国教育部长会议取得的成果，有助于落实2006年6月15日在上海签署的《上海合作组织成员国政府间教育合作协定》。

十五、总理们强调，应尽快完成2013年9月13日在比什凯克签署的《上海合作组织成员国政府间科技合作协定》生效程序，制订并通过该协定落实措施计划和科技合作项目清单。

十六、总理们指出，为保护上合组织成员国自然资源潜力，造福当代和后人，必须特别关注环境保护问题，并在该领域开展切实协作。

十七、总理们责成继续切实落实2011年6月15日在阿斯塔纳签署的《上海合作组织成员国政府间卫生合作协定》。

十八、总理们指出，传染病严重威胁人类健康与发展，上合组织成员国加强防控合作十分重要。

为此，责成上合组织成员国相关部委根据2013年11月29日在塔什干签署的《上海合作组织成员国传染病疫情通报方案》巩固卫生监控领域合作。

十九、总理们支持进一步加强同上合组织观察员国、对话伙伴国及国际和地区机构的经贸和投资合作。

二十、总理们通过了《上海合作组织秘书处关于〈上海合作组织成员国多边经贸合作纲要〉实施情况的报告》。

二十一、总理们批准了本组织2015年预算，并就上合组织常设机构的财务和组织问题通过了决议。

总理们肯定了上合组织成员国政府首脑(总理)理事会会议高水平的组织和举办工作,对哈方的热情接待表示感谢。

上合组织成员国政府首脑(总理)理事会下次会议将于2015年在中华人民共和国举行。

哈萨克斯坦共和国总理　马西莫夫
中华人民共和国国务院总理　李克强
吉尔吉斯共和国总理　奥托尔巴耶夫
俄罗斯联邦政府总理　梅德韦杰夫
塔吉克斯坦共和国总理　拉苏尔佐达
乌兹别克斯坦共和国第一副总理　阿齐莫夫

第五节　公　　告

一、公告

公告适用于向国内外宣布重要事项或者法定事项。

二、公告的特点

(一) 周知性

公告告知的对象广泛,是国内外公众。

(二) 庄严性

公告宣布的事项重大。

(三) 发文机关级别高

一般是党和国家高级机关,如国务院、全国人民代表大会及其他国家机关。

(四) 国内外都适用

公告受国内外法律保护。

三、公告的写法

(一) 标题

标题可以用标准的公文标题写法,有时也可以省略发文机关和事由。

(二) 发文字号

一般没有发文字号,只是按本年度所发公告的次序编序号,书写在标题下方居中处,并打圆括号。

(三) 正文

开门见山,直陈其事。

(四) 落款

落款为发文机关的全称、发文日期。

【例文1】

中共中央、全国人大常委会、国务院
关于宋庆龄副委员长病情的公告

（第一号）

宋庆龄副委员长患冠心病及慢性淋巴性白血病，经多方治疗，未见好转。曾多次出现发热、呼吸困难、心跳加快等症状。5月14日晚，突发寒战高热，热度达40.2℃，伴有严重心力衰竭。目前病情危急，正在积极抢救治疗。

1981年5月15日

（引自《秘书写作》，同济大学出版社，1986年版）

【例文2】

中国人民银行公告

〔2006〕13号

中国人民银行定于2006年10月23日发行2006年北京国际邮票钱币博览会熊猫加字银质纪念币一枚。该枚纪念币为中华人民共和国法定货币。

一、纪念币图案

（一）正面图案

该枚纪念币正面图案为北京天坛祈年殿，并刊“2006北京国际邮票钱币博览会纪念”中文字样及国名、年号。

（二）背面图案

该枚纪念币背面图案为双熊猫图，并刊“1ozAg.999”字样、2006年北京国际邮票钱币博览会纪念英文字样及面额。

该枚纪念币正背面外环采用镀金工艺。

二、纪念币规格及发行量

该枚纪念币为普制币，含纯银约28.35 g，直径40 mm，面额10元，成色99.9%，最大发行量为20 000枚。

三、该枚纪念币由上海造币厂铸造，中国金币总公司总经销。

中国人民银行

二〇〇六年十月十日

（引自《中国人民银行文告》2006年第20号）

【例文3】

中华人民共和国海关总署公告

2016年第7号

根据《财政部关于进一步调整海南离岛旅客免税购物政策的公告》(财政部公告2016年第15号),为进一步促进海南省旅游业发展,海关总署对《海南离岛旅客免税购物监管暂行办法》(海关总署2015年第7号公告)有关内容进行相应调整。现将调整内容公告如下:

一、对非岛内居民旅客取消年度免税购物次数限制,每人每年累计免税购物金额不超过人民币16 000元(含16 000元)。

二、离岛旅客通过网上离岛免税销售窗口进行免税购物的,须凭本人身份证件和登机牌在机场隔离区提货点提货并携运离岛。通过网上销售窗口进行免税购物要严格执行离岛免税政策的相关规定。

三、除以上调整外,离岛免税购物监管继续执行《海关总署对海南离岛旅客免税购物监管暂行办法》(海关总署2015年第7号公告)的有关规定。

本公告自2016年2月1日起执行。

特此公告。

中华人民共和国海关总署

2016年1月29日

【例文4】

中华人民共和国国务院公告

(2008年5月18日)

为表达全国各族人民对四川汶川大地震遇难同胞的深切哀悼,国务院决定,2008年5月19日至21日为全国哀悼日。在此期间,全国和各驻外机构下半旗志哀,停止公共娱乐活动,外交部和我国驻外使领馆设立吊唁簿。5月19日14时28分起,全国人民默哀3分钟,届时汽车、火车、舰船鸣笛,防空警报鸣响。

(引自国务院文件)

第六节　通　告

一、通告

通告适用于在一定范围内公布应当遵守或者周知的事项。

二、通告的特点

① 内容广泛。通告的内容可涉及国家法令、政策,也可用来公布生活中的具体事务。

② 使用权限宽泛。从国家领导机关到各部门团体及其基层企事业单位,都可使用。

③ 具有法规作用。

三、通告的结构与写法

(一) 标题

标题由发文机关、事由和文种组成。但有的时候省略发文机关或事由。(特例:发文单位+发文时间+发布+文种,如例文2)

(二) 正文

一般包括依据、事项和结语。

【例文1】

中华人民共和国公安部通告

(1981年10月15日)

为确保民航国内班机的安全,决定从1981年11月1日起,在中华人民共和国境内各民用机场,对乘坐民航国内班机的中、外籍旅客及其行李物品,实行安全技术检查。

一、严禁将武器、弹药和易爆、易燃、剧毒、放射性物品以及其他危害飞行安全的危险品带上飞机或夹在行李、货物中托运。

二、除经特别准许者外,所有旅客及其行李物品,一律进行安全检查,必要时可进行人身检查。拒绝检查者,不准登机,损失自负。

三、检查中发现旅客携带上述危险物品者,由机场安全检查部门处理;对有劫持飞机和其他危害飞机安全嫌疑者,交公安机关审查处理。

特此通告

(引自《中华人民共和国行政法规选编》)

【例文2】

外交部发言人1997年6月20日发布通告

随着中华人民共和国政府对香港恢复行使主权日期的临近，涉及香港的领事问题受到香港居民以及国际人士的广泛关注。现外交部发言人崔天凯就有关问题通告如下：

一、自1997年6月23日起，中华人民共和国驻外使领馆将开始受理外国人7月1日起进入香港特别行政区的签证申请。

二、自1997年6月23日起，中华人民共和国驻外使领馆将开始受理香港特别行政区护照的申请。

三、对港英当局以及英国驻外使领馆在6月30日前颁发的进入香港的签证，做如下过渡安排：

（一）6月30日前由港英人民入境事务处颁发的签证，原则上可使用到签证期满，但最晚不得超过1998年6月30日。

（二）6月30日前由英国驻外使领馆颁发的签证，无论一次或多次有效入境，持证人在6月30日或之前入境且不出香港，经香港人民入境事务处批准入境后，原则上允许逗留至停留期满为止；持证人在7月1日后入境香港，将不得继续使用。香港特别行政区入境事务处将在持证人入境时改办手续，提供入境方便。

（三）中华人民共和国各驻外使领馆将参照申请人所持原签证的有效期限和种类，为申请人更换相同类型的签证。有效期与停留期将与原持签证相符。

【例文3】

国家邮政局 国家安全部 公安部 交通运输部 铁道部 商务部
关于进一步加强寄递物品安全监管工作的通告

国邮发〔2008〕159号

为切实维护奥运会和残奥会期间的寄递物品安全，规范寄递市场经营秩序，保障国家利益和人民生命财产安全，现就加强寄递物品安全监察工作的有关事项通告如下：

一、确保寄递物品安全是邮政企业、其他寄递服务企业与全体社会公众的共同责任和义务。邮政企业和其他寄递服务企业（含所有从事信件、包裹、印刷品等寄递服务业务的物流运输、快递企业）是维护寄递物品安全的第一责任单位，应严格执行国家有关法律法规和有关部门制定的《禁寄物品指导目录及处理办法》《关于加强第29届奥林匹克运动会寄递物品安全工作的通告》《关于切实加强寄递物品安全监管工作的通知》等规范性文件,切实做好寄递物品安全工作。

二、邮政企业和其他寄递服务企业对寄件人交寄的信件以外的物品必须当面开启验视内件,确认安全后方可收寄。对各类禁寄物品、不能确认安全的物品(如机电装置、粉末、不明金属、装有不明气体和液体的密闭装置等)或寄件人拒绝验视的,一律不予收寄。

三、邮政企业和其他寄递服务企业在收寄物品时,应要求寄件人出示有效身份证件,并认真登记寄递物品和收寄件人信息,主动配合国家有关部门的安全查验。特别时奥运会和残奥会期间(2008 年 7 月 20 日至 9 月 20 日),凡涉及北京、天津、上海、青岛、沈阳、秦皇岛 6 个奥运赛区城市的寄递业务,寄件人必须出示有效身份证件,否则不予收寄。

四、邮政企业和其他寄递服务企业应按照"谁经营,谁负责"的原则,向当地邮政管理部门提交安全运营承诺书,并在企业内部逐级签订安全生产责任书,切实将安全生产责任落实到人。邮政管理部门将对提交安全运营承诺书的企业进行检查和公示。凡未提交安全运营承诺书,或经邮政管理部门检查不符合国家有关寄递物品安全监管要求的企业,奥运会及残奥会期间一律不得从事涉及奥运赛区城市的寄递业务。

五、邮政企业和其他寄递服务企业应进一步明确收寄、分拣、运输、投递等环节的交接手续,建立健全收寄物品安全查验等制度,并报邮政管理部门备案。按照北京奥组委有关要求,邮政企业和优比速包裹运送(广东)有限公司责任经营奥运会寄递物品业务,并确保进入奥运会各组织、场馆等的寄递物品的绝对安全。其他寄递服务企业一律不得经营奥运会寄递物品业务。

六、邮政企业和其他寄递服务企业应设立必要的安全生产检查设施,完善相应的安全运营规章制度,认真组织开展自查。自查中如发现通过寄递渠道从事违法活动的,应立即报告当地邮政管理部门、国家安全机关或公安机关。同时,应积极配合邮政管理等部门开展安全监管工作,当邮政管理部门依法对信件以外的涉嫌夹带禁寄物品的邮件、快件进行安全查验时,邮政企业和其他寄递服务企业应主动提供相关便利条件。

七、邮政管理、国家安全、公安、交通运输、商务等部门将加大对寄递服务市场和各寄递服务企业的监管力度,保护合法、纠正违规、打击违法、取缔非法。凡发现企业收寄、投递禁寄物品,或未提交安全运营承诺书擅自从事涉及奥运赛区城市寄递业务的,国家有关部门将依法要求企业整改并对企业和有关人员给予行政处罚。发现利用寄递渠道从事危害国家机关、公共安全和社会政治稳定等违法活动的,国家安全机关和公安机关将依法对企业责任人和直接负责人予以行政处罚,并根据有关规定,提请工商行政管理机关依法吊销企业营业执照;构成犯罪的,依法追究刑事责任。

八、任何公民、法人和其他组织不得交寄国家法律法规及有关部门禁止寄递的各类物品。在交寄物品时,应选择邮政企业或国家有关管理部门认可的其

他正规寄递服务企业，并主动出示有效身份证件，配合做好内件验视工作。凡发现交寄含有禁寄物品的邮件或快件的，国家有关部门将依法予以行政处罚；造成人身伤害或财产损失的，由寄件人依法承担赔偿责任；构成犯罪的，依法追究刑事责任。

特此公告。

国家邮政局 国家安全部 公安部 交通运输部 铁道部 商务部

二〇〇八年七月十日

第七节　意　　见

一、意见

意见适用于对重要问题提出见解和处理办法。

二、特点

① 针对问题作出全面、中肯的分析，提出自己的看法和观点；然后，在分析认识的基础上拿出切实可行的办法措施。

② 可用于上行文，也可用于平行文、下行文。

③ 作为上行文、平行文时只有建议性质，作为下行文时具有指示性质。

三、结构与写法

（一）标题、发文字号、收文单位

标题、发文字号、主送单位等写法执行标准公文格式。

（二）正文

首先，对重要问题做全面分析；其次，提出自己的看法和观点；最后，拿出解决办法和措施。切忌对问题的分析轻描淡写，解决的办法含糊不清。

（三）结尾

全文写完即自然结束，作为上行文、下行文时，也可用“望予采纳”或“以上意见谨供参考”作为结语。

【例文】

国务院办公厅关于汶川地震抗震救灾捐赠资金使用指导意见

各省、自治区、直辖市人民政府，国务院各部委、各直属机构：

为做好汶川地震抗震救灾和灾后恢复重建工作，引导各类捐赠资金的合理配置、规范使用，充分体现捐赠人意愿，提高捐赠资金的使用效益，避免交叉重复和损失浪费，经国务院同意，现就汶川地震抗震救灾捐赠资金使用提出以下指导意见：

一、本意见所指的捐赠资金包括各类机关、事业单位、人民团体和社会组织接受的向汶川地震灾区捐赠的各类资金和中央组织部接收的特殊党费。

二、捐赠资金使用要依照有关法律、法规和章程的规定，坚持尊重捐赠者意愿和政府引导相结合的原则，符合国家灾后恢复重建规划的要求。在统筹安排各类捐赠资金时，对有明确捐赠意向的，要按捐赠人意向安排使用；对重复集中于同一地区或同一项目的定向捐赠资金，要按照规划要求，在与捐赠人协商后调整使用。

捐赠资金全部用于汶川地震受灾省份，优先用于民生项目，同时兼顾地区之间、项目之间投资规律和建设标准的基本均衡。安排捐赠资金遵循以下顺序：一是房屋倒损农户住房重建；二是学校、医院、社会福利等公共服务设施及配套设备；三是对特困群众、"两孤一残"人员等特殊群体的生活补助；四是农村道路、桥梁等基础设施建设。

三、各类捐赠资金按以下要求安排：

中央和国家机关及事业单位、人民团体接收的各类捐赠资金，中央组织部接收的特殊党费，集中到在民政部开设的汶川地震抗震救灾捐赠专户，按照规划安排使用。

中国红十字会总会、中华慈善总会和经民政部批准的可接收捐赠的其他公募基金会，可根据国家公布的灾后恢复重建规划，与受灾省份人民政府协商，认建或认领项目。

承担对口支援任务的省份接收的捐赠资金，由该省级人民政府按照国家灾后恢复重建规划与受援省级人民政府协商安排使用。

未安排对口支援任务的省份接收的捐赠资金，可按照国家灾后恢复重建规划，直接用于与受灾省份人民政府协商确定的项目，也可以集中到在民政部开设的汶川地震抗震救灾捐赠专户，统一安排使用。

四川、甘肃、陕西、重庆、云南五省市接收的捐赠资金，在符合捐赠者意愿的前提下，原则上留归本省市用于抗震救灾和恢复重建。

其他机构和社会组织接收的捐赠资金或缴入民政部开设的汶川地震抗震救灾捐赠专户，或缴入中国红十字会总会，按规定安排到受灾省份使用。

四、为保障捐赠资金规范管理和有效使用，在国务院抗震救灾总指挥部领导下，建立由民政部、财政部和发展改革委组成的指导协调机制，沟通相关工作信息，提出捐赠资金总体安排意见，加强对地方政府的指导和协调。受灾省份也要建立相应的指导协调机制，及时研究解决捐赠资金安排使用中的问题。

五、捐赠资金的管理使用要规范、高效、公开、透明，确保资金使用的安全、有效。民政部门要建立捐赠信息统计制度，定期统计和报告捐赠资金来源、规模、捐赠者意愿等情况，及时公开发布。各有关部门和接收捐赠的机构要按照《国务院

办公厅关于加强汶川地震抗震救灾捐赠款物管理使用的通知》(国办发〔2008〕39号)要求,强化监督管理,提高资金使用效益,切实保护捐赠者的合法权益。

国务院办公厅

二〇〇八年六月十三日

第八节 通 知

一、通知

通知适用于发布、传达要求下级机关执行和有关单位周知或者执行的事项,批转、转发公文。

二、特点

(一) 使用范围广泛

任何一级的行政机关都可使用。

(二) 使用频率高

由于通知适用范围广、行文简便,所以使用频率最高。

三、通知的种类

通知包括指示性通知、批转性通知、告知性通知、会议通知、任免聘用通知等。

四、结构与写作

(一) 标题

标题由发文机关、事由、文种构成,如《中共中央、国务院关于在全国范围内实行夏时制的通知》。有时也可省略发文机关或事由。

值得注意的是,应该在标题中把各种通知的性质体现出来。往往在"关于"后面标明"颁布""印发""发布""批转""转发"等字样,以表明其性质。

(二) 发文字号

发文字号按标准的公文格式书写。

(三) 正文

1. 指示性通知

首先写出本通知的依据和目的,其次写通知的具体任务和要求。要写清楚处理问题的原则、具体措施或办法。

2. 批转性通知

正文一般比较简单,句式基本固定。

批转性通知写明对所批转或转发的文件的意见或评价,并分情况表明批转、转发目的,如要求下级机关"参照执行""遵照办理""研究执行""认真贯彻执行"等。

有的批转、转发文件的通知,不仅要表明批转、转发的目的和要求,还在其中提出具体的指示性的意见。

3. 告知性通知

把要告知的事项写清楚,即通知的事项、意义和重要性、希望和要求等。

4. 会议通知

简单的会议通知:写明会议的名称、时间、地点、内容、参加者、要求等。

复杂的会议通知:一般应写明会议目的、名称、开会时间、会议地点、会议议题、参加人员范围、入场凭证、报到时间及地点、与会人员需携带的文件材料或其他要求事项。

5. 任免通知

任免通知只需写明任免的依据和内容(时间、机关、人员、具体职务等)即可。

【例文1】

财政部关于切实做好中央财政抗震救灾资金管理使用监督工作的通知

财政〔2008〕27号

财政部驻四川、重庆、陕西、云南省(直辖市)财政监察专员办事处:

四川省汶川县5·12特大地震灾害发生后,社会各界按照党中央、国务院统一部署,全力投入到抗震救灾工作中。财政部也迅速启动财政应急保障预案,紧急调拨资金拨付灾区,同时要求相关省市财政部门积极筹措、及时拨付抗震救灾资金,全力支持抗震救灾工作。现就财政部驻各地财政监察专员办事处协同做好抗震救灾工作有关事项通知如下:

一、务必把抗震救灾工作作为当前最重要、最紧迫的任务,在地方党委、政府的领导下,团结协作,全力以赴,切实保障干部职工生命安全,坚决打赢抗震救灾这场硬仗。

二、主动加强与地方财政等有关部门沟通协调,跟踪了解并督促有关部门做好灾情统计上报和抗震救灾资金拨付使用工作,形成合力,提高效率,千方百计保证抗震救灾资金及时下达,确保受灾地区群众的基本生活。

三、及时了解灾情及财政支持抗震救灾进展情况,对此次抗震救灾资金管理使用中出现的问题,及时向财政部反映,对资金管理使用中重大违法违规问

题，一经查出，严肃处理。

财政部

二○○八年五月十五日

（引自《国务院公报》2008年第19号）

【例文2】

国务院办公厅转发国务院农村综合改革工作小组关于开展清理化解农村义务教育“普九”债务试点工作意见的通知

国办发〔2007〕70号

各省、自治区、直辖市人民政府，国务院各部委、各直属机构：

国务院农村综合改革工作小组《关于开展清理化解农村义务教育“普九”债务试点工作的意见》已经国务院同意，现转发给你们，请认真贯彻执行。

国务院办公厅

二○○七年十二月十九日

（引自《国务院公报》2008年第3号）

【例文3】

国务院批转发展改革委电监会关于加强电力系统抗灾能力建设若干意见的通知

国发〔2008〕20号

各省、自治区、直辖市人民政府，国务院各部委、各直属机构：

国务院同意发展改革委、电监会《关于加强电力系统抗灾能力建设的若干意见》，现转发给你们，请认真贯彻执行。

电力工业是国民经济的重要基础产业。在今年我国南方地区大范围低温雨雪冰冻和汶川特大地震灾害中，电力设施大面积损毁，给经济社会发展和人民群众生活造成严重影响。为保障国家能源安全和国民经济正常运行，必须采取有效措施，加强电力系统抗灾能力建设。国家电力主管部门要会同有关部门抓紧研究制订配套措施，协调推动电力系统抗灾能力建设工作。电力监管机构要严格执法，加大电力安全监管力度，督促电力企业加强安全管理，确保电力正常供应。地方各级人民政府和电力企业要高度重视这项工作，科学制订工作计划和方案，认真抓好组织实施。

国务院

二○○八年六月二十五日

（引自《国务院公报》2008年第19号）

【例文4】

国务院办公厅关于批准南通市城市总体规划的通知

国办函〔2016〕61号

江苏省人民政府：

你省关于报请审批南通市城市总体规划的请示收悉。经国务院批准，现通知如下：

一、国务院原则同意《南通市城市总体规划(2011—2020年)》(以下简称《总体规划》)。

南通是长三角北翼经济中心、现代化港口城市和国家历史文化名城。《总体规划》实施要深入贯彻党的十八大和十八届三中、四中、五中全会及中央城市工作会议精神，认真落实创新、协调、绿色、开放、共享的发展理念，认识、尊重和顺应城市发展规律，坚持经济、社会、人口、环境和资源相协调的可持续发展战略，提高新型城镇化质量和水平，统筹做好南通市城乡规划、建设和管理的各项工作，逐步把南通市建设成为经济繁荣、和谐宜居、生态良好、富有活力、特色鲜明的现代化城市。

二、重视城乡区域统筹发展。在《总体规划》确定的1 770平方公里城市规划区范围内，实行城乡统一规划管理。根据市域内不同地区的条件，重点发展县城和基础条件好、发展潜力大的重点镇，优化村镇布局，加强对村镇建设的指导，促进农业产业化和农村现代化。加强城中村和城乡结合部的规划建设管理，统筹安排城乡基础设施、公共服务设施，逐步推进城乡基本公共服务均等化。进一步加强与上海、泰州等周边城市以及苏南地区的协调合作，做好区域互联互通和江海联动，优化沿江开发布局，加强岸线保护。

三、合理控制城市规模。到2020年，中心城区常住人口控制在215万人以内，城市建设用地控制在254.3平方公里以内。要贯彻落实城乡规划法关于先规划后建设的原则，禁止在《总体规划》确定的建设用地范围之外设立各类开发区和城市新区。要根据南通市资源、环境的实际条件以及《总体规划》确定的城市空间布局，划定城市开发边界，加强边界管控，促进城市紧凑布局。增强城市内部布局的合理性，提升城市的通透性和微循环能力。坚持节约和集约利用土地，严格控制新增建设用地，加大存量用地挖潜力度，合理开发利用城市地下空间资源，提高土地利用效率，切实保护好耕地特别是基本农田。

四、完善城市基础设施体系。要按照绿色循环低碳的理念规划建设城市基础设施。进一步完善公路、铁路、港口、机场等交通基础设施，合理布局并预留控制好市域内过江通道，加强城市内外交通衔接，推进苏南地区交通一体化。

建立以公共交通为主体，各种交通方式相结合的多层次、多类型的城市综合交通体系，方便不同交通方式的换乘。合理安排跨河通道，完善道路网络结构。做好停车场规划布局，推动城市停车场建设。坚持先地下、后地上的原则，统筹规划建设城市供水水源和给排水、垃圾处理等基础设施，积极有序地开展地下综合管廊建设。划定基础设施黄线保护范围，加强对各类设施用地的规划控制和预留。高度重视城市防灾减灾工作，加强灾害监测预警系统和重点防灾设施的建设，建立健全包括消防、人防、防洪、防震和防地质灾害等在内的城市综合防灾体系。

五、建设资源节约型和环境友好型城市。要按照促进生产空间集约高效、生活空间宜居适度、生态空间山清水秀的总体要求，形成合理的城市空间结构，促进经济建设、城乡建设和环境建设同步发展。要切实做好节能减排工作，明确责任主体，落实工作措施，淘汰落后产能，严格控制污染物排放总量，支持发展绿色建筑。加强城市环境综合治理，提高污水处理率和垃圾无害化处理率，限期达到《总体规划》提出的各类环境保护目标。划定城市蓝线保护范围，结合水域自然形态进行保护和整治，提高水资源利用效率和效益，建设节水型城市。积极推行低影响开发模式，推进海绵城市建设。加强绿化工作，划定城市绿地系统的绿线保护范围。要加强对濠河等风景名胜区、自然保护区以及湿地、滩涂、水源地等特殊生态功能区的保护，制定并严格实施有关保护措施。

六、创造优良的人居环境。要坚持以人为本，统筹安排关系人民群众切身利益的教育、医疗、市政等公共服务设施的规划布局和建设。将城市保障性住房的建设目标纳入近期建设规划，确保保障性住房用地的分期供给规模、区位布局和相关资金投入。加快棚户区、城中村、城乡危房改造及配套基础设施建设，根据城市的实际需要与可能，稳步推进城市有机更新。不断完善城市管理和服务，提高城市发展的宜居性，努力把城市建设成为人与人、人与自然和谐共处的美丽家园。

七、重视历史文化和风貌特色保护。要统筹协调发展与保护的关系，按照整体保护的原则，切实保护好城市传统风貌和格局。要编制历史文化名城保护专项规划，落实历史文化遗产保护和紫线管理要求，重点保护好濠南、寺街等历史文化街区，南通博物苑、天宁寺等各级文物保护单位及其周围环境。要保护好自然山水格局，做好城市整体设计，构建江、河、山、林有机融合的滨江城市风貌。

八、严格实施《总体规划》。城市建设要实现经济社会协调发展，物质文明和精神文明共同进步。城市管理要健全民主法制，坚持依法治市，构建和谐社会。《总体规划》是南通市城市发展、建设和管理的基本依据，城市规划区内的一切建设活动都必须符合《总体规划》的要求。要结合国民经济和社会发展规划,明确实施《总体规划》的重点和建设时序。城市规划行政主管部门要依法对城市规划区范围内(包括各类开发区)的一切建设用地与建设活动实行统一、严格的规划管理,市级城市规划管理权不得下放,切实保障规划的实施。要加强公众和社会监督,提高全社会遵守城市规划的意识。驻南通市各单位都要遵守有关法规及《总体规划》,支持南通市人民政府的工作,共同努力,把南通市规划好、建设好、管理好。

南通市人民政府要根据本通知精神,认真组织实施《总体规划》,任何单位和个人不得随意改变。你省和住房城乡建设部要加强对《总体规划》实施工作的指导、监督和检查。

国务院办公厅

2016 年 7 月 1 日

第九节　通　报

一、通报

通报适用于表彰先进、批评错误、传达重要精神和告知重要情况。

二、特点

(一) 典型性

通报的内容具有典型性,在工作中有普遍意义。

(二) 及时性

及时处理工作中的新情况,表彰先进,推动工作顺利进行;批评错误,避免更大的失误。

三、分类

通报包括表彰性通报、批评性通报、情况通报。

四、结构与写法

(一) 标题

标题由发文机关、事由、文种三部分组成。

(二) 正文

1. 表彰性通报

首先介绍先进事迹或经验,其次分析先进事迹或经验产生的原因,最后作出表彰的决定。

2. 批评性通报

首先写错误的基本情况，再分析错误发生的原因，最后写处理决定。

3. 情况通报

首先写通报的情况，其次分析评价，最后提出希望和要求。

【例文】

国务院办公厅关于内蒙古自治区人民政府制止违规建设电站不力并酿成重大事故的通报

国办发〔2006〕55号

各省、自治区、直辖市人民政府，国务院各部委、各直属机构：

2004年以来，国务院多次要求各地区采取积极有效措施，坚决制止电站项目无序建设。但内蒙古自治区人民政府未能认真贯彻执行国家有关政策和规定，在制止违规建设电站方面工作不力，违规建设的丰镇市新丰电厂发生重大施工伤亡事故。为保证中央方针政策和宏观调控措施得到落实，增强宏观政策的公信力和执行力，防止类似事件再次发生，经国务院同意，现将有关情况通报如下：

一、经调查，内蒙古自治区违规建设电站情况十分严重，其规模高达860万千瓦。新丰电厂属于内蒙古自治区有关部门越权审批，有关企业违规突击抢建的项目之一。内蒙古自治区违规建设的有关电站项目被国家有关部门责令停止建设后，自治区人民政府没有按国家要求认真组织清理，有效加以制止，致使一些违规电站项目顶风抢建、边建边报、仓促施工，最终酿成2005年7月8日新丰电厂6死8伤的重大施工伤亡事故。同时，内蒙古自治区人民政府执行国家电力体制改革方案有偏差，允许专营电网的内蒙古电力(集团)有限责任公司建设新的电站项目，形成新的厂网不分。

二、新丰电厂违规建设并发生重大伤亡责任事故，是一起典型的漠视法纪、顶风违规并造成严重后果、影响极坏的事件。目前事故有关责任人和责任单位已受到党纪政纪处分，触犯法律的已由司法机关依法处理。国务院同时责成对项目违规建设负有领导责任的内蒙古自治区人民政府主席杨晶，副主席岳福洪、赵双连向国务院作出书面检查。

三、内蒙古自治区人民政府没有认真领会和严格执行国家宏观调控政策和电力体制改革规定，未从全局高度认识电站盲目布局、无序建设的危害性，对国家宏观调控的全局性、重要性和严肃性缺乏深刻认识，按程序办事的意识不强，这是内蒙古自治区违规建设电站总量较大、无序建设得不到有效制止的重要原因。为严肃政纪，现对内蒙古自治区人民政府予以通报批评，所有违规电站项目一律停止建设，认真进行整顿。内蒙古自治区人民政府要以此为鉴，提高认识,切实整改。

四、各地区、各部门都要从这起事件中吸取教训,引以为戒。要牢固树立和全面落实科学发展观,切实增强全局观念,认真贯彻中央各项宏观调控政策措施,坚决维护中央宏观调控的权威性,加强纪律,确保政令畅通。对有令不行、有禁不止并造成严重后果的行为,要依法依纪追究责任。

国务院办公厅

二〇〇六年八月十八日

第十节 报　告

一、报告

报告适用于向上级机关汇报工作、反映情况,回复上级机关的询问。

二、特点

(一) 汇报性

汇报性即反映情况。

(二) 陈述性

陈述性即用叙述性的语言反映实际情况。

三、种类

按作用、内容划分,报告可分为呈报性报告和呈转性报告。

四、结构与写法

(一) 标题、发文字号、主送单位

标题、发文字号、主送单位等写法执行标准公文格式。

(二) 正文

1. 呈报性报告

首先写报告的原因和目的,其次写报告内容,这是行文重点,最后用“请审阅”“请查收”“请收阅”等常用语结尾。

2. 呈转性报告

首先写明报告的原因,其次具体阐述工作安排的有关规定、措施和方法,最后常用“以上报告如无不妥,请予批转执行”等结束全文。

(三) 落款

落款的写法执行标准公文格式。

【例文】

中国人民银行关于严格禁止各单位模仿人民币模式印制内部票券的报告

国务院：

据吉林省人民银行报告：吉林市一些企业单位，模仿人民币模式印发内部使用的票券，以致有的票券已经流入市场，对货币流通很不利。

我们认为，模仿人民币模式印发内部票券的作法是违法的，应当坚决制止，拟请国务院责成吉林省人民委员会迅速派人对吉林市一些企业单位模仿人民币印发内部票券的情况进行检查，查清楚共印制了多少，有多少流通到市场上去了，对于流入市场的票券要采取有效措施迅速收回。印发这种票券的企业单位，不仅应负经济上的责任，企业领导人还应当进行深刻检讨。为了防止其他地方再发生这类问题，我们建议明确规定以下几条，通令全国执行。

一、一切企业、事业单位和机关、团体印刷和使用内部核算的票券，必须经上级主管部门批准，并且一律不允许模仿人民币的样式，不许不注明用途混入市场，违者以扰乱金融论处。

二、各企业、事业单位和机关、团体应检查一下现在使用的内部票券，有没有模仿人民币样式和不注明用途的现象。如有这类票券，应当限期全部销毁，并向当地党政领导作出检查报告，违者按情节轻重论处。

三、所有的印刷厂一律不准承印模仿人民币样式的票券。已经承印的应立即停止，并报告当地党政领导机关，把票版和成品全部销毁。以后如再承印这种票券，以扰乱金融论处。

以上报告，如无不当，请批转各省、自治区、直辖市执行。

中国人民银行

一九六二年××月××日

（引自《中华人民共和国行政法规选编》）

第十一节　请　　示

一、请示

请示适用于向上级机关请求指示、批准。

二、特点

(一) 一文一事

不可以在一个请示中请示两个或两个以上的问题或事项。

(二) 不能多头请示

一般只报一个上级主管机关,如涉及其他机关,可用抄报的形式。

(三) 不能越级

一般不能越级,如果情况特殊,必须越级时,则应同时抄报被超越的机关。

三、结构与写法

(一) 标题、发文字号、主送单位

标题、发文字号、主送单位等写法执行标准公文格式。

(二) 正文

1. 请求批示的请示

首先交代请示的背景、原因,其次提出请示的具体事项,最后用"如无不当,请批复""妥否,请批复"等常用语结束全文。

2. 请求批转的请示

首先写明请示的目的、原因、背景情况等,其次写具体意见、建议,最后用"以上意见如无不妥,请批转各地区、各部门贯彻执行"等常用语结束。

(三) 落款

落款的写法同标准公文格式。

【例文】

关于建立中国工程院有关问题的请示

国务院并党中央:

近年来,我国科学家、工程技术专家和有关人士,曾多次提出建立中国工程院问题。

全国政协七届五次会议和中国科学院第六次学部委员大会期间,不少政协委员、学部委员和工程技术专家,又先后提出提案和建议。党中央和国务院领导同志十分重视这一建议。曾就建立中国工程院问题多次作过批示。根据中央和国务院领导同志的批示精神,组成了专家研究小组,经过广泛调查研究,听取各方面人士和有关产业部门的意见,进行反复酝酿和讨论,形成工程院的初步组建方案。现就建立中国工程院的有关问题报告如下。

一、关于建立中国工程院的必要性

进入20世纪以来,工程技术以前所未有的速度和规模迅猛发展,在促进经济和社会发展中显示了巨大推动力，越来越为各国科技界和决策层所重视，纷纷采取措施以强化工程技术的地位和作用。国际上已成立了(国际)工程技术科学院理事会，我国曾六次应邀派中国科学院技术科学部学部委员列席该理事会，并于1990年正式以中国科学院技术科学部的名义，申请加入该组织，但因我技术科学部不是独立的学术机构等原因，未被接纳。成立独立的中国工程院，将有利于我国与国际工程科学技术界的学术交流。

从国内工程技术界的情况看，几十年来，我国广大工程科技人员发扬爱国主义和自力更生精神，在各自的岗位上，为国民经济的发展和国防建设作出了卓越贡献，成长起一大批优秀的工程技术专家和工程师。党和政府一向重视工程技术的作用，早在20世纪50年代批准建立中国科学院学部时，就设立了技术科学部。到目前，技术科学部的学部委员人数虽有较大幅度增加，专业覆盖面逐渐扩大，但是，由于总名额所限，以及科学与工程技术的特点和要求各有侧重等原因，许多工程技术界的优秀专家仍未能当选。

根据我国的实际情况和发展战略目标，在今后数十年内，努力提高工程技术水平和研究、设计、建造能力，将是我国面临的战略性任务。为此，大家一致认为，在我国建立一个以工程技术专家为主体的独立的最高荣誉性、咨询性的学术机构，对进一步提高工程技术界的社会地位，广泛调动工程技术人员的积极性，并发挥其整体作用，加速我国的基础工程建设，提高综合国力，增强国际竞争能力，将产生直接的重大影响。

二、关于组建中国工程院的一些原则

(一)关于名称

根据我国科技体制发展的历史和现状，同时考虑大多数工程技术专家的意见，建议我国采用“中国工程院”这一名称。用此名称，既能简洁明了地突出工程技术的主体地位，又能反映我国主要科学技术机构分工的特点。此外，工程院这一名称，在国际交往中，也易于相互理解。

(二)关于中国工程院的性质和作用

根据我国目前和长远发展情况，参照各国类似机构的宗旨，中国工程院应是一个由我国工程技术专家组成的工程技术界的最高荣誉性、咨询性学术机构。工程院不具有行政的管理和决策职能，其主要任务是：接受政府委托，对重大工程技术规划、计划和方案等提供咨询；研究、讨论重大工程技术的发展问题，提出建议；团结全国工程技术专家，推动“经济建设必须依靠科学技术、科学技术工作必须面向经济建设”方针的贯彻与落实；开展学术交流并代表我国工程技术界参加相应国际组织的活动，促进工程技术领域的广泛合作。

(三)关于中国工程院成员的称谓

讨论和征求意见过程中，大家认为中国工程院成员的称谓，以称院士为好，这既与其荣誉性质相符合,又便于国际联系,有利交流。同时建议,中国科学院学部委员亦改称为中国科学院院士。从目前我国科技实力和对外影响等方面情况看,学部委员改称为院士,条件已经成熟,时机是有利的,而且这也是长期以来全国科技界的普遍呼声。

(四) 关于中国工程院与中国科学院(学部)的关系

中国工程院建立后,它与中国科学院(学部)是互不隶属、工作上各有侧重而独立存在的两个最高学术机构,根据各自不同的特点发挥作用。同时,许多科学家、工程技术专家提出,工程院建立后,一定要注意工程技术与科学的密切结合,避免理工截然分家;要注意体现现代科学技术相互渗透、综合交叉的特点,以有利于我国科学技术事业和经济、社会的整体协调发展。为此,采取相应措施,保持两院的有机联系是十分重要的,如:在两院院士中,根据各自的标准和规定程序,允许少数成员交叉当选,兼有两个称号;两院院士在开展重大咨询工作和承担其他任务时,可根据需要,组织联合活动,便于交流和互补。

(五) 关于中国工程院院士的标准和条件

中国工程院院士,作为国家在工程技术方面的最高学术称号,必须经过严格的程序,由选举产生。其标准和条件应与中国科学院院士各有侧重,对工程院院士应特别注意其在工程技术方面的贡献和应用成就。

凡在工程技术领域作出重大的、创造性的成就和贡献,热爱祖国,学风正派的高级工程师、研究员、教授或同等职称的工程技术专家、学者,可被推荐当选为中国工程院院士。其中,“重大的、创造性的成就和贡献”主要是指:在某工程技术领域,取得重要研究成果和有重大发明创造;或在重大工程设计和建设中,创造性地解决工程技术问题有重大贡献;或为某重要工程技术领域的奠基者和开拓者;或在工程技术应用方面,成绩卓著者。

(六) 关于中国工程院第一批院士的产生及以后的增选制度

参照我国首批学部委员和各国第一批院士产生的作法,中国工程院第一批院士可根据确定的标准和条件,按照一定程序,经过提名、协商和遴选 ,由筹备领导小组提出 100 人左右的拟聘名单(其中含 30 名工程背景比较强的现中国科学院学部委员),报请国务院批准后,以中国工程院名义聘任。在中国工程院成立大会上颁发院士证书,履行聘任手续。以首批院士为基础,随即在全国范围内按规定程序,再增选一批(300 名左右)工程院院士;尔后,每两年增选一次。到本世纪末,工程院院士的总人数,将达到比中国科学院院士总人数更多一些。

在第一批工程院院士拟聘名单中,来自产业部门的不少于三分之二,年龄在 65 岁以下的不少于二分之一。此后的增选中,60 岁以下的应不少于二分之一。

为保持工程院的活力和维护老年学者的健康,同时鉴于国务院 1990 年在

批准增选中国科学院学部委员时，已提出过实行名誉学部委员制度，为此，工程院建立后，即实行名誉院士制度。具体作法是，从召开第二次院士大会起，凡年龄达到80周岁的院士，自动转为名誉院士。对于少数德高望重，作出过卓越贡献的工程技术专家，也可直接授予工程院名誉院士称号。中国科学院学部委员改称院士后，亦照此实行。

（七）关于中国工程院的领导体制及学部设置

中国工程院建立后，除了不设置和不管辖各类研究、设计、开发、生产等实体外，其性质和职能基本同于现中国科学院和中国社会科学院，因而从管理的隶属关系上，工程院应隶属于国务院，为直属事业单位。为精兵简政，工程院的办事机构可挂靠在国家科委。

中国工程院设院长一人，副院长二至三人及秘书长一人，并组成主席团领导全院工作。院长、副院长由国务院在院士中遴选任命，实行任期制。秘书长由院长提名，主席团聘任。

根据工程技术的不同专业领域，结合我国国民经济建设的特点，工程院将分设若干学部。关于学部的具体划分及其名称，将在首届院士大会上讨论商定。学部确定后，由各学部的院士选举产生学部主任、副主任和常务委员会，领导本学部的工作。学部主任、副主任及常务委员实行任期制，其人事、工资、医疗关系等均在原工作单位。

三、关于中国工程院的筹建工作及进度安排

筹建中国工程院，有大量的组织和协调工作。为此，建议成立一个筹备领导小组，在国务院领导下，协调和组织工程院的各项筹备工作。经过反复酝酿、协商和征求意见，建议宋健同志任工程院筹备领导小组组长，钱正英、周光召、丁衡高、朱丽兰、戚元靖、林汉雄、师昌绪同志任副组长，朱丽兰同志负责筹备领导小组的常务工作。为便于对第一批院士人选的酝酿和遴选，领导小组成员中，除了几位最早提出倡议的专家，主要根据遴选工作的需要，从各产业部门挑选一些从事过工程技术工作、比较熟悉情况、有代表性的同志参加，共45人。领导小组经批准后，即着手组织对第一批院士人选的提名和遴选，组织起草工程院章程，酝酿工程院领导班子人选，争取在1994年春夏召开第七次中国科学院学部委员（院士）大会的同时，举行中国工程院成立大会。

为使工程院的筹备及建院后的工作正常进行，在国家科委设立筹备领导小组办公室。待工程院建立后，请中央机构编制委员会单独核准该院编制40人。请国家财政拨专款150万元，作为工程院筹备工作及召开第一届院士大会的专项经费，建院后的经常费用，届时将由中国工程院向财政部提出计划，列入国家年度财政预算。

以上报告当否，请批示。

国家科委

中国科学院

1993年11月12日

第十二节　批　复

一、批复

批复适用于答复下级机关请示事项。

二、特点

(一)针对性

批复都是针对下级机关的请示而作。

(二)原则性

批复的内容既要符合实际,又不违反国家政策。

三、结构与写法

(一)标题、发文字号、收文单位

标题、发文字号、收文单位等写法同标准公文格式。

(二)正文

首先写批复引据,其次写批复意见,最后用"特此批复""此复"等常用语结尾。

【例文1】

国务院关于同意建立促进中部地区
崛起工作部际联席会议制度的批复

国函〔2008〕2号

发展改革委:

你委《关于报送促进中部地区崛起工作部际联席会议制度的请示》(发改地区〔2008〕4号)收悉。现批复如下:

同意建立由发展改革委牵头的促进中部地区崛起工作部际联席会议制度。联席会议不刻制印章,不正式行文,请按照国务院有关文件精神认真组织开展工作。

国务院

二〇〇八年一月十一日

【例文2】

国务院关于设立海南洋浦保税港区的批复

国函〔2007〕93号

海南省人民政府,海关总署:

你们关于设立海南洋浦保税港区的请示收悉。现批复如下:

一、同意在海南洋浦经济开发区内设立海南洋浦保税港区，规划面积9.206 3平方公里。四至范围是：东至园区路，西至北部湾岸线干冲区段及工业大道，南至洋浦湾岸线，北至洋浦三路（具体以界址点坐标控制，详见附件）。

二、海南洋浦保税港区的功能和税收、外汇政策按照《国务院关于设立洋山保税港区的批复》（国函〔2005〕54 号）的有关规定执行。

三、海南洋浦保税港区实行封闭管理，海南省人民政府要严格实施土地利用总体规划，按规定程序履行具体用地报批手续，拟定海南洋浦保税港区的建设实施方案，在合理节约集约高效利用土地资源的前提下进行建设。要按照海关特殊监管区域的有关规定组织保税港区隔离监管设施的建设，待条件具备后，由海关总署会同有关部门进行验收。

四、海关总署要会同有关部门，切实做好海南洋浦保税港区的监管和服务工作，促进其健康有序发展。

附件：海南洋浦保税港区界址点坐标

国务院

二〇〇七年九月二十四日

（引自《国务院公报》2007 年第 32 号）

第十三节　议　　案

一、议案

议案适用于各级人民政府按照法律程序向同级人民代表大会或者人民代表大会常务委员会提请审议事项。

二、特点

（一）制作主体的法定性

宪法规定，国务院可以向全国人民代表大会或者全国人民代表大会常务委员会提出属于全国人民代表大会及其常务委员会职权范围内的议案；地方人民代表大会举行会议的时候，本级人民政府可以向本级人民代表大会提出属于本级人民代表大会职权范围内的议案。

可见，上自国务院下至省、直辖市、县，乃至乡镇人民政府，都有权向本级人民代表大会或人民代表大会常务委员会，提出属于本级人民代表大会或者人民代表大会常务委员会职权范围内的议案。

（二）内容的特定性

各级人民政府提请审议的事项，不能超过同级人民代表大会或人民代表大会常务委员会的职权范围。“职权范围”即指人民代表大会依照宪法所拥有的监督权、人事任免权和重大事项决定权。

（三）时限性

议案必须在人代会所规定的时间内提出，超过了截止时间，就不列入表决议程。

三、议案的分类

（一）按其内容分

按其内容可分为法律案、预算案、重大事项案、机构设置案、人事任免案、批准条约案等。

（二）按其作者分

按其作者可分为国家机关提出的提请审议事项的议案和人民代表提出的建议、批评和意见等提请列入人大议程的议案。

四、议案的结构和写法

议案的写法有两种：一种是公文式，另一种是表格式。

（一）公文式

1. 标题

标题一般由发文机关、事由和文种组成，如《国务院关于提请审议建立“教师节”的议案》。

2. 发文字号

发文字号由发文机关代字、年份、序号组成。

3. 主送机关

在发文字号下一行顶格写受理、审定议案的人民代表大会或人民代表大会常务委员名称。

4. 正文

一般包括案据、方案和结语三部分。案据主要写议案的事实和理由。方案即对议案提出的问题的解决办法、措施。结语一般用“现提请审议”“请审定”“请审议决定”“请予审议”“请审议批准”等用语。

5. 落款

行政领导人职务、签名、成文日期。

（二）表格式

① 版头：表明是哪一级、哪一届人民代表大会的议案。

② 案号：在版头的正下方，表明议案的顺序号，如“第×号”。

③ 案由：简要填写所提议案的事项，相当于标题的事由。

④ 提议案人：提议案人员的签名。

⑤ 理由：填写具体的所提事项，阐述提请审议的理由。

⑥ 解决方法：提出解决所提事项的具体建议。

⑦ 审查意见。

⑧ 收到日期。

【例文 1】

国务院关于提请审议建立"教师节"的议案

国函〔1985〕4号

全国人民代表大会常务委员会：

为了进一步提高人民教师的政治地位和社会地位，逐步使教师工作真正成为社会上最受人尊敬、最值得羡慕的职业之一，形成尊师重教、尊重知识、尊重人才的社会风尚，根据人大代表、政协委员多次提议和各地开展尊师活动的经验，建议确定每年9月10日为"教师节"。现在提请审议。

国务院总理　×××

一九八五年一月十一日

（引自《教师手册》，档案出版社，1986年版）

【例文 2】

国务院关于提请审议设立海南省的议案

全国人民代表大会常务委员会：

海南岛是我国第二大岛，面积34 000多平方公里，人口605万。该岛海域广阔，资源丰富，雨量充沛，是一块热带、亚热带宝地。新中国成立30多年，特别是党的十一届三中全会以来，海南岛的经济、文化和其他各项事业有了很大发展，具备了一定的基础。但是，受许多条件限制，海南的优势没有充分发挥出来，与全国其他沿海地区相比，还有较大差距。

为了加快海南岛的开发建设，建议撤销海南行政区，将海南行政区所辖区域从广东省划出来，单独建立海南省。海南省人民政府驻海口市。

鉴于海南建省的各项筹备工作需要早做安排，建议全国人大常委会在提请全国人民代表大会审议决定以前，授权国务院成立海南建省筹备组，开展筹备工作。

请审议决定。

国务院总理　×××

一九八七年八月二十四日

（见《国务院公报》1987年第21号）

第十四节 函

一、函

函适用于不相隶属机关之间商洽工作、询问和答复问题、请求批准和答复审批事项。

二、特点

(一) 行文自由

使用时没有严格的上下级级别约束。

(二) 用途广泛

商洽工作、询问和答复问题等都可用函。

(三) 灵活多样

写作方式灵活,行文灵活。

三、种类

(一) 商洽函

不相隶属的机关之间商洽办理某一事项,请求协助解决某一问题。

(二) 询问函

询问工作情况或某一项问题。

(三) 答复函

答复来函,答复有关机关询问的事项。

(四) 请示函

向主管部门请求批准。

(五) 周知函

告知一个单位某些情况,不需回函。

四、结构与写法

(一) 标题、发文字号、收文单位

标题、发文字号、收文单位的写法同标准公文格式。

(二) 正文

1. 发函

首先写明发函的理由,其次写明需要商洽、询问、告知、催办、请求的具体事

项，最后用“特此函询，望予函告”“特此商洽，望能同意”“请予研究函复”等结尾。

2. 复函

首先概述来函内容作为复函依据，其次写明对来函作出回答，最后用“特此函复”“专此函复”等结尾。

【例文1】

国务院办公厅关于同意河南中国文字博物馆更名的函

国办函〔2007〕107号

河南省人民政府：

你省《关于河南中国文字博物馆更名为中国文字博物馆的请示》（豫政文〔2007〕144号）收悉。经商有关部门并报国务院领导同志同意，现函复如下：

拟建的“河南中国文字博物馆”可更名为“中国文字博物馆”。

国务院办公厅

二〇〇七年十月二十日

（引自《国务院公报》2007年第34号）

【例文2】

国务院办公厅关于调整监狱体制改革部际联席会议成员单位及成员的复函

国办函〔2007〕7号

司法部：

你部《关于监狱体制改革部际联席会议成员单位及成员调整的请示》（司法厅〔2007〕1号）收悉。经国务院领导同志同意，现函复如下：

根据有关单位人员变动和承担任务的调整情况，同意对监狱体制改革部际联席会议组成作出调整。今后，联席会议成员因工作变动需要调整的，由所在单位提出，联席会议确定。调整后的监狱体制改革部际联席会议成员名单如下：

（名单　略）

国务院办公厅

二〇〇七年一月十二日

（引自《国务院公报》2007年第7号）

第十五节 纪 要

一、纪要

纪要适用于记载会议主要情况和议定事项。

二、特点

(一) 概括性

概括性是对会议记录的综合、归纳、提炼。

(二) 及时性

大多要求在会后即写出来。

(三) 指导性

有些会议纪要有一定的指导作用。

三、结构与写法

(一) 标题

标题应表明会议的名称,如《全国农村工作会议纪要》。

(二) 期号

期号写在标题的正下方,并用小括号括上。

(三) 发文单位

发文单位写在期号的左下方顶格处。

(四) 发文日期

发文日期写在发文单位同一行的右边。

(五) 正文

① 第一部分:会议概况。包括会议时间、地点、与会人员和主持者、目的、会议的议程和议题等。

② 第二部分:会议主要精神、研究的问题、讨论的意见、提出的任务要求等。

(六) 结尾

结尾一般指明方向,发出号召,提出希望,但也可不写结尾。

【例文】

海关工作联席会议纪要

1989 年××月××日,×××副市长在市政府 320 会议室,召开市政府与

××海关联席会议，就海关工作如何在“改革开放”与“治理整顿”的新形势下，适应和推动××的外向型经济发展的有关问题，进行了磋商。参加会议的有市政府××秘书长，计经委××副主任，××海关××关长……

会上××海关××关长通报了去年的海关工作情况、存在的问题和今后的打算，并对如何处理“两头在外”、进料与来料加工、技术改造项目的海关手续等问题，提出了很好的看法。×××副市长针对与会人员提出的问题，作了总结发言，联席会议上议定事项纪要如下：

1. ××市的对外开放工作去年上了一个新台阶，这与海关的大力支持和配合是分不开的。××海关认真贯彻海关法规，并能因地制宜，从实际出发灵活变通，有力地支持了地方建设，对此市政府感到满意。

2. 为加强地方和海关的互相了解、相互联系，海关的行政事务和日常生活存在的问题和困难，办公厅协调解决；具体的经贸业务可直接同经贸委联系；技术改造项目事宜可与计经委沟通办理。

3. 关于海关驻口岸的办公用房问题……

4. 关于海关办公用电的问题……

5. 关于海关开展业务遇到的困难……

6. 关于市外运公司申请海关在其仓库设监管点问题……

（引自《国家行政机关应用文写作》，辽宁人民出版社，1990年版）

本章小结

国家行政机关公文是最重要、要求最规范的公务文书。了解15种行政机关公文的概念、特点、种类，掌握其结构以及书写要求是应用文写作的基本要求，也是行政机关工作人员的必备技能。

思考与练习

一、填空题

1. 国家行政机关公文有________、________、________、________、________、________、________、________、________、________、________、________、________、________、________15种。

2. 命令包括________、________、________、________、________等种类。

3. 通知包括________、________、________、________、________等种类。

4. 通报包括________、________、________等种类。

5. 报告具有________、________等特点。

6. 报告按照作用、内容可以划分为________、________等种类。

7. 函具有________、________、________等特点。

8. 纪要具有________、________、________等特点。

二、问答题

1. 简述命令的结构与写法。

2. 简述公告的结构与写法。

3. 简述通告的结构与写法。

4. 简述通知的结构及主要通知的写法。

5. 简述通报的结构及主要通报的写法。

6. 简述请示的结构及主要请示的写法。

7. 简述意见的结构与写法。

8. 简述纪要的结构与写法。

第五章　常用行政公文写作

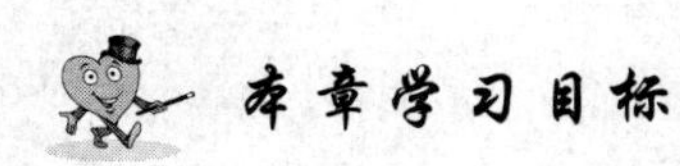

1. 理解常用行政公文的基本概念、特点。
2. 清楚常用行政公文的基本结构。
3. 了解常用行政公文的写法。
4. 了解常用行政公文的注意事项。

第一节　计　　划

一、计划

计划是机关、单位或个人对将要进行的工作、生产与学习提出预想的目标，并制订出实现这个目标的具体步骤、方法和措施所使用的应用文。

二、特点

(一) 目的性

计划都和具体的工作相联系，都有明确的目的和任务。

(二) 预见性

计划是为完成预定的目标或工作任务所作的预想性部署和安排。在全面掌握材料的基础上，科学分析事物的发展规律与趋势，提出具有先见性的目标和措施。

(三) 可行性

任何计划都是为配合实际工作而提出的具有前瞻性的工作安排，对工作的进行有可行的指导性。根据实际需要，制订完善、合理、可行的计划是实现预期目标的前提。

(四) 针对性

计划总是针对具体单位、人员、工作、目标、时限提出的。

三、种类

① 按针对范围分,有个人计划、班组计划、单位计划、国家计划。

② 按性质分,有综合计划、专题计划。

③ 按内容分,有生产计划、工作计划、学习计划、实习计划。

④ 按时间分,有年度计划、季度计划、月度计划等。

四、作用

计划的作用概括起来有以下几点。

① 减少盲目性。可以做到胸中有全局,行动有依据,减少盲目性、被动性。

② 工作合理性。便于合理安排人力、物力、财力,能确保按质按量地完成任务。

③ 可以预先估计可能出现的新情况和问题,订出措施,取得应变的主动权。

五、格式与写法

(一) 标题

标题通常由单位、时限、计划内容和文种组成,如《北京大学 2009 年招生工作计划》。有时,视具体情况相应地省略单位或时限,如《2008—2009 年度教学工作计划》《红旗厂改造产品生产工艺的计划》《关于进行量化管理的计划》。

未定稿的计划,可在标题下一行用括号加注“草案”“初稿”“讨论稿”等。

(二) 正文

计划的正文通常有前言、主体、结语三部分。

1. 前言

前言主要写制订计划的依据、指导思想,也有的交代情况写出目标要求。

2. 主体

主体是计划的核心部分,包括如下两部分。

(1) 任务和要求

主要写出在一定时间内要完成的工作、要达到的指标,要写明完成任务的数量、质量、程度。

(2) 方法和措施

写明完成某项工作采取的方法,措施,具体步骤,时间分配,人力、物力、财力的安排等,要具体可行。

3. 结语

结语可以重申计划的重大意义,也可以提出注意事项或发出号召,以鼓舞士气。

(三) 结尾

格式同标准公文格式。

【例文】

××市专门人才"九五"计划

人类社会正在从工业社会迈向以科学技术为主体，以发展高新产业为主要特征的信息社会。科学技术已成为当今世界增强综合实力和国际竞争力的核心，而作为科学技术载体的专门人才则是这场竞争的焦点所在。××市要抓住机遇、迎接挑战、加快发展，在未来15年内建成现代化国际大都市，就要将其经济发展战略的重心，从物力资源的开发转向人力资源的开发，并拥有一支数量充足、质量上乘、结构合理的专门人才队伍。为此，根据《××市国民经济和社会发展第九个五年计划及2010年远景目标纲要》，特制订××市专门人才"九五"计划。

一、人才的基本状况

人类社会经济发展史从一定意义上可以说，最先形成的农业经济是取决于劳动力资源的劳动经济；工业革命以后形成了主要取决于自然资源的资源经济；而目前，世界新技术革命的深入发展，必将引起新产业革命的到来，一种新型经济正在崛起，即主要取决于智力资源的智力经济。换言之，在科学技术日新月异的今天，只有不断掌握和运用新科技知识，将其运用于生产和社会管理中，才能持续长久地推动经济社会不断发展。

而掌握和运用新的科技知识，并将其运用于生产和社会管理，必须依靠掌握科技知识的人才。从一定意义上讲，人才就是社会、经济持续发展的动力！

（一）人才总量的变化（略）

（二）人才的产业结构变化（略）

（三）人才的职称与学历结构（略）

（四）人才的性别年龄结构（略）

（五）人才的职业结构（略）

二、人才需求预测

配合××市社会经济发展的规划（2000年、2005年、2010年），作出相应的人才需求预测（2000年、2005年、2010年），主要内容包括如下几方面：2000年、2005年、2010年3个目标年度专门人才总量需求预测；专门人才的年龄、性别结构预测；专门人才的学历结构与职称结构预测；专门人才的产业分布结构及在××市地方社会经济"六大支柱产业"中的分布结构预测；专门人才的职业结构预测。

（一）人才总量需求预测（略）

（二）人才的年龄结构预测（略）

(三) 人才的学历结构与职称结构预测(略)

(四) 人才的产业结构及在六大支柱产业中的分布结构预测(略)

(五) 人才的职业结构预测(略)

三、人才规划工程

专门人才规划是在人才预测的基础上,根据社会经济发展各阶段对人才(数量、质量、结构)的需求和人才(数量、质量、结构)可供量状况,作出的人才培养、引进和人才在产业、部门间流动的计划,这种计划必须落实在具体数字上。

四、实施××市现代化大都市人才计划

工程的基本思路、政策与措施实现××市跨世纪的人才战略,是一项艰巨而宏大的系统工程,它涉及政治、经济、科技、教育、社会等各个领域,也涉及人事、劳动制度改革的方方面面。因此,人才战略的实施要立足现有的基础,着眼于下个世纪的发展。必须按照××市 1998 年初步建立社会主义市场经济体制,2000 年初步展现现代化国际大都市格局,2005 年基本实现现代化、建成国际大都市,2010 年全面建成现代化国际大都市的发展目标要求,构想完成人才规划工程的基本思路、政策与措施,在××市的人才工作上应该有大的思路、大的手笔、大的举措和大的效益。

(一) 基本思路

(二) 政策与措施

1. 积极主动地加快高校联合办学和筹建新校,使××市高等教育跃上新台阶(略)

2. 加快进行教育结构调整,适应六大支柱产业发展的要求(略)

3. 高精尖人才的开发应当有更优惠的政策与措施(略)

4. 全方位引进人才,特别是吸引海外留学人才(略)

5. 开展跨世纪专门人才的研究生学历在职培训工作(略)

6. 提高教师素质,优化师资学历结构(略)

7. 创建××市世纪人才资源开发服务中心(略)

8. 加大资金投入力度(略)

9. 进一步解决科技人员工资、住房、户口等实际问题,引导他们献身于事业(略)

10. 建立统一、规范和科学管理的综合性人才劳动力市场体系(略)

总之,这一系列政策措施的落实,将有利于××市专门人才计划工程的顺利完成,从而保证××市建设现代化国际大都市战略目标的实现,促进××市经济与社会的可持续发展。

第二节　规　划

一、规划的概念

规划是粗线条的长远计划，通常指一个地区、一个部门、一项事业需要在较长时期完成的工作。制订部门在周密调查、测量的基础上，充分吸取有关人员的意见，经过多种方案的论证、比较后，提出若干年内的全局性部署，制订出发展远景和总目标，以及实现规划的阶段与步骤。常见的规划有经济发展规划、精神文明建设规划、教育发展规划、人才培训规划等。

二、规划的特点

（一）全局性

规划要从全局上考虑好，对所考虑的工作必须在全面调查、了解、分析、论证的基础上作出安排，因此具有全局性。

（二）方向性

制订规划必须确定今后的努力方向和奋斗目标，规划中所提出的措施和制订的步骤都要紧紧围绕这个大方向、大目标。

（三）长期性

规划是一种粗线条的长远计划，用来指导一个时期的工作，一般在五年以上。

三、规划的内容

（一）指导思想

指导思想是规划的灵魂。制订规划要根据党的路线、方针、政策和上级机关及有关部门的指示、规定，结合本地区、本部门、本单位的实际来确定规划的指导思想。

（二）基本情况

确定规划，要对本地区、本部门、本单位的历史和现状进行客观简要的分析、总结，结合当前的政治、经济形式和上级主管部门的要求，正确认识自身及外部的有利因素、不利条件。

（三）奋斗目标

实事求是地提出发展远景和奋斗目标，奋斗目标要具体、明确，使大家增强信心，增添干劲。

（四）具体措施

措施是实现目标的方法，通常包括实现目标的阶段与步骤、组织领导、资金筹措、人员配备、外部支援等。所采取的措施要切实可行。

四、规划的写法

规划的写作方法与计划相似，所不同的是，规划的写法比较原则和概括，不可能像计划那样详细、具体。

规划通常由标题、正文、结尾、日期四部分组成。

（一）标题

标题由制订机关、规划内容、文种组成，如×××部干部培训五年规划。在有些情况下，也可省略制订机关，如国家邮政局制订的邮政“十五”发展规划的标题为“全国邮政‘十五’发展规划”。

（二）正文

正文是规划的核心部分，主要包括指导思想、基本情况、奋斗目标、步骤及措施等。在写法上通常采用分章划节的方式，如《××省电信发展五年规划》，共分为前言、指导思想、奋斗目标、任务、实现规划的对策与措施5个部分。每个部分又分为若干节，如该规划的第四部分“实现规划的对策与措施”就分为如下小节：

① 狠抓技术进步，加强人才培养；

② 积极扩大国际合作，加快设备引进；

③ 深化电信企业改革，增强企业活力；

……

（三）结尾

这是整个规划的收尾部分，通常是发出号召，提出要求。结尾应简短有力，起到鼓舞斗志增强信心的作用，如《××“十五”发展规划》的结尾：

“十五”规划的奋斗目标是明确的，任务是光荣而艰巨的。全体干部职工要立即行动起来，继续发扬不怕困难、敢于拼搏、无私奉献的精神，团结一致，努力进取，为早日实现“十五”发展规划的目标而奋斗！

（四）日期

日期即制订规划的具体日期。日期可按行政公文的格式写在结尾的右下方。凡经会议审议通过的规划，应在规划的标题之下注明“××××年××月××日第×次会议通过”，并用圆括号括起。

（五）应注意的问题

① 制订规划要服从全局，这是应遵循的根本原则。

② 制订规划一定要实事求是，根据客观实际与可能，提出奋斗目标。

③ 措施必须切实可行。

【例文】

北京市住房建设规划(2006—2010年)

第一章　总　　则

第1条　为落实国务院批复和《北京城市总体规划(2004—2020年)》，认真贯彻中央关于加强和改善宏观调控的决策和部署，根据《国务院办公厅转发建设部等部门关于做好稳定住房价格工作意见的通知》(国办发〔2005〕26号)、《国务院办公厅转发建设部等部门关于调整住房供应结构稳定住房价格意见的通知》(国办发〔2006〕37号)及相关政策法规，与北京市国民经济和社会发展第十一个五年规划纲要、土地利用规划相衔接，结合北京实际，编制《北京住房建设规划(2006—2010年)》。

第2条　指导思想和原则

以全面建设小康社会和率先实现现代化为目标，贯彻落实以人为本，全面、协调、可持续的科学发展观，建立完善的社会主义市场经济体制，引导和促进房地产业持续稳定健康发展，保持首都经济的平稳较快增长，满足广大人民群众的基本住房消费需求，保障构建首都和谐社会目标的实现。

(1) 落实国务院批复和实施北京城市总体规划的原则。按照做好“四个服务”的要求，处理好近期建设与远期目标、住房供应与需求、人口调控与住房保障、中心城人口职能疏解与住房空间布局、宜居城市建设与土地集约利用、房地产业与相关产业的关系，积极推动“两轴-两带-多中心”的城市空间结构调整，保障实现国家首都、国际城市、文化名城、宜居城市的发展目标。

(2) 积极履行政府职能的原则。切实转变政府职能，按照建设服务型政府的要求，加强社会管理和公共服务职能，创新管理制度和方式，建立健全社会保障体系，加大政府住房保障力度，逐步建立健全与北京经济社会发展阶段相适应的住房供应体系和住房保障体系。

(3) 建设资源节约型和环境友好型社会的原则。充分认识到我国人多地少的基本国情，以及北京人口聚集压力较大和土地等资源紧缺的客观情况，根据北京资源环境综合承载能力，积极推行和引导合理的住房建设模式和消费模式，促进人口、资源、环境协调发展。

(4) 加强和改善宏观调控的原则。坚决贯彻落实国务院关于加强房地产市场宏观调控的方针政策，加大综合调控力度和发挥市场对资源配置的基础性作用，综合运用经济、法律和必要的行政手段，规范房地产市场运行，完善房地产市场体系。

第3条　现状情况及发展趋势

(1) 新中国成立特别是1998年以来,随着城镇住房制度改革的不断深化,北京房地产业总体上保持了快速健康发展的势头,成为首都经济发展的重要支柱产业,政府住房保障力度逐步加大,已经初步形成了由廉租住房、经济适用住房、商品住房三个层次构成的住房供应体系,人民群众居住水平和居住质量显著提高。

近几年来,由于北京进入了城市化和工业化的加速期、体制转型期和奥运全面建设期,受多种因素的影响,商品住房供需结构性矛盾突出,中低价位住房、经济适用住房和廉租住房发展滞后、供给不足,住房市场供求信息不对称,房地产领域的一些问题尚未得到根本解决。

(2) 站在一个新的历史起点上,首都的发展处在重要的转折点和战略机遇期,经济社会发展进入新阶段,现代化、国际化、城镇化进程加快,居民消费结构逐步升级,居民住房改善性需求快速增长,同时人口聚集的趋势短期内也难以根本缓解。北京的住房建设和房地产业发展,正处于数量型发展阶段向数量与质量并重发展阶段转化的过程中,呈现多元化发展趋势,住房消费需求在很长一段时期内仍将维持在较高水平,住房供应的压力仍然较大。随着首都经济的快速发展和产业结构调整,政府住房保障能力将不断提高,房地产业仍将是首都经济发展的重要支柱产业,对于首都经济未来健康、稳定、可持续发展具有重要影响。

第4条　编制重点

在客观分析北京市住房实际状况和需求的基础上,根据城市总体规划确定的城市发展阶段目标,综合考虑人口发展趋势以及土地、能源、水资源和环境等承载能力,确定近远期住房建设发展目标和时序,提出"十一五"期间普通商品住房、经济适用住房和廉租住房的发展方向、规模、结构和空间布局,提出政策导向,纳入"十一五"规划和近期建设规划,指导北京近期住房建设和房地产业发展。切实加强经济适用住房和廉租住房等保障性住房建设,优先保证并积极引导中低价位、中小套型普通商品住房建设,有效调控其他商品住房建设的健康有序发展。

第5条　基本依据

(1)《国务院关于北京城市总体规划的批复》(国函〔2005〕2号)和《北京城市总体规划(2004—2020年)》。

(2)《国务院办公厅转发建设部等部门关于做好稳定住房价格工作意见的通知》(国办发〔2005〕26号)、《国务院办公厅转发建设部等部门关于调整住房供应结构稳定住房价格意见的通知》(国办发〔2006〕37号)等中央有关房地产市场宏观调控的政策文件和决策部署。

(3)《北京市国民经济和社会发展第十一个五年规划纲要》《北京市近期建设规划(2006—2010年)》和《北京市土地利用总体规划(2005—2020年)》。

第6条　规划期限为2006—2010年,框架性安排到2020年。

第二章　规划目标、规模与结构

第7条　2020年规划目标

按照创建以人为本、和谐发展、经济繁荣、社会安定的首善之区的要求,依据力争全面实现现代化,确立具有鲜明特色的现代国际城市地位的发展目标,到2020年,形成完善的政府住房保障体系,房地产业健康发展,资源节约集约利用,人居环境良好,城镇人口人均住房建筑面积达到35平方米左右,人民群众居住质量和水平达到全面建设小康社会的要求。

(1) 建立健全完善的住房供应体系和多元化的住房保障体系(略)

(2) 全面推行符合国情市情的住房建设模式和消费模式(略)

(3) 实现住房发展总量基本平衡、结构基本合理、价格基本稳定(略)

第8条　2010年规划目标

按照“十一五”时期努力实现“五个显著提升”,构建现代国际城市基本构架的发展目标,通过强化政府职能,加强和改善房地产市场调控,加大中小套型普通商品住房的建设力度,实现房地产业可持续发展能力不断提升,资源节约集约利用水平显著提高,住房保障体系更加完善,住房供应结构趋于合理,住房价格基本稳定。到2010年,城镇人口人均住房建筑面积达到30平方米左右,人居环境和人民群众居住水平得到显著改善。

第9条　2010年住房建设规模与结构

到2010年,北京居住用地总面积约410平方公里,住房总建筑面积达到约4.2亿平方米。考虑住房审批与实际建成形成有效供应的滞后性,“十一五”期间,新增住房建筑面积约1.23亿平方米,年均约2 500万平方米;规划审批居住用地总量约90平方公里,年均约18平方公里。

(1) 扩大保障性住房建设规模和保障范围(略)

(2) 调控和引导各类商品住房建设规模(略)

(3) 稳定住房用地供应和调整用地供应结构(略)

(4) 合理确定和落实新建住房结构比例(略)

第10条　住房建设年度安排

保持奥运前后首都经济社会发展,疏解中心城市人口职能,合理把握新城建设实施时序,考虑住房政策机制完善的逐步性等因素,科学合理确定近期住房建设年度安排,并根据北京经济社会发展和住房供需情况的动态监测,适时适度地进行调整。

(1) 奥运会之前:稳定市场、调整结构

2006 年、2007 年两年住房建设用地供应规模约 36 平方公里,自 2006 年 9 月之后,新增住房建筑面积约 5 000 万平方米,其中,新审批住房建设规模约 2 500 万平方米,包括用于实物配租的廉租住房建设规模约 20 万平方米,约 4 000 套,2008 年之前经济适用住房建设规模力争完成 800 万平方米,约 11 万套。2006 年启动限套型、限房价商品房项目试点。通过严格审批管理和有效调控,合理控制房地产投资和建设规模,集中供应中小套型普通商品住房。

(2) 奥运会之后:稳定供应、调整布局

保持奥运后首都经济社会持续健康发展,合理确定住房建设规模,保持住房用地稳定有效的供应,防止房地产投资过度波动,努力实现供需基本平衡。按照全面启动实施新城建设的统一安排,有效调控中心城住房建设规模,积极引导投资向新城转移,实现住房建设与城市空间布局调整的密切衔接和协调,中心城和新城住房建设规模比例逐步达到 1∶1 左右。在稳定住房供应总量的基础上,逐步扩大新城住房建设的数量与提高居住质量,增强新城的吸引力。加强和完善房地产统计与市场动态监测机制,适时调控住房套型比例结构,科学合理确定住房建设年度安排,并纳入规划年度实施计划和土地供应年度计划,定期向社会公布。

第三章　空间布局

第 11 条　空间布局原则(略)

第 12 条　2020 年居住用地规划布局(略)

第 13 条　2010 年各类住房规划布局(略)

第 14 条　2010 年居住用地空间布局引导(略)

第 15 条　今明两年新审批居住用地总体安排(略)

第四章　建设标准

第 16 条　贯彻落实科学发展观,按照建设宜居城市的要求,充分考虑北京资源紧缺的基本情况,充分考虑北京的自然条件和改善人居环境的重要性,充分考虑居民生活习惯和不断提高居住质量的合理需求,大力推进住宅产业化,加快发展节约型居住区、绿色宜居型居住区和节能省地型住宅,完善住房建设标准,积极探索建设资源节约、环境良好、服务便捷、套型结构比例合理的高品质居住区。

第 17 条　优化规划标准(略)

第 18 条　明确面积标准(略)

第 19 条　完善配套标准(略)

第 20 条　提高建设标准(略)

第五章　政策机制

为落实国务院批复和实施城市总体规划，实现房地产市场宏观调控的目标，满足人民群众不断提高居住质量的需求，必须按照中央关于加强政府建设、推进管理创新的统一要求和工作部署，切实依法行政，完善政策机制，提高决策水平，推进首都住房建设和房地产业的可持续发展。

第 21 条　健全住房保障体系（略）

第 22 条　加强住房市场调控（略）

第 23 条　优化住房供应结构（略）

第 24 条　调整住房空间布局（略）

第 25 条　规范住房市场秩序（略）

第 26 条　强化住房建设管理（略）

第 27 条　住房建设规划是贯彻国务院批复和落实北京城市总体规划的重要专项规划，是北京市国民经济和社会发展第十一个五年规划和近期建设规划的重要组成部分，是指导北京市住房建设的基本依据。

第 28 条　住房建设规划的实施，要符合首都功能定位，按照中央对北京做好“四个服务”工作的要求，更好地贯彻为中央党政军领导机关服务，为日益扩大的国际交往服务，为国家教育、科技、文化、卫生事业的发展服务和为市民的工作和生活服务的原则。

第 29 条　市政府各有关部门按照职责分工，抓紧开展与住房建设有关的政策法规与标准规范研究，建立健全实施机制，制定完善管理办法，促进北京房地产市场健康有序发展。

第 30 条　在投资年度计划、重点建设项目年度投资计划、土地供应年度计划和规划年度实施计划制订过程中，要将住房建设特别是保障性住房建设作为重点内容，确保北京市的住房建设和房地产市场发展按照“十一五”规划、近期建设规划和住房建设规划协调有序地进行。

第 31 条　切实加强住房建设规划实施的监督管理，查处和纠正各种违反规划的行为，加大对违法建设行为的整治力度。落实工作责任制，加强督促检查，维护规划的严肃性、权威性。

第 32 条　加强宣传，坚持正确的舆论导向，引导广大市民树立正确的住房消费观念，鼓励适度消费，加强节约文化建设，全面推广符合国情和北京实际的住房消费模式。

第 33 条　本规划一经批准，由北京市人民政府统一组织实施。在北京市人民政府的统一领导下，建设管理、城市规划、发展改革、土地管理、金融财税等部门应建立联动机制，明确责任、协调分工、相互配合，切实保证规划有效实施。

第三节　总　结

一、总结

总结是对已经完成的某一时期内或某一类工作进行检查、回顾,从中找出经验和教训而形成的一种应用文体。

二、作用

(一) 有利于提高工作效率

总结是对以往的工作进行全面、系统的回顾,找出经验和教训,避免在今后工作中走弯路。

(二) 有利于克服工作中的盲目性

通过总结,可以从过去的实践中找出规律性的东西,去掉盲目性,提高自觉性。

三、种类

① 按内容分有工作总结、教学总结、学习总结、思想总结等。

② 按时间分有年度总结、季度总结、月份总结、阶段总结等。

③ 按范围分有全国总结、部门总结;单位总结、个人总结等。

④ 按性质分有综合性总结、专题总结等。

四、结构和写法

(一) 标题

① 公文式标题,一般由单位名称、期限、总结对象和文种组成,如《北京大学2007年教学工作总结》。

② 展现观点式标题,如《红旗无线电厂是怎样扭亏为盈的》。

(二) 正文

正文通常有前言、主体、结语三部分。

1. 前言

一般交代具体工作的政策依据、主客观条件等背景材料,也概括介绍总结的对象、范围、目的。

2. 主体

(1) 取得成绩的经验

这部分是总结的主要内容,重点分析取得的成绩以及取得成绩的原因和作

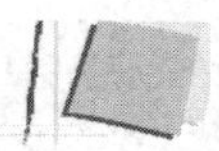

法，总结出带有规律性的经验。

(2) 存在问题和教训

工作中的主要问题和教训要写得具体真实，以利于在今后工作中改进。

3. 结语

结语主要是对下步工作的设想、安排意见等。

(三) 落款

落款的格式同标准公文格式。

【例文】

2003年长江禁渔管理工作总结

2003年，对于长江渔业资源保护来讲，是非同寻常的一年。经国务院同意，长江沿江十省(市)境内的长江干流、一级支流和主要通江湖泊首次全面实施了禁渔期制度。在沿江各级人民政府的直接领导和农业部渔业局、中国渔政指挥中心的精心部署和组织协调下，长江渔业资源管理委员会和沿江各级渔业主管部门及其渔政渔港监督管理机构、广大渔业行政执法人员，克服突如其来的“非典”影响，坚持一手抓“非典”防治，一手抓禁渔期管理，团结一致，众志成城，夜以继日，忘我工作，确保了长江禁渔期制度的贯彻实施，实现了预期的管理目标，开创了长江渔业资源养护和水域生态保护的新纪元，为我国大流域渔业资源管理探索了新的经验。

一、贯彻落实长江禁渔期制度的基本做法

2003年是长江首次全面施行禁渔期制度，禁渔范围大、起点高、任务重，准备时间短，工作难度大。沿江各级渔业主管部门及其所属的渔政渔港监督管理机构在总结去年长江中下游春季禁渔实践的基础上，发扬能吃苦、能战斗、能奉献的优良传统，与时俱进，开拓进取，根据流域管理要求和渔业发展形势，结合内陆渔业特点和各地实际，创造性地开展工作，做到了宣传到位、组织到位、措施到位、责任到位、服务到位，从而取得了良好的管理效果。由于四川、重庆等省市根据地方规定实施了全境禁渔或扩大了禁渔范围，实际纳入禁渔的范围要比国家规定的大。据不完全统计，2003年实施长江禁渔期制度涉及沿江10个省(市)67个地市近400个县(区、市)。其基本做法有：

1. 积极争取各级地方人民政府的重视和支持(略)

2. 成立领导机构，为禁渔期制度实施提供强有力的组织保证(略)

3. 深入发动宣传，广泛赢得社会各界的理解和支持(略)

4. 周密部署、措施有力、管理到位(略)

各省(市)渔业主管部门根据农业部《关于2003年实施长江禁渔期制度有

关工作的通知》及长渔委办公室关于《2003年长江禁渔期制度实施方案》,结合当地实际,制订了周密细致切实可行的禁渔实施方案,明确工作目标、任务、方法。沿江各市、县也都根据本地的实际,层层细化实施方案。针对去年禁渔工作中存在的工作经费不足、渔民生产生活困难、禁渔后续管理乏力等问题,仔细研究解决的途径与办法。针对不同江段、禁渔期不同时段、不同管理对象制订不同管理措施和预案,明确管理目标和具体管理要求,保证了禁渔工作有条不紊地进行和监督管理的有效开展。

二、长江禁渔期管理的特点与主要成绩

2003年的禁渔期管理工作有两个比较明显的特点:

一是禁渔工作由行业主管部门的部门行为上升为政府行为,由地方的、局部的休渔措施上升为流域的、国家的行为;

二是渔业资源养护与合理利用开始引起各级政府的重视和社会的广泛关注。

沿江各级渔业行政主管部门及其所属的渔政渔港监督管理机构抓住了展现内陆渔业管理的重要机遇,克服困难,打胜了长江全面禁渔管理的第一仗,开创了长江流域渔业管理新局面,为保护长江渔业生态环境和资源作出应有的贡献,取得了实效。

1. 树立了长江生态环境和渔业资源保护的理念

全面禁渔,增强了社会各界保护渔业资源、保护水域生态环境的意识,越来越多的人认识到渔业资源是有限的,滥渔滥捕的落后生产方式必须改变,我们不仅要考虑当代人的生存和发展需要,还要考虑子孙后代的发展需要,为他们的发展留有余地。这种观念的转变,为实施生态环境和资源保护措施奠定了扎实的社会基础。

2. 重塑了各级渔政管理机构的地位,渔民弱势群体得到关注

通过禁渔制度的实施,将渔业资源养护与渔业行政执法工作摆上了各级党委、政府的重要议事日程,促进了政府和有关部门对渔政工作的重视和关注,缩短了管理者与被管理者之间的距离。渔民主动办证的多了,服从管理的多了,抗拒检查的少了。渔政成为社会关注的热点,社会地位得到提升。禁渔也引起了政府和社会对渔民弱势群体问题的关注。从国家和渔民的长远利益出发,必须要实施禁渔期制度,养护渔业资源;从渔民的现实生活考虑,必须解决其生产生活困难。这是“三个代表”重要思想的具体体现。减轻捕捞强度,解决渔民的生产生活出路,结合当地的产业结构调整,积极引导部分专业渔民转产转业,也开始提上各级党委、政府的议事日程。禁渔期间开展渔业资源增殖放流活动,为渔民办实事,树立了政府保护资源环境的形象,密切了政府与渔民群众的感情与联系。

3. 遏止了有害渔具渔法，整顿了渔业生产秩序，削减了捕捞强度，有效保护了渔业资源

多年来一直困扰渔业管理而又取缔不清的电毒炸鱼、迷魂阵、布围鱼等有害渔具渔法，在禁渔期得到全面、有效的遏止，整顿了渔业生产秩序。实践证明，只要领导重视、措施得力，是能够取缔这些非法作业的。3个月的禁渔，给鱼类以休养生息的机会，有效养护了渔业资源。据2003年渔业资源的同步监测显示，万州、荆州、岳阳、湖口、常熟、崇明六个江段的渔获产量有不同程度的提高，一些主要生产渔场的渔业资源数量有所回升，开捕生产情况良好。长江有些多年不见的鱼类品种重又出现，中上游江段主要经济鱼类，尤其是铜鱼资源有所恢复，有些水域鲶鱼、鳜鱼等名贵鱼类资源恢复明显，水域的生态状况有所好转。从资源监测数据及渔民的反映都说明了这一点。禁渔后鱼类个体增大，产量有所提高。长江作为鱼类的种质基地、基因库、生物多样性的代表、水生野生动物的乐园，将通过禁渔有望逐步恢复和实现。

4. 带动长江流域内河、湖泊渔业的资源管理

许多地市都紧紧依托长江禁渔这个中心工作，开展内河湖泊渔政管理，摸清了渔民的基本情况，摸清了各种作业的基本情况及主要生产水域，为确定今后的渔政管理重点奠定了基础。有的地方借禁渔的契机，整顿辖区的水上作业秩序，有的地方将辖区一些支流、重要的湖泊也划定为地方禁渔水域，推动了长江流域渔业管理。

5. 锻炼了渔政执法队伍

许多地方通过禁渔期管理，摸清了渔政队伍及其运行的基本情况，也考验了沿江各级渔政队伍的战斗力。尤其是上游各省从制度的出台到贯彻落实只有短短一个月的时间，此期间要安排宣传发动、制订方案、印发文件、上传下达等大量工作，禁渔期间还要组织各种监督检查，开展增殖放流，高频率、高强度的工作锻炼了长江渔政队伍。通过禁渔管理，领导过问多了，媒体关注多了，社会支持多了，渔政案件处理顺利了，渔政工作繁忙了。从而提高了渔政工作和机构的地位，树立了渔业行政执法的全新形象。

三、存在的主要问题

沿江各级渔业主管部门及其渔政机构在当地政府的组织领导下，从国家和人民的利益出发，克服一个又一个的困难，尽责尽力开展长江禁渔工作，取得了阶段性的胜利。但是，从长远来看，在长江全面实施禁渔期制度还面临众多问题，有些问题已经严重阻碍长江禁渔期制度的全面实施乃至整个长江渔业管理的提高，必须引起我们的关注，找出切实的解决办法。

1. 管理经费极度缺乏，影响禁渔工作的深入开展

沿江大部分基层渔政机构基本人头费和经费没有固定的来源渠道，大多依靠收费来维持。实行3个月的禁渔期制度，渔政机构不仅断了收费来源，而且

要大大增加管理支出。要长期保证做好每年3个月的禁渔工作极其困难,管理经费依靠各级地方政府给予解决,国家也应给予适当的奖励。

2. 违法违规渔具禁渔过后死灰复燃

长江全面实施禁渔期制度,为鱼类休养生息提供了机遇。但禁渔期一过,法律法规明令禁止的电毒炸鱼等非法作业和迷魂阵等有害渔具渔法在一些地区死灰复燃,严重破坏渔业资源,吞噬禁渔成果。再加上渔政部门经费不足,渔政执法装备严重不足,手段落后,管理力量薄弱,使问题显得更加严重。

3. 禁渔期间部分专业渔民生活困难,使禁渔期制度执行潜伏危机

禁渔期间,各地在引导渔民转产转业、组织渔业劳务输出贷款小额生活金、发放特困救济款以及实物救济等方面竭尽全力做了大量工作,解决了部分渔业禁渔期间的生产生活困难。凡是渔民救济和最低生活保障工作做得好的地方,很少有渔民违规作业。但是,还有不少渔民禁渔期间的生活问题难以解决,给禁渔工作带来压力。从长远实施禁渔期制度的需要出发,解决渔民的生活困难问题需要认真研究。“低保”是根据城市居民最低生活标准画线,由民政部门调查、统计、核实后,将未达到最低生活标准线的居民纳入保障范围。由国家和省、市、县财政按比例配套出资,低多少,补多少。渔民虽然是弱势群体,但年收入低于保障线的为数不多,生活一般不成问题。何况禁渔可以改善渔民的经济收入。现在的问题是,短时间内一些渔民生活出现困难也是事实。禁渔期正值鱼汛期,有相当一部分渔民认为政府规定禁渔,就得给我补贴。因此,禁渔期间各级政府和渔业主管部门努力争取解决渔民生活补贴问题,从长远着眼,可否从两方面着手考虑解决这一问题:一是引导其转产,才能从根本上解决问题;二是要研究相应的专项政策。长江专业渔民收入低,生产生活艰苦,国家和地方各级政府要研究专门的政策,拨出专项资金,解决禁渔期间渔民生活困难问题。

4. 非渔业人员入渔影响专业渔民对禁渔制度的执行

长江禁渔范围广,渔业组成人员复杂,除了5万多名专业渔民,还有数量更多的副业渔民、农闲时的农民、沿江工矿企业下岗的工人和社会闲杂人员等,特别是今年受“非典”影响,大量民工返乡,无业可就,不少人下江捕捞,给禁渔管理增加了难度。渔业行政主管部门可以管好专业渔民,但很难保证其他人员不下江捕捞,这部分人最难管理,严重冲击着禁渔期制度的全面实施,既影响禁渔效果,也影响专业渔民遵守禁渔制度的耐心。严格地讲,在一些地区,禁渔还仅仅停留在政府行为和强制性行为,远没有成为广大渔民的自觉行为。禁渔期间我们查处的成千上万的违规案件就是很好的说明。有人员担心长此以往,渔业资源不能有根本好转。政府的积极性会减退,渔政的问题长期得不到解决,主管部门和渔政机构会失去信心,渔民更会失去耐心和信赖,禁渔期制度能否长期继续执行下去会存在问题。这个问题与前面提到渔政队伍自身的问题有关

联。完善渔业法规，从根本上解决渔政管理的机制问题，将有助于这个问题的解决。

除此以外，涉及禁渔期管理乃至整个长江渔业管理的问题还有很多，例如，生态环境的破坏削弱禁渔管理效果，长江流域大规模的水工（建设、环境污染、建闸筑坝、采沙等）严重破坏渔业水域生态环境，尤其是今年截流蓄水，正值鱼类繁殖季节，由于径流减少，造成"四大家鱼"苗发大量减少；长江渔业及其管理的调整与规划问题；如何将打击电炸毒鱼非法作业和有害渔具渔法与全面实施长江禁渔期制度有机结合起来通盘考虑，与禁渔期相配套；如何有计划地在长江和鄱阳湖、洞庭湖等大型湖泊建立一批常年禁渔区、水产种质资源保护区、自然保护区。在有限的领域内，排除人为因素的干扰，为渔业资源的恢复和珍稀水生野生动物的繁衍创造良好环境等，需要我们认真研究。

第四节　调查报告

一、调查报告

调查报告是对某项工作、某个事件或某个问题，经过深入细致的调查后，将调查中收集到的材料加以系统的整理，分析研究，并概括出规律和本质，提出对策与观点的书面报告。

二、特点

（一）典型性

调查报告是通过反映典型事例来说明问题的。在写调查报告中，一般都选取典型事例，具有一定的代表性和说服力。

（二）准确性

真实是调查报告的生命。调查报告中的事实必须真实准确，不能有任何虚假伪造。

（三）指导性

调查报告一般都选取典型事实，对工作有推动和指导作用，特别是经验调查报告，就是把新经验、新典型介绍给大家，用于指导实际工作。

三、种类

按内容来分，可分为情况调查报告、经验调查报告、问题调查报告三大类。

1. 情况调查报告

这种调查报告能够系统地反映各个方面的情况，能为有关部门了解情况、研究问题、制订措施提供参考。

2. 经验调查报告

这种调查报告的目的在于总结先进典型的经验,推动全面工作。

3. 问题调查报告

这类调查报告针对某一方面的典型问题,用确凿的事实揭露问题的严重性,以引起社会或有关方面、有关部门的重视,达到解决问题的目的。

按调查对象的性质来分,可分为综合性调查报告和专题性调查报告。

(1) 综合性调查报告

一般是对调查对象的全过程、全面状况进行系统调查,提炼出具有普遍意义的规律。

(2) 专题性调查报告

对某项具体工作或工作中的一些侧面和环节进行专门调查,有很强的针对性。

四、结构和写法

(一) 标题

1. 直述式标题

直述式标题直接写出调查内容或对象,如《虚假广告何时了》。

2. 公文式标题

公文式标题由调查对象、内容和文种组成,如《关于邯郸钢铁总厂管理经验的调查报告》。

3. 复合式标题

主、副标题结合,主标题点明调查结论或核心问题,副标题点明调查内容与对象,如《改变旧体制、赢得第二春——北京市邮政局内部调整增效的调查报告》。

(二) 主体

主体一般分 3 个部分。

1. 前言

调查报告的开头,一般是用一段话概括全文写作背景、主要内容,目的是让读者对全文有一个总的印象。

2. 正文

这一部分详细叙述调查研究的具体情况、做法和经验,通过具体、全面、翔实的调查材料,发现工作中潜在的规律,得出正确的结论。

3. 结语

结语可以总结全文的主要观点,进一步深化主题;或提出问题,引人深思;或展望前景,给人以鼓舞;也可以提出改进工作的措施和办法。

(三) 结尾

结尾包括署名、时间。

【例文】

瑞士集邮业务调查报告

为了加强中瑞邮政交流以及增进对集邮业务的了解，应瑞士邮政邮票与集邮司的邀请，经国家邮政局批准，由邮资票品管理司金京华任团长，由山东省集邮公司经理马新升、湖北省邮资票品局副局长涂振斌、新疆区邮政局邮票处处长由兴运为团员的中国邮政集邮业务考察团于1999年11月16日至29日，对瑞士的集邮业务进行了较为全面的考察。在考察中先后与瑞士集邮同行进行了五次会谈，走访了邮票与集邮司的主要部门，参观了邮票印制厂、集邮服务中心、函件处理中心、邮政支局所、协作印制厂家等单位。通过上述活动，对瑞士的集邮业务有了较为全面的了解，现将有关情况汇报如下。

一、瑞士及瑞士邮政的概况

瑞士位于欧洲的中心，面积为11 000平方公里，拥有700多万人口，是欧洲的一个小国，首都位于伯尔尼，最大的城市是苏黎世。瑞士虽然地处欧洲腹地，不濒临海洋，原材料短，但其经济高度发达，1998年人均国民生产总值达26 000美元，工业、金融业、旅游业是其主要经济支柱，其与世界具有广泛的贸易与金融关系。统一性和多样性是瑞士的特征之一，瑞士有四种官方语言：德语（占全国人口的65%）、法语（18.4%）、意大利语（9.8%）和罗曼语（0.8%）。

1998年瑞士邮电正式实现分营，分别成立了瑞士邮政（Swiss Post）与瑞士电信（Swiss Com）两家公司。瑞士邮政作为一个独立的公司，具有法人资格，其所有权属于瑞士联邦。新的法律制度以及以过程为导向的管理机构使瑞士邮政可以更加灵活地适应市场和用户的需要。瑞士邮政公司由董事会领导，董事会对全国8个业务中心（函件、包裹、储蓄、特快专递、邮政客运、网络服务、国际邮政、集邮）和5个服务中心（决策与支撑部门，如人力资源部、财务部等）的发展战略和业务发展政策进行监督。通过瑞士邮政41 500名员工的共同努力，瑞士邮政1998年实现业务收入55亿瑞士法郎（302亿元人民币），员工人均实现业务收入13.25瑞士法郎（72.8万元人民币）。

二、集邮专业组织机构与运作程序

1. 集邮专业组织机构

集邮专业是瑞士邮政的8个业务中心之一，1998年集邮业务收入完成5 000万瑞士法郎（2.75亿元人民币），实现利润2 000万瑞士法郎（1.1亿元人民币），占邮政业务总收入的0.9%，但却占邮政业务总利润的7%。瑞士集邮业务实行专业化经营，公司化运作，独立核算。瑞士邮政下设邮票与集邮司（以下简称集邮司），负责经营管理全国的集邮业务并承担通信用邮资票品的印制与发放职能。集邮司下设:4个职能部门,即发行部、集邮产品部、人力资源部、财务邮部;1个生产部门,即邮资票品印刷厂(同时承担加工邮品);10个经营销售部门,即分布在全国十大城市的集邮销售服务中心。集邮专业共有员工160人(有季节工与小时工)。

2. 邮资票品发行运作程序

瑞士邮政每年发行35枚左右邮票(通信与集邮)。邮票的选题、设计、发行量确定工作由集邮司下属的发行部承担。瑞士邮票选题源于3个方面:政界、经济界及国内公益性机构(全国建筑修缮协会、全国红十字协会、全国奥委会等)申请的选题;传统题材(爱国、和平、环境保护、青少年培养、动物等)选题;通信邮票题材(瑞士风光、交通等)。发行部提出选题,由集邮司司长确认后提交瑞士邮政董事长批准通过,通过后形成邮票发行计划。发行部根据发行计划组织图稿设计。为确保邮票设计质量与水平,采取图稿设计的征集制与评审制。图稿设计采用面向社会广泛征集与定向图稿征集相结合的方式(定向征集的方向多是具有邮票设计经验的艺术家)。一个选题通常初选出4～5幅图稿,这些图稿经邮票图稿评审委员会评审,以选出最佳图稿作为邮票图稿。邮票图稿评审委员会由艺术界、集邮界及集邮司司长9人构成,评议出的图稿经司长批准后交印制厂印制生产。邮票发行量根据通信及集邮领域的需求而定,通信领域的需求量来源于全国400个地区邮局的申请量,集邮领域的需求量来源于集邮产品部的邮品开发用票需求量、客户服务中心的客户订购量,以及10个销售服务中心的申请数量。邮票及集邮品生产后,下发到销售部门,销售给集邮者。通信票没有发行期,不限定发行数量,且可根据通信实际需要多次印刷;集邮邮票有规定的发行销售期,在集邮销售服务中心销售期为5～8个月;在邮局销售期为3～6个月。集邮邮票过销售期后退缴销毁,但由于发行数量与市场需求量大体相当,在销售期内基本上能够销售完毕。

三、瑞士集邮经营的成功经验

1. 实施谨慎的纪特邮票发行政策

瑞士邮政每年发行35枚左右邮票,总面值控制在35瑞士法郎左右,每套纪特邮票发行量控制在300万～400万套。谨慎的纪特邮票发行政策不但稳定了长期预订客户的收藏信心,而且扩大了集邮品市场的需求,为集邮专业带来相当大的利润。

2. 集邮专业化经营,公司化运作,独立核算,以追求利润最大化为本专业经营核心

集邮业务在成本核算、利润考核上与邮政其他专业分离,集邮经营业绩明确,每年向瑞士邮政上缴利润。集邮与邮政其他专业按照商业化运作的模式,建立起经营关系,相互结算。集邮司按照印制成本与邮局结算通信邮票印制

费;邮局与社会非邮政代理商经销集邮邮票与邮品,由集邮司按照与其商定的比例支付酬金;集邮销售服务中心隶属于集邮司,集邮司每年给定支出成本。通过上述措施,细化经营成本,明确成本核算界面,并且通过上述形式建成了一个由10个集邮销售服务中心、3 600个邮局、为数众多的中间商与集邮代理商(酒店、书报刊厅)组成的覆盖全国的集邮销售网络。

3. 先进的客户信息收集与邮寄系统

在建立集邮销售硬件网络的同时,瑞士邮政还致力建立一个灵活高效的客户信息收集与邮寄系统,以实现为集邮者提供方便、迅捷的服务,并不断拓展集邮市场。全球的客户可以通过信函、电话、传真与客户服务中心联系,查询信息,索要产品目录,签订订单。客户服务呼叫中心的工作人员以德语、法语、意大利语、英语为客户提供查询、订购等语音服务;此外还依附国际互联网建立起了电子商务系统,全球客户可在瑞士邮政的集邮主页上得到优质高效的服务。另外客户服务中心有一整套现代化客户信息软件系统,它将信息采集、整理后,为产品发行数量的确定提供决策依据,同时为邮件配送中心提供客户详尽的订单信息,以使客户能够准确、快捷地收到自己想要的产品。这套客户信息收集与邮寄系统对于集邮司来说是至关重要的,目前20%的国外销售是通过这套系统实现的。

4. 强有力的客户宣传手段

为全面地宣传集邮产品,使客户及时了解产品信息,并开拓潜在的集邮市场,瑞士集邮司投入大量资金发行免费集邮杂志。该杂志每年发行四期,每期发行量30万份,杂志内容包括邮票、邮品发行信息,国际集邮产品推荐,老票回顾,集邮司有关情况介绍,产品订单,客户广告等。全年杂志的发行费用占到集邮业务总收入的5%。为了通过该杂志的发行,开拓潜在的集邮市场,集邮司非常注重杂志的投放去向。这些杂志除发送给订户、邮局、报界及广告部门外,还要发送给医生、理发师以及有可能购买集邮产品的人。在诊所等待就医、在理发店等待理发的人在等候时通常翻阅杂志,因而有可能成为集邮产品潜在的购买者。同时,在市场分析的基础上,确定潜在客户对象,如退休者及青少年等购买集邮产品的可能性大。为了得到准确的杂志投递名址,集邮司以较大资金从信息公司购买相应名址信息。

除免费集邮杂志外,在发行具有广大市场前景的产品时,还要通过电视、报纸等媒体更广泛地对全社会进行宣传,以达到刺激及引导消费的目的。

5. 制订集邮专业长期发展战略,编制五年发展规划,以指导业务发展

集邮司编制五年发展规划,且每两年修改一次,并且要根据其是否适应实际市场需要,以及瑞士邮政业务的优先发展战略而作出相应调整。五年规划主要内容包括:董事会及首席执行官的要求;其他7个业务中心和5个服务中心

对邮资票品业务的要求;不同外部市场研究与分析;业务发展战略;市场战略。在市场战略中明确了业务发展的指标:利润指标、客户满意率指标、职员满意率指标。业务发展指标的制订以市场分析与预测为依据,在执行过程中又可以根据实际情况做相应的调整,具有一定的弹性,因而各项指标的完成情况都非常理想。通过上述指标,调动了全体职员的积极性,促进了业务的发展。

四、考察瑞士集邮业务的启示

瑞士在“二战”结束初期,也曾出现过集邮市场邮票炒作或邮票低面值销售的情况,但随着经济的发展,人们消费及投资的多元化,集邮者集邮的心态逐渐趋于平和,已不再将集邮作为一种急功近利的投资手段,投机者逐渐脱离了集邮市场,市场趋于稳定。集邮更多地被认同是一种文化活动,而邮票的增值也是一个缓慢的过程,增值的原因在于集邮者在收集邮票过程中心智与资金的付出。在集邮者平稳的心态下,在平稳的集邮市场环境中,国营集邮公司非但没有死亡,反而依靠专化经营运作,适度地调控政策,面向市场的客户服务策略,先进的客户服务手段,焕发出勃勃生机。瑞士邮政的成功经验,给我们以深刻启示,坚定了我们集邮业务长远发展的信心。

五、瑞士邮政的合作意向

在赴瑞士考察期间,瑞士邮政邮票与集邮司司长表达了加强中瑞双方往来、开展长期合作的意向,并明确提出如下建议:

1. 邀请中国邮政以特约贵宾国的身份参加2000年6月20—25日在瑞士圣加仑举办的“2000年圣加仑国际邮展”;

2. 2000年在中国举办庆祝中瑞建交50周年联合邮展及集邮销售活动。

第五节 简 报

一、简报

简报是简要工作情况报告的简称,是党政机关、企事业单位、社会团体为指导工作、沟通情况、反映问题、交流经验而单独编发的一种内部公文。机关、团体、企事业单位编发的“信息”“动态”“情况反映”等均属于简报。

二、特点

(一) 及时性

简报是传递信息的重要方法和途径,所以迅速、及时地反映重要信息是简报的生命力和价值的重要体现。

（二）真实性

简报最基本的要求就是真实。简报是群众了解全局工作发展的参考，也是领导决策指示的重要依据。所以，简报所反映的情况必须是真实的，不能有丝毫的虚构和夸张，更不能歪曲和捏造。

（三）简练性

简报的一大特征就是"简"，无论是材料的选择，还是语言的表达，都要强调简明扼要。

（四）具体性

简报必须反映实际工作中的具体问题。

三、种类

① 从内容上分，可分为工作简报、会议简报。

② 从时间上分，可分为定期简报、不定期简报。

③ 从性质上分，可分为综合简报、专题简报。

四、简报的结构及写法

简报由报头、正文、报尾三部分组成。

（一）报头

报头包括简报的名称、期号、密级、编印单位、印发日期等内容，相当于报纸的报名区域。

报头设计要求突出醒目，在简报首页上方占据三分之一的位置。

① 报名：在报头正中位置，字体最大，为了突出，往往还用套红印刷。

② 期号：在报名的正下方，按版次序号编列。

③ 密级：在报头的左上方，表明秘密等级。

④ 编印单位：在报头的左下方位置。

⑤ 印发日期：在报头的右下方位置。

（二）正文

正文一般由标题、导语、主体、结尾四部分组成。（有时也加按语）

① 标题：要求以简洁的词句概括全文的核心内容，具体形式多样。

② 导语：概括地叙述简报的主要内容，提出全文的中心或主要事实。

③ 主体：简报的主干，它主要反映情况、成绩，提出问题。

④ 结尾：重申观点，揭示意义，发出号召。

（三）报尾

报尾位于简报最后一页下方，要写明发送范围和印刷份数。

【例文1】工作简报

政务信息

(106)

××行署办公室　　　　　　　　　　　　　　　　　　　1993年9月21日

国家决定对新办第三产业减免所得税

对为农业生产产前、产中、产后服务的行业,即乡、村的农技推广站、植保站、水管站、林业站、畜牧兽医站、水产站、种子站、农机站、气象站,以及农民专业技术学会、专业合作社,对基层提供的技术服务或劳务所得的收入,以及城镇其他各类事业单位开展上述技术服务或劳务所得的收入暂免征收所得税。对科研单位和大专院校服务于各业的技术成果转让、技术培训、技术咨询、技术服务、技术承包所取得的技术性服务收入暂免征收所得税。对新办的独立核算的从事咨询业(包括科技、法律、会计、审计、税务等咨询业)、信息业、技术或经营单位,自开业之日起,第一年至第二年免征所得税。对新办的独立核算的从事公用事业、商业、物资业、对外贸易业、旅游业、仓储业、居民服务业、饮食业、教育文化事业、卫生事业的企业或经营单位,开业之初纳税有困难的,要按税收管理体制规定,报经税务机关批准,酌情给予一年以内减征或免征所得税的照顾。对新办的三产企业经营多业的,按其经营主业来确定减免税政策。

【例文2】专题简报

反腐败工作简报

第一期

(总第32期)

中共××地委反腐败工作联席会议办公室　　　　　　　1999年1月13日

全区各级党政机关积极采取措施　狠刹"三风"

全区各级党政机关认真贯彻落实中央、省委两办《通知》精神,积极采取措施,树立廉洁新风,巩固和扩大反腐败成果。

一、认真学习,搞好部署

中央和省委两办《通知》下发后,地委书记张××同志作出批示,提出贯彻落实的具体要求。地委、行署两办制定下发了《关于元旦、春节期间狠刹用公款吃喝送礼等不正之风的通知》,就贯彻落实中央、省委的指示精神,提出了明确要求。地区纪委、地区监察局下发了《关于加强对两办〈通知〉进行监督检查的通知》,召开县市纪委书记和地直部门纪检组长会议作了部署,要求各级纪检监察机关采取措施，加强监督检查，抓好正反典型，确保通知精神落到实处。各级积极行动，认真贯彻执行。一是各县市和地直部门普遍召开了领导班子会议，进一步统一了思想认识，加强了自我约束；二是对照上级的要求认真分析了本地、本部门的情况，并联系实际，制定了贯彻落实意见和刹风措施；三是广泛、深入进行宣传发动，要求群众积极参与监督。夏津、庆云、宁津、平原、齐河、乐陵等县市，相继召开了乡镇、县直各单位负责人员参加的会议。不少县市还充分利用广播、电视等宣传媒体，进行广泛宣传，如××县将《通知》内容一连在电视上播放3天，使《通知》精神家喻户晓。

二、联系实际，制定措施

各级各部门，把元旦、春节期间狠刹"三风"作为反腐败斗争的重点，采取了积极有效措施。一是抓重点部门、重点人员、重点环节。××县委接到两办《通知》后，立即由县委常委、纪委书记召集公安、工商、税务、教育、卫生等重点部门负责人会议，对刹"三风"工作提出了明确的责任和要求。二是抓督促检查。为了解两办《通知》的贯彻情况，地区纪委、监察局建立了情况定期汇报制度，组织力量，对地区人民银行、交通、电业、邮电、公安、工商、税务、教育、卫生等12个重点部门和行业进行了跟踪调查。××县层层成立了检查监督小组，在县委、县府家属院设了监督岗，在各大宾馆、饭店设立了监督员，公布了举报电话。三是抓领导带头。各级领导机关、领导干部带头执行中央、省、地有关规定，按照两办《通知》精神，自觉进行自我约束，当好表率。××市委常委一班人向全市人民表示，坚决做到"五不"，即不吃请、不请吃、不收下边的礼品、不到下边要东西、不向上边送东西，并要求广大干部群众给予监督。四是树立正面典型。××县委将交通局、电业局、税务局、财政局、人民银行5个单位的廉洁勤政事迹通过电视向全县作了连续报道，引导广大党员、干部自觉做到廉洁自律，遵守好各项规定。

第六节　述职报告

一、述职报告

述职报告是指各级机关、团体和企事业单位的工作人员，就自己任职期间的岗位职责执行情况进行自我总结和评估，向上级领导和群众汇报的一种文体。

二、特点

（一）专用性

述职报告一般是单位工作人员对自己政绩的归纳、总结，具有专用性。

（二）严肃性

述职者要严格按照国家或单位统一规定的工作标准作总结汇报，因此，述职者必须严肃认真对待。实事求是,用语准确,评价中肯。

（三）简朴性

文字简明扼要,观点明确,语言朴实无华。

（四）自述性

述职者使用第一人称,本着对个人、组织负责的态度,采用自述的方式面对听众或读者,作恰当的自我评估。

三、种类

① 从内容上,可分为综合性述职报告和专题性述职报告。

② 从表达形式上,可分为口头述职报告和书面述职报告。

③ 从述职范围上,可分为部门述职报告和个人述职报告。

四、作用

① 有利于提高述职者的自身素质。通过述职,对过去的工作进行回顾,总结经验,吸取教训,改进工作方法,以便今后更好地完成各项任务。

② 有利于考核。上级机关和群众可以根据述职报告,全面掌握述职者的工作情况,对其进行考核,作出评价。

过程报告也是现代管理的重要内容,已经成为组织对有关人员进行考核的重要途径。

五、格式与写法

（一）标题

标题有 3 种不同的写法。

1. 文种式

文种式直接写《述职报告》。

2. 公文式

公文式包括述职者、时间、内容、文种,如《李忠 1998—1999 年任局长职务的述职报告》。

3. 复合式

采用正副标题,正标题是对述职报告内容的概括,副标题写述职者及职务,如《思想政治工作要结合经济工作一起抓——北京邮电大学党委副书记李虎的述职报告》。

（二）署名

在标题下居中署上单位名称和述职者姓名。如果是在大会上讲,开头顶格

写上称谓。

（三）正文

1. 前言

前言概括说明任职的背景、任职时间、任期岗位责任、目标与实绩等内容，对工作首先作一整体评价。

2. 主体

主体具体报告职责的履行情况，要抓住任期期间的主要工作，取得的成绩、成果。

3. 问题

简要指出存在的问题、问题产生的原因、改进的措施，力求客观公正、实事求是。

4. 建议

建议主要写今后工作的设想、意见和建议。

5. 结语

一般写“以上报告，请领导和同志们批评指正”；口头述职报告一般为“述职到此，谢谢大家”等。

（四）署名、日期

述职报告的最后应有署名和日期。

【例文】

述职报告

——2000 年 4 月 16 日在山西××市第二届人民代表大会第三次会议上

常务副市长　×××

各位代表：

现在，我把自己两年多来思想工作情况作一汇报，请予审议。

一、履行职责情况

从 1998 年 7 月政府换届以后，我担任政府常务副市长，主要协助市长处理政府的日常事务，具体分管政府秘书处、机关事务管理局、体改委、民政局、信访局、档案局、民宗局、地方志办公室、旅游局、老龄委、残联和计划委员会。回顾总结两年多来的工作，主要有以下 3 个方面。

1. 抓学习教育，激励奋发向上

我所分管的单位，多数属于间接服务市里中心工作的后勤部门，这些单位有软任务没有硬指标，比较清闲，但也比较清贫，在社会向市场经济转型期，各种因素对这些单位也带来不少冲击。个别人员不安心工作，想变动岗位，不求创先进，只求过得去，思想消极，牢骚满腹，怨领导不重用。这种现象的产生，固

然有其大环境的客观影响,但与相关人员平常学习不够、觉悟不高有直接关系。针对这种状况,我从提高政治素养入手,狠抓系统干部职工的政治思想教育。两年来,通过举行十多次时事形势报告会、座谈会、研讨会,并在重大节日、年终岁末,结合"三讲"教育举行表彰会、总结会,对干部进行理想信念和党性、党风教育。通过一系列学习宣传教育,使大家都能够面对现实,实事求是地用辩证唯物主义观点分析认识问题。大家认识到:一定要好好工作,不工作就不能体现自己的人生价值;工作岗位没有高低之分,只要观念改变,劣势可以变优势,只要有本事,冷部门也能作出大贡献。目前,各单位干部职工工作作风扎实,精神状态很好,人心思干,人心思进,不少单位在搞好本职工作的同时,组织大家学科技、学理论,提高干部职工的全面素质。

2. 抓管理建章立制,鼓励争创一流

毛主席讲过:"政治路线确定之后,干部就是决定因素。"工作能否上得去关键在于单位一把手。一定程度上可以讲,一把手的水平有多高,工作的成效就会有多大。我由原来分管农口变为分管计委和政府口以后,针对这些单位服务功能较强这一特点,把"创历史辉煌,争同行一流"作为奋斗目标。在这样的高标准严要求下,各单位普遍建立了有利于促进工作的激励机制和竞争机制。我还经常与各单位的负责人学习国内外先进的管理经验,强调一把手要学会宏观上把握大局,掌握科学的领导艺术。我用古人讲的"君忙臣闲国乱,君闲臣忙国兴"的哲理,启发大家要注意发挥班子成员作用;我用经济学家提出"三管三不管"道理,启发大家学会谋大事、办大事,切勿被事务缠身;我用"上者为闲,能者居中,工者居下,智者在侧"的管理经典,启发大家重视人才,发挥能人作用。两年来,我所分管的十多个单位,普遍出现了敬业爱岗、扎实苦干的可喜局面,确实成绩斐然。

民政局甩掉全区落后的帽子,城乡居民低保、县乡勘界、城乡义务兵优待金、社会统筹、村委换届选举等工作全面启动,受到地区好评;档案局工作在全国遥遥领先,被评为全省先进单位;地方志办公室成为全区学习榜样,地区在我市召开现场会推广他们的经验;信访局被誉为维护社会稳定功臣,局长贺××多次受到地委、市委表彰;市残联、市老龄委工作在全区、全省同行业冒了尖;市政府秘书处严格机关各项制度,使办公室工作井然有序,仅水电管理一项一年可节约经费数十万元;机关事务管理局克服资金困难等问题,顺利完成3 000户居民供暖工程,供暖面积达15平方米,确属史无前例;市宾馆开拓创新,服务工作跨上新台阶,被地区评为先进单位并在河津召开了现场会;市计委抓重点工程管理,理顺基建工程程序,申报立项,争取国家投资,为河津经济发展作出了突出贡献。

3. 深入基层调研,为新世纪河津经济腾飞献计献策

面临世纪之交,人们都意识到当前将面临历史的机遇,也面临着严峻的挑战,现在经济界都在大讲调产,各级领导强调今后经济工作的中心任务就是调

整产业结构，提高经济的整体运行质量和效益。我作为分管计划的副市长，责任迫使我考虑河津怎么办，河津如何搞调产。两年来，我先后用了两个多月的时间，多次深入到山西铝厂、河津铝厂、河津电厂、振兴集团、太兴集团、森达集团和有关乡镇进行调产的调研，收集了百万字的相关资料，先后写出十多篇关于产业结构调整的文章，其中《突出发展铝工业，迎接新世纪的曙光》《煤电铝联产，充满生机、活力的振兴路》《三步走搞活铝业大蛋糕》《山西可在河津设立煤电铝联产示范区》《山西铝称霸新世纪的撒手锏》《发展虚拟联合培植农业龙头》《围绕挑战搞调产》等文先后在《山西日报》《山西发展导报》《山西经济日报》《运城日报》《改革之声》《城市经济》《河津报》等报刊上发表，引起了各方关注和共鸣，《山西日报》工商部、《山西日报内参》《山西发展导报》分别写信、打电话表示要来河津对煤电铝联产进一步调研，愿意就河津建煤电铝示范区一事在更大范围内进行呼吁。

我为什么要搞煤电铝调研，呼吁省上抓煤电铝联产示范区，一是我从掌握的信息认识到铝工业是21世纪最具有发展潜力的产业之一，因为今后铝产品市场需求量非常大，发达国家现在人均年消费铝达37公斤，而我国仅为2.7公斤，目前市场上80%以上产品包装还是以塑料和木料为主，在建筑和生产中木料品仍高达80%以上，按照国外发达国家的发展趋势，今后，这些产品以及工农业生产中一些高精尖产品的包装都将由铝产品所代替，可以预测发展铝工业市场前景十分光明。二是因为河津作为山西铝厂所在地，氧化铝产量占全国三分之一，呼吁把山西铝厂铝产业做大，对今后河津经济社会发展意义重大。试想，如果山西铝厂搞煤电铝联产，能尽快形成年产值达300亿～500亿元的大型企业集团，那将对河津带来多大税源，提供多少个就业机会，带动多少个相关产业发展。三是从河津振兴集团煤电铝联产典型实例中我们可以看到煤电铝联产是一条充满生机活力的振兴路。煤电铝联产可以搞活煤炭工业、电力工业、铝工业，还可以搞活地方经济，壮大地方财政。振兴集团自己挖煤发电，生产铝锭的每度电成本仅7～8分钱，吨铝锭成本仅8 000～9 000元，而同行业吨铝锭成本高达14 000～15 000元，河津有这样好的项目，应该呼吁各界人士高度重视，用煤电铝项目招商引资一定会给河津争取回更多的投资。

尽管我的劳动成果仅仅还只是一种设想，但我高兴地看到目前省委省政府已把煤电铝列为百项潜力产品第一项，省委书记田××、省长刘××在几次会议上都讲到了发展煤电铝的问题。

关于农业结构的调产我也进行了重点调研，我认为农业调产最终要达到的目标是：提高农产品科技含量，增加农产品的市场竞争力，从而增加农民的收入。我提出“发展虚拟联合构想”，按照这个构想，重点对森达集团策划了两项联合。一是策划了媒体联合。由我牵线，山西日报社和森达公司签订了5年合作协议，《山西日报》、山西电视台都进行了广告投入。二是名牌企业联合。我策划森达与洛阳春都集团联合,争取把森达作为春都集团的一个分厂,如果合作成功,森达既可获得为春都加工产品丰厚的加工费,又可大批消化当地畜产品,增加地方税源,使森达尽快发展壮大。这项联合目前正在积极运筹中。我认为森达集团是很有希望的,如果让森达能尽快形成万吨生产规模,就可以达到2亿元产值,相当于现农业产值的两倍。这个龙头的崛起,将对河津农业推动和农民致富有举足轻重的意义。

二、思想作风建设情况

当今世界正在发生着人类有史以来以来最为迅速、最为广泛、最为深刻的变化,“全球经济一体化”“知识经济”“电子商务”“生物技术”“基因工程”“数字地球”“电子政府”“加入世贸”“西部大开发”等新名词、新事物不断涌现,我深刻意识到今天知识更新太迅速了,作为一个市级领导,不学习就要落后,不学习就赶不上时代潮流,不学习就要被历史淘汰。为了不辜负人民期望,更好完成人民政府所担当的各项任务,必须不断地学习,努力提高自己的政治素质和指导经济工作的能力。两年来,我在自己学习、加强思想建设上下了不少功夫,取得了一些效果。

三、存在的问题和今后的努力方向

回顾检查自身存在的问题,我认为主要有3点:第一,自己作为分管常务的市长,没能尽职尽责,有负于党和人民的期望;第二,自己分管计委工作,在宏观调控、招商引资、争取国家投资方面没有充分发挥应有作用,对河津发展造成一定影响;第三,自己党性不强,在工作较累的时候,也有过松弛思想,在廉洁自律方面有差距。这些问题产生的根源是自己政治素质不高,世界观、人生观、价值观没有树立好。

今后怎么办,我想绝不能辜负党和人民对自己的重托和期望,一定要努力做到以下3点。

1. 放下包袱,抛开手脚大干,力争当一名合格的常务副市长

常务副市长的担子是很重的,其工作职责就是要协助市长处理日常事务,从宏观把握全局,微观处理政府各种热点、难点,充分发挥政府行政行为,促进改革河津经济和社会发展。自己一定要顾全大局,把人民利益看得高于一切,克服消极埋怨情绪,为了河津发展,为了维护政府形象,与政府班子成员搞好团结,放下包袱,积极主动协助市长抓工作,当好副班长。

2. 努力学习,提高素质,提高工作能力,为河津经济发展作出贡献

今后我要进一步精通计算机知识,积极参加各种理论学习,2000年攻读完北京师范大学研究生课程,提高理论水平。要经常深入实际搞调研,争取每月写出一篇论文或调研报告,为领导宏观决策当好参谋。要充分发挥计委职能作用,备好项目库,为河津争取更多建设资金。

3. 严格要求，廉洁自律，塑造领导干部形象，当好反腐倡廉带头人

党风是关系党生死存亡的重大政治问题，尤其在当前国际形势错综复杂，国内改革面临重要关头的情况下，我党面临着严峻考验。在这种情况下，每一个领导干部必须保持头脑清醒。今后，我一定要按照共产党员的标准严格要求自己，廉洁自律，绝不搞权钱交易，绝不利用职权为个人谋私利，绝不干有损于国家、集体和人民的事情，一定要清清白白做人，堂堂正正办事，同时对社会上的各种歪风邪气，敢于反对，敢于抵制，勇当反腐倡廉带头人。

谢谢大家！

第七节　规章制度

一、规章制度

规章制度是国家机关、社会团体、企事业单位为了建立正确的工作、劳动、学习、生活秩序，依照法律、法令、政策而制定的具有法规性、指导性和约束力的文件，它是法规、章程、制度、公约的总称。

二、特点

（一）很强的约束力

规章制度是依照法律、法令、政策制定的法规性文书，它起到某些行政法规的作用。它一经公布，对有关方面及有关人员就有强制力或约束力，必须贯彻实施，不得违反。

（二）内容的具体性

规章制度是人们行动的准则，它所涉及的方方面面，都必须作出全面具体的规定。

（三）应用范围广泛

规章制度的应用范围广泛，党、政、军机关、企事业单位、社会团体为了保证各项工作顺利进行，保证国民经济持续、快速、健康发展，他们在各自的职责范围内制定了不少规章制度，小到一个企业生产班组的岗位责任、安全生产、工作流程、设备维护、请假等，都订立了相应的规章制度，以保证工作正常进行；大到执行党和国家的各项方针、政策，都要结合本地区、部门的实际制定规章制度，以保证国家计划的完成。因此，应用范围广是规章制度的特点之一。

（四）分条款式写法

国务院办公厅发布的《行政法规制定程序暂行条例》中规定，“行政法规的内容用条文表达，每条可以分为款、项、目，款不冠数字，项和目冠数字。法规条文较多的,可以分章,章还可以分节。”

三、种类

规章制度包括条例、规定、办法、细则、章程、制度、规则、规程、守则、须知、公约。另外,标准、准则、补充规定等也属规章制度范畴。

各种不同的规章制度,适用不同的范围、需要,起着不同的作用,它们的制发者也不一样,也存在相同点及不同点。

相同点是都具有行动准则的意思。不同点是规章制度都有行动准则的意思,但它们之间也存在着细微的差别。

如体制是带有限本性的规章制度;办法、条例、规定是比较具体的规章制度;细则是详尽而具体的规章制度;守则、规则、制度则是各级机关、企事业单位内部针对某项工作或行动制定的规章制度。

四、结构和写法

(一) 标题

标题通常由发文单位、事由和文本种组成,如《中华人民共和国交通管理条例》,也有的省略发文机关,如《汽车驾驶员守则》《考生须知》等。

(二) 正文

内容复杂的规章制度,如条例、章程、办法、规定等,正文的写法有两种格式。

1. 条例式

条例式即由总则、分则、附则三部分组成。每一部分可根据内容多少,分若干章,每章可分若干条。

总则,常常是第一章,简要说明该规章制度的宗旨、任务、性质,对全文起统领作用。

分则,是规章制度的主要部分,分章分条写明有关内容。

附则,多是最后一章,一般说明规章制度的生效日期、适用范围,以及修改、解释、批准的权限,以及未尽事宜的补充说明。附则可以单独成章,也可附在最后不单独成章。

2. 条目式

条目式即先写一个前言,说明依据、目的,然后用“特制定本条例(制度、守则……)”做过渡语,引起下文。条目是主要部分,一般按先主后次、先原则后具体的顺序逐条写来。

内容简单的规章制度,如守则、公约、须知、制度等,正文多由前言、主体、结尾组成。前言说明目的意义,主体分条叙述,结尾提出执行要求。

(三) 落款

落款即在末尾签署制定本规章制度的单位或机关名称(也可写在标题下方)和发文日期(也可写在标题下方)。

五、应注意的问题

（一）规章制度必须符合党和国家的法律、法规和政策

各级组织要在政治、组织上同党中央保持一致，所制定的规章制度必须按照党和国家的法律、法规和有关政策来规定，做到政策统一。否则制定的规章制度不仅行不通，而且会给工作带来严重损失。所以，制定规章制度时，要深刻地学习、领会有关文件，按上级精神来制定。如上级已制定了规章制度，而且适用性较强，一般可不必另行制定。

（二）要从实际出发

规章制度是针对工作、业务的实际所做出的具体规定，因此，一定要从本单位、本部门的工作实际出发，做到切实可行，否则就会成为一纸空文。

如《××部办公厅关于上缴礼品规定》中第三条规定，"各级领导干部不得接受对执行公务带来影响的礼品。接受礼品的价值超出 200 元的应在接受之日起 3 日内上交办公厅办公室。"

不难看出，本条规定的"接受之日起 3 日内"，就不大可行，因为某人若在本机关所在地接受礼品，3 日内上交完全无问题，若是出国，或外埠公出，则根本不可能做到。故此款应改为："出差返京后，应在返京后 3 日内将接受的价值 200 元以上的礼品交办公厅办公室。"

（三）文字要简洁、准确

规章制度是政策性很强的文件，一般情况下若无大变化，一经制定将施行很长一段时间。因此，文字表述较行政公文更加严谨、简洁、准确。在起草规章制度时要深入调查研究，弄清上级机关的有关要求和本部门的意图，起草时要认真推敲，反复斟酌，力争严谨、简洁、准确。

如《××部关于申报个人收入的规定（试行）》一文中，关于申报对象的表述："部机关及部机关直属单位的处以上领导干部必须每年上报一次个人收入的情况。"该条中"处以上领导干部"的表述就不够清晰、准确，"处以上"包括不包括"处"？

此外，规章制度中的有些名词或条文，需要解释的，就必须解释清楚，以免在执行中因产生歧义而无法正确贯彻执行。

如《刑事诉讼法》第九章第五十条："'近亲属'是指夫、妻、父、母、子、女、同胞兄弟姊妹"。为什么对"近亲属"一词作解释呢？因为该法第四章《辩护》中规定："被告人除自己行使辩护权外，还可委托下列人辩护"，而"近亲属"就属于"下列人"中的一项，如不解释清楚，就可能因为误解而产生纠纷。

又如《国家邮政局关于对违规经营邮资票品行为的处罚规定》第二条："违规经营邮资票品行为是指：销售未经国家邮政主管部门批准的邮资票品；经营

非邮票专营部门批销的外国及地区的邮票;低于面值销售当年发行的纪特邮票、普通邮票……”对违规经营邮资票品行为作出解释、界定,就为下一步正确执行打下了基础。

另外,规章制度中应尽量避免使用“大概”“可能”“或许”等一类模糊用语,而应采用“应当”“必须”等表示判断确切的词。

(四) 遵守已颁布的法律、法规

订立规章制度,一定要以国家的法律、法规为依据,不能违反。凡与法律、法规或以前订立的规章制度相矛盾的地方,一定要及时更正或作出说明,否则,下级组织无法执行。如《邮电部调整部分电信资费标准的规定》中,在规定的附则中就明确指出:“本规定自1998年1月1日起执行。此前有关电信资费标准的有关文件中,凡与本规定不同的,一律以本规定为准。”

(五) 反复讨论、力争完善

规章制度一经制定,就成为行动准则,一般需执行相当长的一段时间。因此,制定规章制度要反复推敲,认真起草。文稿拟好后,应反复地进行讨论,征求意见,以使其更加符合实际,更加完善和可行。

因为客观事物是不断发生变化的,有些规章制度也应根据不断变化的实际情况适时进行修订,使之真正成为人们的行动准则。

【例文1】章程

纪念宋庆龄国家名誉主席基金会章程

(1982年12月28日第一次在京理事会议通过)

一、为纪念宋庆龄国家名誉主席,继承和发扬她毕生所关心所从事的儿童文教福利事业的精神,培养儿童德、智、体、美全面发展,为增进国际友好和对世界和平作出贡献,特设立纪念宋庆龄国家名誉主席基金会(以下简称基金会)。

二、基金会的性质。

基金会是人民群众团体,又是联络海外人士为中国儿童文教福利事业提供援助的人民友好团体。

三、基金会的基金来源。

海外侨胞、港澳同胞的团体和个人的捐赠。

国内外友好团体和人士的捐赠。

四、基金会与国外的同类组织。

外国朋友、海外侨胞、港澳同胞及其团体,愿意为中国儿童文教福利事业捐

募基金，在他们所在国家、地区组织宋庆龄基金会的，都将给予协作。

五、基金会基金的用途。

基金会的基金属于专款，直接用于儿童文教福利事业，并尊重捐赠的意愿，尽量做到合理安排。

基金会为开展本身正常业务，须在最低限度内，以最小比例提取一定的资金为费用。

六、基金会的建设规划。

计划在北京首先兴建儿童科学公园，根据需要与可能，将逐步在北京和其他地方建设儿童文教福利事业。

基金会将会同科技、教育、体育、文化、卫生、建筑、工、农、青、妇、儿童保育、工商、归侨、园艺等各界和有关地方部门以及中国福利会，共同研究规划儿童文教福利的建设事项。

七、基金会基金的监督。

基金会建立独立的会计、审计制度。对于资金、物资的收支和使用情况有权监督、检查，并作出相应的报告。

基金会设理事若干人，由主席、副主席、秘书长主持日常工作。

基金会在名誉主席、顾问主席之下，设秘书处，由中华全国妇女联合会指导，处理日常事务。

（选自 1982 年 12 月 29 日，《人民日报》）

【例文 2】办法

党政机关公文处理工作条例

第一章　总　　则

第一条　为使国家行政机关（以下简称行政机关）的公文处理工作规范化、制度化、科学化，制定本办法。

第二条　行政机关的公文（包括电报，下同），是行政机关在行政管理过程中形成的具有法定效力和规范体式的文书，是依法行政和进行公务活动的重要工具。

第三条　公文处理指公文的办理、管理、整理（立卷）、归档等一系列相互关联、衔接有序的工作。

第四条　公文处理应当坚持实事求是、精简、高效的原则，做到及时、准确、安全。

第五条　公文处理必须严格执行国家保密法律、法规和其他有关规定，确保国家秘密的安全。

第六条　各级行政机关的负责人应当高度重视公文处理工作，模范遵守本办法并加强对本机关公文处理工作的领导和检查。

第七条　各级行政机关的办公厅(室)是公文处理的管理机构，主管本机关的公文处理工作并指导下级机关的公文处理工作。

第八条　各级行政机关的办公厅(室)应当设立文秘部门或者配备专职人员负责公文处理工作。

第二章　公文种类

第九条　行政机关的公文种类主要有(略)

第三章　公文格式

第十条　(略)

第十一条　公文中各组成部分的标识规则，参照《国家行政机关公文格式》国家标准执行。

第十二条　公文用纸一般采用国际标准A4型(210 mm×297 mm)，左侧装订。张贴的公文用纸大小根据实际需要确定。

第四章　行文规则

第十三条　行文应当确有必要，注重效用。

第十四条　行文关系根据隶属关系和职权范围确定，一般不得越级请示和报告。

第十五条　政府各部门依据部门职权可以相互行文和向下一级政府的相关业务部门行文；除以函的形式商洽工作、询问和答复问题、审批事项外，一般不得向下一级政府正式行文。

部门内设机构除办公厅(室)外不得对外正式行文。

第十六条　同级政府、同级政府各部门、上级政府部门与下一级政府可以联合行文；政府与同级党委和军队机关可以联合行文；政府部门与相应的党组织和军队机关可以联合行文；政府部门与同级人民团体和具有行政职能的事业单位也可以联合行文。

第十七条　属于部门职权范围内的事务，应当由部门自行行文或联合行文。联合行文应当明确主办部门。须经政府审批的事项，经政府同意也可以由部门行文，文中应当注明经政府同意。

第十八条　属于主管部门职权范围内的具体问题，应当直接报送主管部门处理。

第十九条　部门之间对有关问题未经协商一致，不得各自向下行文。如擅自行文，上级机关应当责令纠正或撤销。

第二十条　向下级机关或者本系统的重要行文，应当同时抄送直接上级机关。

第二十一条　“请示”应当一文一事；一般只写一个主送机关，需要同时送其他机关的，应当用抄送形式，但不得抄送其下级机关。“报告”不得夹带请示事项。

第二十二条　除上级机关负责人直接交办的事项外，不得以机关名义向上级机关负责人报送“请示”“意见”和“报告”。

第二十三条　受双重领导的机关向上级机关行文，应当写明主送机关和抄送机关。上级机关向受双重领导的下级机关行文，必要时应当抄送其另一上级机关。

第五章　发文办理

第二十四条　发文办理指以本机关名义制发公文的过程，包括草拟、审核、签发、复核、缮印、用印、登记、分发等程序。

第二十五条　草拟公文应当做到(略)

第二十六条　拟制公文，对涉及其他部门职权范围内的事项，主办部门应当主动与有关部门协商，取得一致意见后方可行文；如有分歧，主办部门的主要负责人应当出面协调，仍不能取得一致时，主办部门可以列明各方理据，提出建设性意见，并与有关部门会签后报请上级机关协调或裁定。

第二十七条　公文送负责人签发前，应当由办公厅(室)进行审核。审核的重点是：是否确需行文，行文方式是否妥当，是否符合行文规则和拟制公文的有关要求，公文格式是否符合本办法的规定等。

第二十八条　以本机关名义制发的上行文，由主要负责人或者主持工作的负责人签发；以本机关名义制发的下行文或平行文，由主要负责人或者由主要负责人授权的其他负责人签发。

第二十九条　公文正式印制前，文秘部门应当进行复核，重点是审批、签发手续是否完备，附件材料是否齐全，格式是否统一、规范等。

经复核需要对文稿进行实质性修改的，应按程序复审。

第六章　收文办理

第三十条　收文办理指对收到公文的办理过程，包括签收、登记、审核、拟办、批办、承办、催办等程序。

第三十一条　收到下级机关上报的需要办理的公文，文秘部门应当进行审核。审核的重点是：是否应由本机关办理；是否符合行文规则；内容是否符合国家法律、法规及其他有关规定；涉及其他部门或地区职权的事项是否已协商、会签；文种使用、公文格式是否规范。

第三十二条　经审核，对符合本办法规定的公文，文秘部门应当及时提出拟办意见送负责人批示或者交有关部门办理，需要两个以上部门办理应当明确主办部门。紧急公文应当明确办理时限。对不符合本办法规定的公文,经办公厅(室)负责人批准后,可以退回呈报单位并说明理由。

第三十三条　承办部门收到交办的公文后应当及时办理,不得延误、推诿。紧急公文应当按时限要求办理,确有困难的,应当及时予以说明。对不属于本单位职权范围或者不宜由本单位办理的,应当及时退回交办的文秘部门并说明理由。

第三十四条　收到上级机关下发或交办的公文,由文秘部门提出拟办意见,送负责人批示后办理。

第三十五条　公文办理中遇有涉及其他部门职权的事项,主办部门应当主动与有关部门协商;如有分歧,主办部门主要负责人要出面协调,如仍不能取得一致,可以报请上级机关协调或裁定。

第三十六条　审批公文时,对有具体请示事项的,主批人应当明确签署意见、姓名和审批日期,其他审批人圈阅视为同意;没有请示事项的,圈阅表示已阅知。

第三十七条　送负责人批示或者交有关部门办理的公文,文秘部门要负责催办,做到紧急公文跟踪催办,重要公文重点催办,一般公文定期催办。

第七章　公文归档

第三十八条　公文办理完毕后,应当根据《中华人民共和国档案法》和其他有关规定,及时整理(立卷)、归档。个人不得保存应当归档的公文。

第三十九条　归档范围内的公文,应当根据其相互联系、特征和保存价值等整理(立卷),要保证归档公文的齐全、完整,能正确反映本机关的主要工作情况,便于保管和利用。

第四十条　联合办理的公文,原件由主办机关整理(立卷)、归档,其他机关保存复制件或其他形式的公文副本。

第四十一条　本机关负责人兼任其他机关职务,在履行所兼职务职责过程中形成的公文,由其兼职机关整理(立卷)、归档。

第四十二条　归档范围内的公文应当确定保管期限,按照有关规定定期向档案部门移交。

第四十三条　拟制、修改和签批公文,书写及所用纸张和字迹材料必须符合存档要求。

第八章　公文管理

第四十四条　公文由文秘部门或专职人员统一收发、审核、用印、归档和销毁。

第四十五条　文秘部门应当建立健全本机关公文处理的有关制度。

第四十六条　上级机关的公文,除绝密级和注明不准翻印的以外,下一级

机关经负责人或者办公厅(室)主任批准,可以翻印。翻印时,应当注明翻印的机关、日期、份数和印发范围。

第四十七条　公开发布行政机关公文,必须经发文机关批准。经批准公开发布的公文,同发文机关正式印发的公文具有同等效力。

第四十八条　公文复印件作为正式公文使用的,应当加盖复印机关证明章。

第四十九条　公文被撤销,视作自始不产生效力;公文被废止,视作自废止之日起不产生效力。

第五十条　不具备归档和存查价值的公文,经过鉴别并经办公厅(室)负责人批准,可以销毁。

第五十一条　销毁秘密公文应当到指定场所由二人以上监销,保证不丢失、不漏销。其中,销毁绝密公文(含密码电报)应当进行登记。

第五十二条　机关合并时,全部公文应当随之合并管理。机关撤销时,需要归档的公文整理(立卷)后按有关规定移交档案部门。

工作人员调离工作岗位时,应当将本人暂存、借用的公文按照有关规定移交、清退。

第五十三条　密码电报的使用管理,按照有关规定执行。

第九章　附　　则

第五十四条　行政法规、规章方面的公文,依照有关规定处理。外事方面的公文,按照外交部的有关规定处理。

第五十五条　公文处理中涉及电子文件的有关规定另行制定。统一规定发布之前,各级行政机关可以制定本机关或者本地区、本系统的试行规定。

第五十六条　各级行政机关的办公厅(室)对上级机关和本机关下发公文的贯彻落实情况应当进行督促检查并建立督查制度。有关规定另行制定。

第五十七条　本办法自2001年1月1日起施行。1993年11月21日国务院办公厅发布,1994年1月1日起施行的《国家行政机关公文处理办法》同时废止。

【例文3】规定

党员领导干部犯严重官僚主义失职错误党纪处分的暂行规定

第一章　总　　则

第一条　为了贯彻党的基本路线,保证社会主义现代化建设和改革、开放的顺利进行,反对官僚主义,根据党的章程和国家的有关法律法规,制定本规定。

第二条　严重官僚主义失职错误,是指由于工作不负责任而不履行或不正确履行职责,致使党、国家和人民的利益遭受重大损失的行为。党员领导干部犯严重官僚主义失职错误,是违反党的纪律的,应当受到党的纪律处分。

第三条　各级党政军机关、人民团体、企业单位、事业单位的党员领导干部,由于犯严重官僚主义失职错误应受党纪处分的,都适用本规定。

第四条　在处理严重官僚主义失职案件时,要区分直接责任者和负领导责任的人员。对于负领导责任的人员要区分直接领导责任者、重要领导责任者和一般领导责任者。

第五条　对严重官僚主义失职案件,要在查清事实的基础上,分清责任,按照下列原则处理。

已触犯刑律被判刑的党员领导干部,一般要开除党籍。

对于造成巨大损失负有各种领导责任的人员,要加重处分,即按照对造成重大损失负各种领导责任者应受的党纪处分,加一档处分。

对于造成重大损失负领导责任的党员领导干部,要按照分则条文的规定给予党纪处分。

对于那些构不成重大损失,但给本地区、本单位造成重大不良影响的案件,对负有领导责任者,也应酌情给予党纪处分。

由于不可抗拒或不可预见的因素而造成损失的,不作为官僚主义问题处理。

第六条　对于犯有严重官僚主义失职错误的党员领导干部,应给予撤销党内职务以上处分的,一般应同时建议撤销党外职务;对于按分则规定应受撤销党内职务处分而没有党内职务的,可给予党内严重警告处分或留党察看处分,同时建议撤销党外职务。

第二章　分　　则

第七条　党员领导干部在政治、思想工作方面,有下列行为之一,造成重大损失或恶劣影响的,对负有直接领导责任者,给予撤销党内职务或党内严重警告处分负;负有重要领导责任者,给予党内严重警告或警告处分。造成巨大损失或特别恶劣影响的,加重处分。

(一)对党和国家的方针、政策,不传达贯彻,不检查督促落实,或作出错误决策,致使某一方面的工作在政治上遭受重大损失或造成恶劣影响的。

(二)对本部门、本单位发生的公开反对四项基本原则、反对改革开放总政策的行为,不报告、不批评、不制止,以致造成恶劣影响或严重后果的。

(三)对本单位人员中的思想问题和实际问题该管的不管,能解决的不解决,致使矛盾激化,造成闹事、罢工、罢课或其他恶性事件,严重影响了生产、工作、教学、科研和社会正常秩序的。

（四）对本部门、本单位发生的严重违法乱纪案件，不查处或拖延，以致造成恶劣影响或严重后果的。

第八条 党员领导干部在经济建设工作中，违反科学决策程序，盲目决定施工、投产，或盲目批准签订合同，购进不合格及不适用的设备、技术，给国家造成重大损失的，对负有直接领导责任者，给予党内职务处分，负有重要领导责任者，给予党内严重警告或撤销党内严重警告或警告处分。造成巨大损失的，加重处分。

第九条 党员领导干部在生产经营管理工作中，有下列行为之一，给国家、集体和人民利益造成重大损失的，对负有直接领导责任者，给予撤销党内职务或留党察看处分；负有重要领导责任者，给予党内严重警告或撤销党内职务处分；负有一般领导责任者，给予党内警告处分或批评教育。造成巨大损失的，加重处分。

（一）由于管理混乱，致使生产和基本建设方面发生重大质量、技术事故，造成重大经济损失或造成人身伤亡事故的。

（二）对下属企业产销假冒产品，长期失察，或发现后不采取措施处理，或措施不力，造成重大损失的。

（三）对下属企业产销伪劣药品、有害食品，或其他危害人民健康的商品，长期失察，或发现后不采取措施处理，或措施不力，以致给人民健康造成严重损害或伤亡事故的。

（四）由于管理混乱、纪律松弛，致使国家或集体财物被贪污、盗窃、诈骗、浪费，造成重大损失的。

（五）对本单位或直属单位违反财务制度和财经纪律的行为长期失察，或发现后不纠正，致使国家利益遭受重大损失的。

第十条 党员领导干部在对内、对外的经济贸易活动中，有下列行为之一，造成重大经济损失的，对负有直接领导责任者，给予撤销党内职务或留党察看处分；负有重要领导责任者，给予党内严重警告或警告处分；负有一般领导责任者，给予党内警告处分或批评教育。造成巨大损失的，加重处分。

（一）盲目进货，或不执行商品验收、检验制度，购进不合格商品，致使商品积压、变质、损坏，造成重大损失的。

（二）不了解对方资信情况，盲目与之签订合同，或擅自改变合同，或未签订合同即预付货款，以及为对方担保贷款而被骗，造成重大损失的。

（三）发现购进商品质量不合格或不符合合同规定的标准，不采取措施，以致延误索赔期，造成重大损失的。

（四）对购进的设备，长期积压，保管不善，造成重大损失的。

(五)工作不负责任,不按合同规定提供商品,以致被对方索赔或退货,造成重大损失的。

第十一条　党员领导干部在物资储藏、运输过程中,由于严重官僚主义失职行为,致使物资丢失、损坏、霉烂、变质,造成重大损失的,对负有直接领导责任者,给予撤销党内职务或留党察看处分;负有重要领导责任者,给予党内严重警告或警告处分;负有一般领导责任者,给予党内警告处分或批评教育。造成巨大损失的,加重处分。

第十二条　党员领导干部在安全工作方面,有下列行为之一,造成重大损失的,对负有直接领导责任者,给予撤销党内职务或留党察看处分;负有重要领导责任者,给予党内严重警告或撤销党内职务处分;负有一般领导责任者,给予党内警告处分或批评教育。造成巨大损失的,加重处分。

(一)不认真执行劳动保护和安全生产方面的法规,不采取措施排除事故隐患,或者批准不具备安全生产条件的企业开工生产,致使发生爆炸、火灾、翻车、翻船、飞机失事、工程倒塌以及其他恶性事故,造成重大损失的。

(二)在灾害前,未采取必要和可能的措施,贻误时机,使本来可以避免的损失未能避免,造成重大损失的。

(三)在组织群众性活动时,缺乏周密布置,对可能发生的问题未采取有效的防范措施,发生恶性事故,造成重大损失的。

第十三条　党员领导干部,由于严重官僚主义失职行为,导致文教卫生、环境保护、社会福利、社会服务等某一方面发生严重事故或遭受重大损失的,对负有直接领导责任者,给予撤销党内职务或留党察看处分;负有重要领导责任者,给予党内严重警告或撤销党内职务处分;负有一般领导责任者,给予党内警告处分或批评教育。造成巨大损失的,加重处分。

第三章　附　　则

第十四条　有关领导责任人员的区分。

(一)直接领导责任者,是指在法定职责范围内,对其直接主管的工作不负责任,不履行或不正确履行自己的职责,对造成的损失负主要领导责任的党员领导干部。

(二)重要领导责任者,是指在法定职责范围内,对自己应管的工作或应由其参与决定的工作,不履行或不正确履行自己的职责,对造成的损失负次要领导责任的党员领导干部。

(三)一般领导责任者,是指对下属单位存在的重大问题失察或发现后纠正不力,以致发生重大事故,对造成的损失负一定领导责任的党员领导干部。

第十五条　本规定所指重大损失和巨大损失的标准。

(一)造成下列结果之一的是重大损失:

直接经济损失10万元至50万元；

死亡1人至5人，或重伤5人至13人；

造成严重政治影响的。

(二)造成下列结果之一的，是巨大损失(本款所列数额不含本数)：

直接经济损失50万元以上；

死亡5人以上，或重伤30人以上；

造成特别严重政治影响的。

第十六条　直接经济损失是指与直接责任者的行为有直接关系而造成财产毁损的实际价值。由直接经济损失引起和牵连的其他损失是间接经济损失。计算经济损失主要计算直接经济损失。

直接经济损失数额是指到立案时为止的实际损失数额。通过办案挽回的经济损失部分仍计算为直接经济损失，在量纪时可作为情节考虑。

第十七条　对于犯有本规定中没有列举的其他官僚主义失职错误，可根据其错误事实、情节和造成的后果，比照有关条款处理。但须按批准权限报上一级纪委备案。

第十八条　本规定自1988年7月1日起生效。

【例文4】公约

首都市民文明公约

为了发扬共产主义精神，树立新的道德风尚，特制定本公约：

一、热爱祖国 热爱北京 民族和睦 维护安定

二、热爱劳动 爱岗敬业 诚实守信 勤俭节约

三、遵纪守法 维护秩序 见义勇为 弘扬正气

四、美化市容 讲究卫生 绿化首都 保护环境

五、关心集体 爱护公物 热心公益 保护文物

六、崇尚科学 重教尊师 自强不息 提高素质

七、敬老爱幼 拥军爱民 尊重妇女 助残济困

八、移风易俗 健康生活 计划生育 增强体魄

九、举止文明 礼待宾客 胸襟大度 助人为乐

首都精神文明建设委员会

2002年××月××日

【例文5】制度

××部办公厅职工请销假制度

第一条　职工因事外出实行请销假制度。

第二条　处级干部外出应向厅领导请假。

第三条　处以下干部外出向本处领导请假。

第四条　所有干部外出的一次请假时间不超过3天。

因特殊情况无法按期返回时，应采用其他方式及时向部门领导报告，凡未及时报告者，其逾期限时间按旷工处理。

【例文6】细则

外汇、贵金属和外汇票证进出国境管理实施细则

（1981年8月10日国家外汇管理总局公布）

一、为贯彻执行《中华人民共和国外汇管理暂行条例》第二十七条、第二十八条、第二十九条和第三十条的规定，特制定本细则。

二、入境人员携带外汇、人民币外汇票证，携带黄金、白银、白金等贵金属及其制品，进入中国国境，数量不受限制；但是，必须向入境地海关申报。

三、入境人员将携入的外汇与人民币外汇票证，携入的黄金、白银、白金等贵金属及其制品，复带出境，海关凭原入境申报单查验放行。

四、入境人员将携入的外汇、人民币外汇票证，或者将汇入的外汇，兑成人民币，在离境前可以按规定将未用完的人民币兑回外汇；出境时，海关凭中国银行发给的兑出外汇的证明查验放行。

五、入境人员携带在中国境内购买的黄金、白银、白金等贵金属制品出境，海关在国家规定的限额内凭出售单位的证明查验放行。

……

十二、香港、澳门同胞携带外汇，人民币外汇集证，携带黄金、白银、白金等贵金属及其制品，出境、入境都按照本细则规定办理。

十三、本细则由国家外汇管理总局公布施行。

【例文7】守则

国务院工作人员守则

（1982年7月8日）

一、拥护中国共产党的领导，努力学习马克思列宁主义、毛泽东思想，坚持人民民主专政，坚持社会主义道路，全心全意为人民服务。

二、模范执行国家的宪法、法律、法令和行政法规，严格遵守纪律，廉洁奉公，不徇私情，勇于同不良倾向作斗争，特别要同官僚主义作斗争。

三、注重调查研究，一切从实际出发，实事求是地反映情况和处理问题。

四、办事认真、负责、准确、迅速，注重质量，讲究效率。自己职责内的事或上级交办的事，要按规定的时限完成；紧急的事，及时处理。

五、坚持民主集中制，服从组织领导，密切联系群众，虚心倾听人民群众和下级机关的意见和建议。

六、树立全局观念，主动同兄弟单位配合，团结协作，不扯皮，不推诿，共同搞好有关工作。

七、努力学习文化科学知识，积极钻研业务，不断提高知识水平和工作能力。

八、生活艰苦朴素，遵守社会公德，讲究文明礼貌。

九、谦虚谨慎，不骄不躁，坚持真理，修正错误，经常开展批评与自我批评。

十、提高革命警惕，严守国家秘密，维护祖国的尊严和荣誉。

本章小结

常用行政公文是党政机关、社会团体、企事业单位处理日常行政事务时常用的文书，具有实用性、事务性、格式化等特点，是党政机关公文之外的处理日常事务不可缺少的常用文书。

思考与练习

一、名词解释

计划 规划 总结 调查报告 述职报告

二、填空题

1. 计划具有________、________、________、________等特点。

2. 规划具有________、________、________等特点。

3. 调查报告具有________、________、________等特点。

4. 简报具有________、________、________、________等特点。

5. 述职报告具有________、________、________、________等特点。

6. 规章制度具有________、________、________、________等特点。

三、问答题

1. 简述计划的结构与写法。

2. 简述总结的结构与写法。

3. 简述简报的结构与写法。

4. 简述述职报告的结构与写法。

5. 简述规章制度的结构与写法。

四、写作训练

1. 结合自己的实际情况,拟写一份学习计划。

2. 结合自己学习或工作情况,拟写一份年度总结。

3. 结合学校或单位最近发生的事情,编写一期工作简报。

4. 结合自己岗位情况,拟写一份年度述职报告。

延伸阅读

邮政信息

国家邮政局办公室编　　　　　　　　　　　二〇〇〇年三月二十八日

国家局确定发展电子邮政指导方针和实施步骤

近日,国家局下发关于发展电子邮政若干意见的通知。通知指出,我国在实施信息化建设中提出的"统筹规划,国家主导;统一标准,联合建设;互连互通,资源共享"的二十四字方针,是开展电子邮政的指导方针。电子邮政的发展分三步走:第一步,实施初期的邮政电子商务系统并实现现有邮政业务的电子化、信息化;第二步,大力拓展电子邮政业务,不断发展、扩充和完善;第三步,全面实现邮政服务、生产、管理的高效率、低成本、在线服务、电子化、网络化,实现电子邮政的全球化。通知中对电子邮政所办业务的内容、框架等作了规定。

(办公室)

福建局开始办理电子邮政业务

3 月 15 日上午,中国邮政福建电子商务网站网上购物成功,标志着福建邮

政正式对外开办电子邮政业务。福建局在已开通的中国邮政福建电子商务网站上正式开办了“网上购物”“网上邮市”“E-mail邮局”及“网上书市”四大项网上邮政业务。网上交易的支付方式有：网上银行支付、邮局汇款以及电子商务卡3种形式。福建邮政新成立的全省67个县市邮政邮购公司将实时跟踪福建电子商务网站的网上信息，及时将用户上网交易情况下载，按用户的要求，进行货物配送，然后把实物及邮件交投递部门邮送。

（福建省邮政局）

河北局有的放矢抓管理

基层的管理年活动应从何处入手？薄弱环节在哪里？应在哪些方面强化？带着这些问题，河北局自2月下旬开始，组成23个组分赴各市局和近半数的县局进行了为期10天的调研。调研组带着事先拟定的308项近2万字的提纲，通过“听、看、查、问、访、帮”的形式，掌握了管理年活动大量的第一手资料。省局党组决定，对发现的好典型将在全省大力宣传，对发现的问题，将按照国家局对管理年活动的要求，责成相关部门逐条解决。

（河北省邮政局）

北京局启动报刊零售配送网络报刊上市时限大幅度提高

为提高北京邮政在首都报刊市场的竞争能力，解决800个邮政报刊亭的报刊配送问题，自3月20日起，北京局报刊零售配送网正式启动，使报刊上市时限有了较大幅度的提高。部分畅销期报现均纳入配送网早投趟序列。同时，通过对干线邮路的调整、挖潜，将原来不在早投范围内的16个二级配送中心全部实现早投趟发运，使这些地区零售报刊上市时限普遍提前1小时。

（北京市邮政管理局）

广东汕头局推出国内包裹上门投送服务

从3月8日起，汕头局开始在市区范围内为用户提供国内包裹上门投送服务。对进口的国内包裹，邮政部门在相关的单据上加盖开办上门投送服务的戳记后投送，用户如需要这一服务，可以通过拨打“183”进行预约，邮政人员按约定将邮件投送上门。

（广东省邮政局）

浙江局为实现提前扭亏加大考核力度

近日，浙江局召开地市局长座谈会，制定并下发了对全省各地区业务总收入和收支差额考核评价办法,省局对这两项计划按月分解,考核采用月份与年度相结合的综合形式,实行计分制。

(浙江省邮政局)

山西邮购在网络上寻求合作

近日,山西邮政邮购局在网络上通过 E-mail,以“投送到户谁来做,在我山西找邮政”为题,致函全国近百家网络营销公司和部分知名企业,宣传该省即将开办的邮购包裹直投到户服务。山西局将以网上邮购作为切入点,在城市建立高效配送中心,在农村实行连锁销售,开发全省邮政商务计算机处理系统,实现省内联网。同时加强和改善邮政投递网,为电子商务提供完善的物流配送服务。

(山西省邮政局)

重庆局对全市邮储内控制度建设提出 4 点要求

近日,重庆局建立了防范和化解金融风险目标责任制,对如何加强邮储内部控制建设提出 4 点要求:(1)要突出内控制度合法性、完整性、及时性、审慎性、有效性和独立性的原则,要符合重庆经营管理的实际;(2)要突出“自控、互控、监控”三道防线的建设,严格控制操作层、管理层、决策层的风险;(3)要重视计算机安全的风险控制,注重防范邮政储蓄内、外部的计算机犯罪;(4)要严格按照《档案法》和邮储业务会计制度来健全档案管理和信息资料保全制度,进行档案、信息资料管理。

(重庆市邮政管理局)

▲ 武汉局举办账单业务处理演示活动推介该项业务。(湖北省邮政局)

▲ 安徽局开始实施市(地)县财务一体化制度。(安徽省邮政局)

第六章　经济类应用文写作

1. 理解经济类应用文的概念、特点。
2. 清楚经济类应用文的种类。
3. 了解经济类应用文的格式与写法。
4. 清晰经济类应用文的一般规则与注意事项。

第一节　意向书

一、意向书的概念

意向书用来表示合作的意向，经合作的另一方同意接纳的一种文书。

二、意向书的特点

（一）意向性

意向书表明合作的意向。

（二）内容宽泛

意向书只表明合作意向，没有具体的合作细节要求。

（三）无法律约束力

因为意向书只是表明一种兴趣及态度，所以不具备法律效力。

三、意向书的种类

① 单签式意向书。

② 联签式意向书。

③ 换文式意向书。

四、意向书的结构与写法

（一）标题

标题一般由事由和文种组成。

(二) 正文

首先写签订意向书的目的、意义，其次写具体的意向事项。

(三) 签署

① 单签式意向书，只由出具意向的一方签署，文书一式两份，由合作的另一方在副本上签字认可，交还对方。

② 联签式意向书由双方联合签署，各执一份为凭。

③ 换文式意向书，用双方交换文书的方法，表达合作意向，各在自己文书上签署。

【例文1】单签式

承建明光大厦工程意向书

具意向书人华夏建筑工程公司，兹为承建明光大厦一事，谨向大远房地产建设公司表明：本公司愿以多年承建海内外各种重大工程的技术与经验，承建此项大厦工程。兹特拟具建筑草图一份，具呈钧览。

若经双方同意按照草图进行合作，并经妥办一应拨地及订约手续之后，本公司愿负全部工程费用筹划之责，直至全部大厦落成为止。

本意向书一式两份，由本公司送交大远房地产建设公司点收。如经同意此项合作意向，可将副本一份，签章掷还，作为接纳。

谨致大远房地产建设公司总经理钧鉴。

华夏建筑工程总经理 李伟业

二〇一〇年九月十日

【例文2】联签式

北京市、广州市第一商业局促进两市商企业经济联合意向书

为进一步加强和发展两市间的经济联合和商品交流，两市部分企业的代表进行了友好商谈，就下述问题取得了共识。

一、巩固和提高原有的横向联合组织和项目。这主要指“贸联会”“经联会”“六市轻纺产品销售中心”等，应扩大商品交流，加强相互往来，更好地促进两市日用工业品的生产和流通。

二、双方积极努力，创造条件，在适当的时候，分别在对方城市举办日用工业品展销会。双方这一意向应及时向各自的市政府汇报，主动争取市政府有关单位的支持和配合。

三、双方一致认为，在两市一商局系统应建立起横向联络网，互相邀请参加商品展销会、供货会，互设地方产品批发。两市一商局将做好对口联络的协调服务工作，并力争促进一些对口公司今冬明春开展一些实质性工作。

北京市第一商业局代表　　　　　　广州市第一商业局代表
业务处处长　李　伟　　　　　　业务处处长　张　键

二〇一一年三月三日

【例文3】换文式

合作建立培训基地意向书

兹为合作建立培训基地一事，中国电信集团公司愿与北京邮电大学竭诚携手，在上海培训中心建立现代化电信研究培训基地，并负责今后的招生、管理、毕业分配等一切事宜。具体教学方式及合作的年期规定，双方当另签一份协议解决。谨具此意向书，敬祈鉴核。

此致

北京邮电大学校长钧鉴

中国电信集团公司　董事长×××

二〇〇八年五月六日

第二节　招标投标书

一、招标、投标书的概念

招标、投标书是为招标、投标而按一定格式和要求制订的书面文件。

二、招标、投标书程序

（一）招标程序

招标程序：准备招标文件、制订标底（招标项目预期价格）、发布招标广告、出售或发送招标文件、审查投标单位资格、审查投标书、确定中标候选单位、招标单位组织投标单位勘察、解答招标文件中的疑点、评标、定标、签约。

（二）投标程序

投标程序：成立投标机构、正确选择招标项目、报名参加投标、办理资格审查、获得并研究招标文件、调查投标环境、收集有关信息情况、确定投标策略、合理计算标价、制订完成方案、编制投标书、投送投标书。

三、招标书的结构与写法

招标书一般包括标题、前言、主体、结尾 4 个部分。

(一) 标题

标题一般包括招标单位、招标项目和文种,如《天天希望小学教学主楼建筑工程招标书》。有时也可省略招标单位或招标项目。

(二) 前言

前言一般包括 4 个要素:招标单位项目、招标根据、招标目的、招标范围。

(三) 主体

招标项目:要写清招标项目的名称、地址、各项技术指标、总工程量或物资名称、数量、质量、时间要求等。

招标方式:招标对象范围、招标的手续、标书的售价等。

招标步骤:要写清招标、投标的起止日期,开标评标的时间、地点和具体办法。

(四) 结尾

结尾写明招标单位的名称、地址、发文日期、邮政编码、电报挂号、电报号码、电传号码及联系人等。

四、投标书的结构与写法

投标书一般包括标题、送标单位、正文、结尾 4 个部分。

(一) 标题

标题一般可直接写“投标书”3 个字。

(二) 送标单位

另起一行顶格写明送标单位全称。

(三) 正文

正文按招标的主要要求写投标的态度、条件和保证事项。

(四) 结尾

结尾写投标单位、投标日期。

五、投标书与招标书的有效条件

① 加密封。

② 加盖投标单位和负责人盖章。

③ 加盖保证单位和保证人盖章。

④ 在规定投递日期内送达。

⑤ 内容要符合招标要求。

【例文】

××××大桥工程施工招标通告

为加快我省公路工程建设速度，降低工程造价，缩短工期，确保工程质量，提高经济效益，促进公路工程建设管理体制的改革，决定对××××大桥，实行施工招标，要求如下。

一、工程地点。本工程位于××…××(由坊段拟建的二级公路上，中心里程为5 km+456 m)。

二、工程规模与工程结构。大桥上部为普通钢筋混凝土T型支架，跨径20 m，计7孔，桥面行车道宽9 m，两侧各设1 m宽人行道；下部结构为钢筋混凝土钻孔灌注桩基础，双柱式桥墩，框架式桥台。桥梁全长144 m。此外尚有截水坝等防护工程(详见施工设计)。

三、工程开竣日期。2015年4月开工，当年11月竣工。

四、工程建设实行五包。即包工程数量、包工程造价、包工程质量、包工期、包工程材料。

五、凡省内交通系统驻××××内的各施工企业以及几年来参加交通系统公路桥梁建设水利三、四工程处工市政一、二公司等单位，欢迎参加投标。

六、参加投标者，请携带本单位介绍信于2010年11月25日上午9时到省交通厅住宿站报名登记，领取招标文件及施工图，收成本费30元。逾期不予办理。

××省交通厅生产综合处(招标办)

××××年××月××日

第三节　合　　同

一、合同

合同是平等主体的自然人、法人、其他组织之间设立、变更、终止民事权利义务关系的协议。

二、特点

① 法律约束力。当事人必须全面履行合同规定的义务，任何一方不得擅自变更或解除合同，无论哪一方违背了合同中规定的条款，都要负违约责任。

② 合法性。《中华人民共和国合同法》第一章第七条规定："当事人订立、履行合同，应当遵守法律、行政法规，尊重社会公德，不得扰乱社会经济秩序，损害社会公共利益。"

③ 贯彻自愿、平等、互利、协商一致、等价有偿的原则。

三、合同的种类

1999 年 3 月 15 日，中华人民共和国第九届全国人民代表大会第二次会议通过了《中华人民共和国合同法》。

在《中华人民共和国合同法》分则中列举了如下 15 种合同(又称有名合同)。

买卖合同，供用电、水、气、热力合同，赠与合同，借款合同，租赁合同，融资租赁合同，承揽合同，建设工程合同，运输合同，技术合同，保管合同，仓储合同，委托合同，行纪合同，居间合同。

除了上述各类合同外，其他法律对合同另有规定的，依照其规定。

合同法或其他法律没有明文规定的，使用合同法总则的规定，并可以参照合同法分则或其他法律相关的规定。

四、合同的结构与写法

就其形式来说，主要有表格式和条款式。一般由标题、约首、正文和落款四部分组成。

(一) 标题

标题应该明确表明合同的性质，如《光明公司 1999 年第四季度纺织品购销合同》。

(二) 约首

约首包括合同编号、当事人名称等内容。为使行文方便，一般用括号注明"甲方""乙方""供方""需方"或"买方""卖方"，更为明确。

(三) 正文

1. 开头

一般只写签订合同的目的和依据，要求简明扼要、言简意赅。

2. 重要条款

(1) 标的

标的指合同当事人双方权利和义务所共同指向的对象，如货物、货币、劳务等。

(2) 数量

数量是用计量单位和数字来衡量标的的尺度。合同中计量单位必须明确。数量计量单位有统一规定，质量、体积、长度、面积等都要用国家标准计量单位。

(3) 质量

质量是标的的具体特征，是标的的内在素质和外观形态的综合反映，如产品的品种、规格、型号等。

质量必须有具体的规定，如国家标准、部颁标准、企业标准。如是协商标准，必须另附协议书或者提交样品。

(4) 价款或者酬金

这是指取得合同标的一方支付的代价，以物为标准的，叫价款；以劳务为标的，叫酬金。都是以货币数量计算支付，以国家的价格规定为准则。允许议价的，当事人协商议定。

(5) 履行的期限、地点和方式

履行期限指合同各方实现承诺的时间界限。书写此条款时，必须明确、具体。

履行地点是指实现承诺的具体场所。场所应根据合同标的的性质或当事人约定，如买卖合同，必须写明交(提)货、付款、验收的具体地点。

履行方式即当事人承担义务的方式，如一次履行或分期履行，是供方供货还是需方提货，要写清楚。

(6) 违约责任

违约责任指当事人不履行合同规定的义务所负的责任。

(7) 解决争议的方法

发生争议时，是通过仲裁方式解决，还是通过法院审判方式解决，在合同中应有明确约定。

(8) 其他

除上述条款外，还应该根据合同内容、法律规定或当事人的要求写明一些必须的条款，以及要注明合同份数、保管、有效期、变更合同的条件，合同附件的名称或件数等。

(四) 落款

一般要写明签订各方的单位全称或者姓名，并分别盖章。如需上级单位和公证机关签署意见，应注明并盖章。另外双方电话、账号、开户银行、地址等都应写清。当事人是企业法人的，应盖合同专用章，不得加盖行政专用章。

【例文】合同统一示范文本格式

财产租赁合同(GF-90-0701)

出租方　　　　合同编号：

　　　　　　　签订地点：

承租方　　　　签订时间：　　年　　月　　日

根据《中华人民共和国合同法》及有关规定，为明确出租方与承租方的权利义务关系，经双方协商一致，签订本合同。

第一条：租赁财产及附件的名称、数量、质量与用途。

第二条：租赁期限。

租赁期共____年零____月，出租方从____年____月____日起将____交付承租方使用，至____月____日收回。

第三条：租金和租金的交纳期限。

第四条：租赁期间租赁财产的维修保养。

第五条：出租方与承租方的变更。

1. 在租赁期间，出租方如将出租财产所有权转移给第三方，不必征求承租方同意，但应该告知承租方所有权转移情况。所有权转移后，出租财产所有权取得方即成为本合同的当然出租方，享有原出租方享有的权利，承担原出租方承担的义务。

2. 承租方如因工作需要，将租用财产转让给第三方承租使用，必须事先征得出租方同意。

第六条：违约责任。

第七条：争议合同纠纷的方式。执行本合同发生争议，由当事人双方协商解决。协商不成，双方同意由____仲裁委员会进行评判(当事人双方不在本合同中约定仲裁机构，事后又没有达成书面仲裁协议的，可向人民法院起诉)。

第八条：其他约定事项。

第九条：本合同在规定的租赁期届满前____日内，双方如愿意延长租赁期，应重新签订合同。

本合同未尽事宜，一律按《中华人民共和国合同法》的有关规定，经后天双方共同协商，作出补充规定，补充规定与本合同具有同等效力。

本合同一式____份，合同双方各执____份；合同副本____份，送____备案。

出租方：	承租方：
单位名称(章)：	单位名称(章)：
单位地址：	单位地址：
法定代表人：	法定代表人：
委托代理人：	委托代理人：
电　　话：	电　　话：
电　　挂：	电　　挂：
开户银行：	开户银行：
账　　号：	账　　号：
邮政编码：	邮政编码：

签(公)证意见：

经办人：　　　　签(公)证机关(章)

年　月　日

(注：除国家另有规定外，签(公)证实行自愿原则)

有效期限：　年　月　日至　年　月　日

监制部门：　　　　印制单位：

第四节　市场调查报告

一、市场调查报告的概念

市场调查报告是有目的、有计划地收集市场有关情况，经过分析研究，得出恰当的结论并提出合理化建议之后写成的书面材料。

二、市场调查报告的作用

（一）克服生产、经营的盲目性

通过市场调查，可以掌握供求变化的情况和规律，从而制订出切实可行的生产计划，使产销合理，克服盲目性。

（二）发展新产品，开辟新市场

通过市场调查，可以掌握产品供求变化规律，从而可以帮助扩大销路，开辟新市场。

（三）改善企业管理，增强竞争力

市场调查报告可以给企业的决策者提供依据，扬长避短，发挥优势，增强企业的竞争能力。

三、市场调查报告的内容

（一）用户情况

用户的数量、分布的地区以及经济状况、生活习惯，用户的购买动机、次数、数量、时间、地点等。

（二）产品情况

经销单位和消费者对产品的质量、性能、价格、技术服务方面的意见和评价。

（三）销售情况

销售情况包括产品销售的现状、影响因素、现有销售渠道和能力、广告的效果。

（四）竞争情况

了解竞争产品在市场中的地位，从竞争中发现自己的优势与劣势。

四、市场调查报告的方法

（一）制订调查计划

调查计划包括调查对象、调查目的、调查周期、调查地点、调查方案等具体内容。

(二) 市场调查的方法

市场调查的方法包括问卷法、观察法、采访法、实验法、资料收集法。

五、市场调查报告的结构与写法

市场调查报告通常包括标题、前言、主体和结尾四部分。

(一) 标题

标题主要写明调查的对象、范围或点明调查的主题。

① 公文式,包括调查的区域、时间、事由和文种,如《上海市 1999 年服装市场产销形势调查》。

② 主题词式,如《首都自行车市场进入饱和期》。

③ 正副标题式,正题揭示主题,副题补充说明,如《新的形式、新的挑战——上海日用工业品批发市场情况调查》。

(二) 前言

前言要写出调查的目的、时间、对象、范围、方法,也可概括介绍全文内容和观点。

(三) 主体

主体通常包括情况、分析预测、建议和决策。

① 情况部分,以可靠的资料和数据,实事求是地介绍市场产销情况,也可用图表说明。

② 分析预测部分,通过对具体情况的分析研究,预测市场今后的发展趋势。

③ 建议和决策部分,根据市场发展趋势,结合本企业的具体情况,有针对性地提出建议或采取措施,解决实际问题。

(四) 结尾

结尾可以照应前言,归纳收束全文,或重审观点,加强认识,这部分也可省略。

【例文】

“三秋”农村生产资料需求变化趋势

——××市供销社对 38 户村民的典型调查

为了做好“三秋”农业生产资料的货源组织和供应工作,最近××市供销社对 5 个乡、8 个村的 38 户村民,进行了一次“三秋”农业生产资料需求情况的调查。今年“三秋”农业生产资料的需求变化是:化肥、农药、药械的需求量增加,中小农具中的多数品种下降,塑料农具上升,铁制农具下降,木制、大型农具持平。

一、化肥需求量增加，供应时间集中。化肥增加的原因有三：一是增种面积扩大，不少农民由一年种一季改为一年种几季作物；二是套种间作亩数扩大，还有不少农民利用田边地角以至庭院栽种；三是科学种田用肥增加。农民投资买化肥的资金逐年增加，预计今年硫酸铵、磷肥的需求量分别增长16%和10%左右，尿素需求量也将略有上升。

二、农药、药械需求上升幅度大。原因是：1. 由于近年来对农作物使用的农药品种基本未变，病虫增强了抗药力；2. 由原来集体购买统一治虫，变为个人购买分散治虫，增大了需求量，如喷雾器，1—5月已销售1 300部，相当于去年全年的销售量，预计今年将上升15.3%。乐果、呋喃丹将分别上升56%和40%左右。

三、中小农具供应品种变化较大。一是实行责任制后，农民自制农具增多；二是大中农具由集体变为个人使用和保管，延长了现有农具的使用时间；三是以塑料代木制的农具品种，数量逐年增多，旧式中小农具供应日趋缓和，供销社组织供应的木制农具锄把、扁担、锄头等质量差，农民不愿意买，影响了销售。

通过调查，××市供销社对做好今年“三秋”农资供应工作的打算是：

1. 积极抓紧“三秋”农业生产资料的组织、调运和供应工作，特别是重点抓好化肥、农药和中小农具的组织供应工作；

2. 掌握市场动态，做好市场预测报，做到适时供应，不误农时，品种不脱销；

3. 继续进行“以铁代木”“经塑代木”的推广使用工作，提高农具质量；

4. 搞好农药分零出售，加强技术指导，并积极做好“六六六粉”等有机氯制剂取代和代用农药的宣传、使用，充分发挥代用药的效用。

第五节　经济预测报告

一、经济预测报告的概念

经济预测报告是调查报告的一种特殊形式，是用科学的方法，对某一项经济活动进行分析、研究，预测其发展趋势而写出的书面报告。

二、经济预测报告的特点

（一）预见性

根据过去和现在的有关资料，探索经济领域中市场发展的规律。预见未来经济将要出现的情况，为提高经济效益服务。

（二）科学性

运用科学的方法进行预测，从而得出正确的结论。

（三）指导性

市场预测来源于经济的实践，又反过来对经济实践有指导作用。

三、经济预测报告的分类

(一) 按时间分

经济预测报告按时间可分为短期预测报告(1 年左右)、中期预测报告(2～5 年)和长期预测报告(5 年以上)。

(二) 按预测的范围分

经济预测报告按预测的范围可分为宏观预测报告和微观预测报告。

(三) 按预测的方法分

经济预测报告按预测的方法可分为定性预测和定量预测:定性预测是指主要靠理论分析和经验总结、调查研究等方法对经济活动作出的预测;定量预测是指用统计方法和数学模型,通过计算和图解,预测未来,探求经济发展趋势。

四、经济预测报告的结构与写法

经济预测报告通常包括标题、前言和正文 3 个部分。

(一) 标题

标题一般由预测时限、预测区域、预测对象和文种组成,具体写作时可灵活掌握。

(二) 前言

前言一般说明预测对象的基本情况,包括历史和现状、经济形势、影响因素等,也可简单概括基本结论。

(三) 正文

1. 情况部分

情况部分要充分利用资料和数据,主要写预测对象的历史和现状。这是预测的基础。

2. 预测部分

此部分是预测报告的核心,对情况进行去伪存真、由表及里、去粗取精的判断推理,从而推测出市场经济发展的前景。

3. 建议部分

建议部分指出经济部门今后行动的方向和应采取的措施。

【例文】

2005 年预测报告之三——物价总水平将呈现平稳态势

2005 年,我国经济增速预计将回落至 8.5%,经济增长在潜在经济水平的下限运行,需求拉动型物价上涨动力不足;但物价相对经济增长是滞后指标。考虑物价的滞后影响、世界石油价格上涨带来的输入物价上涨以及国家有可能

调整公用事业和部分服务价格，2005年，物价上涨仍有一定的压力，预计居民消费物价指数上涨4%，和2004年基本持平，其中翘尾因素影响价格上涨约1.1个百分点；生产资料价格上涨8%左右，其中翘尾因素影响价格上涨约3个百分点，生产资料价格上涨幅度比上年减慢6个百分点。

随着我国经济进入新一轮经济扩张期，自2004年以来，我国物价总水平处于高位。7月、8月居民消费价格指数达到5.3%，是1997年来的最高值，9月为5.2%，10月为4.3%。从构成居民消费价格指数的八大类商品看，1—10月，食品价格上涨10.8%，对居民消费物价上涨贡献度高达90%，拉动居民消费价格上涨3.6个百分点。其中粮食价格上涨28.4%，拉动居民消费价格上涨0.9个百分点；居住类价格上涨4.6%，拉动居民消费价格上涨0.6个百分点，对居民消费物价上涨贡献为15%；烟酒及用品、娱乐教育文化用品及服务略有上升；衣着、家庭设备用品及服务、医疗保健及个人用品、交通和通信价格继续下跌。生产资料价格持续回升，1—10月上涨幅度达到14%。2004年物价上涨主要表现为粮食和原材料等中间投入品价格上涨，剔除粮食和石油价格上涨的因素，核心居民消费价格指数并不高，生产资料价格上涨并没有顺畅地传导到消费品生产环节，这与过去我国多次出现的全面、大幅度的物价上涨有着本质的区别，因此，2004年的物价上涨是局部性和结构性的。

随着以抑制投资过快增长为主要目标的宏观调控措施效应的显现和世界经济由强劲回升转向平稳增长，从今年第二季度起，我国经济在高速运行中出现了平稳回落的趋势，一至三季度GDP分别增长9.8%、9.6%和9.1%，预计四季度增长8.7%，全年增长9.3%。2005年，我国经济增速预计将回落至8.5%，经济增长在潜在经济水平的下限运行，需求拉动型物价上涨动力不足。但物价相对经济增长是滞后指标，在我国，价格相对于经济增长存在约一年的滞后期，也就是说在经济扩张约一年后，物价开始由低位上涨。经济收缩约一年后，物价会达到峰期。

一、2005年我国潜在经济增长能力大于现实经济增长水平，物价总水平呈现平稳态势

2002年年底开始的新一轮经济扩张是在我国生产能力过剩、大部分商品供过于求的背景下发生的。1998年开始连续7年的积极财政政策在拉动投资增长、刺激内需的同时，也形成了庞大的生产能力，从经济增长核算的角度分析，目前我国潜在经济增长速度在9.5%左右，而2003年我国实际经济增长率为9.3%，2004年一至三季度经济增长9.5%，潜在经济增长速度与实际经济增长速度基本一致，因此我国没有出现1988—1989年和1992—1993年那样的需求拉动型大幅度通货膨胀。但由于我国的生产要素没有在各个部门得到有效均衡的配置，在总体经济供求基本平衡的情况下，一些部门产能过剩的同时伴随

着另外一部门需求过剩，突出表现为能源、原材料和粮食价格大幅度上涨，而工业消费品价格下跌，总体上物价上涨比较温和，属于结构型通货膨胀。随着以抑制投资过快增长为目标的宏观调控政策效果的显现，2005年我国实际经济增长8.5%左右，将在潜在增长水平之下运行，不会出现需求拉动型通货膨胀，但成本推动性通货膨胀压力增大，价格总水平保持稳定，居民消费物价指数上涨4%左右，和上年基本持平。

除此之外，国际初级产品价格持续上涨，对国内市场价格也带来了极大影响。2004年以来，国际初级产品价格连续上升。发改委价格监测中心编制的主要反映国际市场初级产品现货价格水平的中价国际A指数1—10月平均比去年同期上升30.02%；反映期货价格水平变化的中价国际B指数1—10月平均比去年同期上升31.14%。在农产品价格开始出现下降的同时，能源和主要工业原料价格继续上涨，期货价格升幅高于现货价格。今年石油价格连创新高，10月曾突破55美元/桶。由于国际政治经济秩序存在很大的不确定性，目前的石油价格仍处于高位。初级产品价格变动可通过3个主要途径影响我国的物价变化并对我国经济产生影响。首先，其价格直接推动我国物价上涨，这是输入性通货膨胀；其次，因进口价格提高，我国生产环节成本随之提高，产生成本推动型通货膨胀；最后，物价上涨带动工资、利率、租金等上涨，生产成本提高，引发产品价格全面上涨。

近年来，我国能源、原材料对世界贸易的依存度不断上升，2003年我国原油、铁矿石、氧化铝的对外依存度分别达到35%、36%和46%，镍和天然橡胶的对外依存度更是高达55%以上。由于这些产品的国际价格恰逢周期性峰值，从而导致我国进口量在增长的同时，进口额以更大的比例增长。由此带来的价格传递效应对我国总体物价水平产生不小的冲击。

二、食品价格趋稳，服务及房地产价格续升

1. 粮食供不应求的局面缓解，食品类产品价格基本稳定

2005年粮食价格同比增幅仍将保持一定的水平，但不会出现2004年大幅上涨的局面。一是保证粮食增产和农民增收仍应是2005年我国经济工作的重点，国家将继续落实农业税减免政策，完善对种粮农民的直接补贴政策，扩大良种补贴、农机具购置补贴的资金规模和覆盖范围，巩固粮食流通体制改革的成果，构建国家扶持粮食生产的长效机制。我国粮食生产潜力较大，只要农民种粮积极性提高，明年粮食增产、农民增收完全可以期待。二是市场炒作因素减弱，国家整顿市场秩序，深化国有粮食购销企业改革，加大宏观调控，流通领域中放大粮食需求、促进价格上涨的动力减弱。三是目前粮食库存较为充足，国家粮食储备尚有较大的调节余地。四是粮食价格翘尾因素基本消失。五是2004年世界粮食丰收，世界粮食库存增加，世界粮食价格出现下降趋势。但我

国粮食供需仍存在缺口,2005 年中国粮食消费在 4.8 亿～4.9 亿吨,粮食产需缺口 1 000 万～2 000 万吨,只要粮食供求有缺口,仍有可能促使粮价走高。2005 年粮食和其他食品价格会稳中略升,对居民消费价格上涨的影响大大减小。

2. 生产成本压力加大,工业消费品价格指数由负转正

在我国各类价格的变化过程中,生产资料价格是先导指标,生产资料价格上涨通过成本推动在半年左右的时间内推升工业品出厂价格上涨,再经过 3 个月左右的传导,带动零售环节工业消费品价格上升。我们利用国家信息中心开发的《中国多部门价格模型》测算,如果上游产品成本能顺利向下游产品传导,那么,2003 年生产资料价格上涨 8.1%,通过成本推动应推升工业消费品价格上升 3.5%左右,拉动居民消费物价指数上升 1.5%;2004 年生产资料价格上涨幅度更高,拉动居民消费物价上涨理应更高。但实际上,2004 年 1—10 月,衣着、家庭设备用品及服务、医疗保健及个人用品、交通和通信价格等工业消费品的市场价格,不但没有因为能源、钢材等上游产品价格上涨、成本增加而上升,反而出现下降的现象。

上游产品涨价后不能及时向下游传导有两个原因。一是我国加工工业生产能力过大。我国工业消费品生产能力明显大于消费能力,制约了生产资料价格上涨向消费物价的传亏,使上游价格上涨传导至最终消费领域的难度增加、程度减小、时滞延长。商务部对 2004 年消费品市场主要商品供求排队分析报告显示,下半年我国 600 种主要商品中,供求基本平衡的有 154 种,占 25.7%,比上半年增加 2.7 个百分点;供过于求的有 446 种,占 74.3%,比上半年减少了 2.7 个百分点;没有供不应求的商品。二是我国就业压力大,工资成本偏低,没有形成物价、工资轮番上涨的机制。面临供给过剩、消费需求平稳的格局,多数生产加工企业只能通过自身消化或降价促销的方式开展竞争,或通过加强管理、采用新技术、开发新产品等措施,实现最大限度的内部消化,来扩大市场份额。

但目前,下游企业消化成本上涨的能力减小,工业消费品生产企业利润增长出现减慢的趋势,企业破产兼并增加,过剩生产能力得到消化;工资偏低已经导致一些地区出现“民工荒”,工资上涨的压力开始显现。因此,一旦加工工业生产能力得到压缩,工资增加,上游产品价格上涨就会顺畅传导到下游产品,带来物价全面上涨。2005 年,由于生产成本加大,工资会提高,上游产品价格上涨向下游工业消费品传导的趋势将比较明显,工业消费品价格水平会由负转正并成为居民消费价格上涨的重要因素。

3. 公用事业和服务价格将继续上升,上升幅度大于 2004 年

从国家统计局的统计数据看,居民用水、用电、燃气价格的上调,导致居民居住价格的上涨,7 月、8 月、9 月、10 月居民居住价格同比分别上涨 5%、6%、

6.4%和6.8%,涨幅比上年高1.3~2.7个百分点,其中8月、9月、10月居住价格占比分别上涨1个百分点、0.6个百分点和1个百分点,呈现明显的加快上升态势。

2005年,政策性调价因素影响公用事业和服务价格上涨,将可能成为拉动居民消费价格总水平上涨的因素。由于各地公用事业和服务价格上调受到政策制约,使各地上调价格措施出台的时间后移,因此后期价格上涨的潜在压力增大,对今后的价格总水平上涨将产生压力。同时,调整水、电、燃料等资源性价格也是通过价格杠杆解决我国高投入、高消耗、高污染生产方式的根本举措,是树立科学发展观的客观要求。

我国公用事业中水价、电价、学费等均存在较大的涨价压力,公交运输、有线电视费等也有涨价的压力。从发展趋势来看,许多城市已经将水价上调纳入了既定的调价方案,明年水价上升是必然的趋势。在煤炭价格上涨、电煤价格放开之后,发电成本大幅度上升,而近年电力紧张的现状和趋势也为明年电价的上调提供了良好的市场条件,明年电价上调顺理成章。水、电作为人们生活的必需品,其价格的上涨影响人们生活的各个方面,加之各地学费、公交运输费用等上调,将影响价格总水平的上升。投资的高增长以及重工业的增长过快,铁路运输将继续紧张。成品油价格的上涨,使公路与水运运输成本增加,加之全国范围内的治理公路超限运输,运输价格会有所上升。

4. 投资增幅回落,生产资料价格涨幅趋缓

原材料工业出厂价格2004年1—10月累计上涨8.3%,其中10月上涨8.4%。从生产资料销售价格来看,生产资料销售价格2004年以来保持高位运行,1—10月生产资料销售价格累计上涨14%,涨幅比2003年同期提高6.5个百分点,其中钢材、有色金属、原煤、石油及其制品价格上涨15%以上。同时,2004年以来电力、运输供应全面紧张,面临较大的涨价压力。尽管前10个月电力价格已经两次上调,但仍然难以有效减轻电煤价格上涨给发电企业造成的成本压力。此外,铁路运输严重供不应求,导致公路运输需求大幅度增加、价格大幅度上涨,一些地区公路运价涨幅一般在30%左右,明显增加了企业的生产成本,加剧了商品价格上涨的压力。

2005年我国生产资料市场将继续保持活跃,生产资料价格也将延续2004年上升的态势。由于2005年投资增速有所放慢,生产资料价格上升的基数提高,2005年生产资料价格上升的幅度将明显小于2004年。从主要品种看,煤炭产能短缺,价格会继续上涨。我国的煤炭产能建设严重滞后,造成煤炭短缺。煤炭供应不足是缺电的一个重要原因,当前我国60%以上的煤炭都用于发电,煤炭价格提高会给电价带来压力。由于前期投资规模过大,明年钢材和有色金属会形成较大产能,价格趋于稳定。石化产品的价格会因石油价格趋降而有所

降低。初步判断，2005年生产资料价格上涨幅度在8%左右，其中采掘工业和原料工业生产资料价格将出现不同程度的上涨，加工工业生产资料价格将出现小幅的补涨，农业生产资料价格继续回升。

5. 多种因素共同作用，房地产价格稳中趋升

1—10月，全国商品房平均销售价格为2 758元/平方米，同比上涨11.7%。其中，商品住宅平均销售价格为2 566元/平方米，同比上涨10.2%。部分城市房价上涨幅度超过20%，已经引起当地群众的严重不满。

房价大幅上涨的主要原因：一是储蓄负增长导致贷款买房自住的人增多，买房后准备出租房屋"以房养房"的投资需求增大，买房后倒手卖出的投机需求也增大，购房需求短期内过快增大抬高了房价，房价上涨反过来又进一步刺激购房需求增加；二是宏观调控中对土地和信贷的控制使群众产生商品房供给将减少、房价将上升的预期，推升了房地产价格；三是土地价格的持续上涨直接推动了房价上涨。今年二季度地价平均涨幅达11.5%，尤其是一些大中城市，地价大幅上涨，其中，杭州同比上涨8.3%，南昌上涨36.7%，上海上涨24.8%，沈阳上涨24.7%，天津上涨21.6%；四是钢材、水泥等主要建筑原材料价格的大幅上涨，使企业开发成本上升，在一定程度上增加了房价的上调压力。

上述几个原因不会在短时间内消除，2005年房地产价格会继续上升。房地产需求过旺、价格上涨将使房地产业预期利润率上升，社会资金更多流入房地产开发，房地产投资过快将刺激钢材、水泥等建材价格坚挺，部分城市已经形成严重的房地产泡沫。如果不能有效控制房价上涨的势头，房地产泡沫的破灭将带来较大金融风险，并影响国民经济持续稳定增长。

三、价格改革关注民生

1. 价格上涨对低收入居民影响较大，应关注低收入阶层的生活水平

目前价格总水平上升幅度虽然不是很大，但生活必需品——食品——价格已经长时间大幅度上涨，低收入阶层居民难以承受。

食品价格这样大幅度上涨的情况，新中国成立以来只有在发生严重通货膨胀的1978—1988年和1993—1994年才出现过，但当时居民的收入增长在20%左右，例如，在1990—1995年，城镇居民人均可支配收入年均增长23.2%，农村居民人均纯收入年均增长18.1%，分别高于同期12%的GDP增幅11.2个百分点和6.1个百分点。而1997—2003年，城镇居民人均可支配收入年均增长8.3%，剔除价格因素实际增长7.9%，同期农村居民人均纯收入年均增长4.5%，剔除价格因素实际增长4.0%，而同期国内生产总值年均增长8%。7年来城乡居民的收入增长一直明显慢于国内生产总值的增长速度，在这样的情况下，居民对通货膨胀的承受能力是十分有限的。特别是对于低收入居民，他们的收入增长一般明显慢于居民收入的平均增长速度，有些困难居民的绝对收入

甚至是下降的,因而目前价格的上涨,对于低收入阶层的影响是很大的,其中不少居民已难以承受。

2. 深化价格改革力度,加大价格监测力度

考虑今年部分地区供电紧张的实际情况,应加大两部制电价和峰谷电价的政策实施力度,促进用户合理用电。

改革水价计量方式,加快推进居民生活用水阶梯式计量水价实施进度,对非居民生活用水继续实行超计划、超定额加价,并实行季节性水价制度,以增强全社会节水意识,缓解水资源紧张状况。继续推动医药分开改革,进一步降低虚高药价,同时要建立健全公共卫生政策,注意防止医疗服务价格过度上涨。

但对成本增加需调整的医疗费用应在核实成本的基础上做适当调整,通过召开听证会广泛听取意见,以取得群众的理解和支持。理顺电、煤价格,防止电、煤紧张,导致部分发电能力不能充分发挥作用。

加强改进价格监测和预测预警工作,并相应建立应对市场价格异常波动机制。应重点加强粮食、药品等居民生活必需品和石油、钢材等重要生产资料的价格监测和趋势预测工作,建立农产品等重要价格的信息发布制度,并应进一步建立和完善包括价格调节基金、物资储备、重要商品调运供应等在内的应对市场异常波动的措施。继续做好整顿教育、医药、住房价格秩序的工作。采取积极有效措施,制止价格欺诈、价格歧视和价格竞销等市场无序现象,维护正常秩序,保持社会稳定。

(联合课题:国家信息中心、上海证券报)

第六节　经济活动分析报告

一、经济活动分析报告的概念

经济活动分析报告是指在对经济活动的状况进行分析研究的基础上,作出正确评价后写成的书面报告。

二、经济活动分析报告的种类

(一) 专题分析报告

专题分析报告也称专项分析报告、单项分析报告,是针对经济活动中带有普遍性、典型性的关键问题进行分析后形成的报告。

(二) 综合分析报告

对某一部门或某一单位在一个时期内的经济活动,根据各项经济指标,进行全面分析后写成的报告。

三、经济活动分析报告的结构与写法

经济活动分析报告通常包括标题、前言、正文、结尾四部分。

(一) 标题

标题一般写明单位、时限、内容和文种4项,如《中国石化公司1999年石油销售状况分析》,有时也可直接写内容和观点,如《华利供销社利润下降、亏损增加的原因分析》。

(二) 前言

前言也称引言、导语。一般都简要概括地介绍基本情况,有的说明目的,有的介绍背景,为引入正文打基础。

(三) 正文

① 情况,分析对象的基本情况,提出问题。

② 分析,综合运用多种分析方法,分析评价经济活动并剖析原因、得出结论。

③ 建议,要针对主体部分分析反映的问题,提出改进意见或措施。

(四) 结尾

结尾可写一些总结式的话,也可省略。

【例文】

2003年全省工业经济运行分析与展望

2003年全省:工业企业面对复杂的国际形势、"非典"疫情、持续罕见的高温干旱,以及限电等不利因素的影响,按照省委、省政府对经济工作的各项部署,精心组织,科学调度,工业生产保持快速增长,呈现出速度、结构、效益相统一的良好运行态势,工业经济对全省经济快速发展起到了主导作用。全年全省工业增加值占GDP的41%,拉动全省GDP增长6.2个百分点,比去年提高了0.3个百分点,工业对国内生产总值的贡献率达54.1%,创历史新高。

一、工业经济运行质量明显提高

1. 工业生产保持快速增长,经济总量跃上新台阶。在国内需求稳定增长和出口需求大幅度增长的共同拉动下,我省规模以上工业生产在上年高增长的基础上,2003年继续保持强劲增长势头,全年第一季度增长29.8%,上半年增长29%,1～3季度增长27.8%,全年增长28.4%,1～4季度完成增加值1 461.44亿元,增长23.9%,比全国平均水平高6.9个百分点,增幅居全国第4位、华东区第1位。工业增加值占全国3.56%,比上年提高0.23个百分点,居全国第9位,比上年前移1位。

从经济类型看,一是各经济类型企业全面提速;二是股份制企业和国有及国有控股企业的增速上升幅度显著;三是外商及港澳台投资企业、股份制企业拉动作用显著。全年全省规模以上国有及国有控股企业完成总产值1 135.63亿元,增长21.4%,增速比去年加快11.2个百分点;集体企业完成总产值191.33亿元,增长21.7%,增速比去年加快3个百分点;股份制企业完成总产值1 046.28亿元,增长28.4%,增速比去年加快4.4个百分点;外商及港澳台投资企业完成总产值3 110.97亿元,增长29.1%;股份制及"三资"企业新增产值占全省新增产值86.7%,拉动全省工业产值增长24.6个百分点,拉动作用十分显著。值得一提的是国有控股工业生产经营状态趋好,表现为生产快速增长的同时,经济效益也大幅提高。全年实现利润总额增长20.5%,占全省利润总额的26.1%,表明我省国有企业改革与脱困工作取得明显成效。

从区市看,表现为各地出现齐头并进的增长之势。全省9个市工业总产值增长速度,除三明市增长17.8%外,其他市增长速度均在20%以上。其中福州、泉州、漳州、宁德等市的增幅均超过30%。从行业看,全省37个大类工业行业中有32个行业产值保持两位数增长,有29个行业增长速度超过20%。其中交通运输设备制造业、非金属矿采选业、化学原料及化学制品制造业、专用设备制造业、水的生产和供应业、通用设备制造业、文教体育用品制造业、通信设备、计算机及其电子设备制造业9个行业的增长速度均在35%以上。

从支持工业发展的先行指标看,工业用电量保持较快增长。全省发电610.70亿千瓦时,增长14.6%。其中,水力发电188.99亿千瓦时,下降15.8%;火力发电421.46亿千瓦时,增长36.6%。全社会用电585.4亿千瓦时,增长17.9%,其中,工业用电407.51亿千瓦时,增长19.7%,增幅创近几年来的新高(2000年、2001年、2002年工业用电分别比上年增长13.9%、10.0%和13.1%)。

2. 工业结构进一步得到调整优化。在投资、消费需求稳定增长的带动下,轻重工业生产呈现出同步增长势头,但工业生产重型化特征明显。从1999年2月起,我省规模以上重工业增长速度一直快于轻工业。特别是从今年2月开始重工业产值增速始终在30%以上,而轻工业增长速度在23%～25%之间。全年重工业增长31.9%,增速比轻工业高7个百分点,拉动工业增长16.2个百分点,轻重工业比重为48∶52,重工业成为拉动现阶段工业增势迅猛的主要因素,并将在今后较长一段时间内持续。

重点行业生产快速增长,成为带动工业增长的主要力量。一是电子、机械、石化三大主导产业继续保持强劲增长态势,全年三大主导产业完成产值2 355.14亿元,比重比上年提高1.6个百分点,产值同比增长33.2%,增幅同比提高0.3个百分点,对全省工业增长的贡献率达60.2%,拉动全省工业增长

17.1个百分点。其中产值最大的通信设备、计算机及其电子设备制造业完成工业产值897.97亿元，增长35.7%，对全省工业增长贡献率达30.1%，拉动全省工业增长8.6个百分点，实现工业出口交货值472.53亿元，增长43.3%；工业产销率达98.6%，产销率较上年提高0.5个百分点。电子信息行业中，电子计算机制造业实现产值451.21亿元，增长33.2%，家用视听设备制造业实现产值228.11亿元，增长32.4%，电子元器件制造业实现产值198.22亿元，增长36.5%。机械工业生产完成工业产值847.63亿元，增长35.3%。受东南汽车、厦工股份等企业高增长的拉动，专用设备和交通运输设备业增幅分别达到39.1%和44.8%，汽车产量增长了81.8%。石化工业在翔鹭石化、泉港海洋、湄洲湾氯碱等新投产企业的拉动下，累计完成产值609.54亿元，增长25.1%，重点监控的59种主要化工产品中有46种产量同比增加，其中原油加工量增长6.9%。二是冶金工业共完成产值240.8亿元，增长26.5%，其中钢铁、黄金工业分别增长30%和33.6%；钢、黄金、铝材产量分别增长16%、34%和14.2%。三是轻纺工业累计完成产值2 029.67亿元，增长24.7%，其中轻工、纺织分别增长25.1%和23.7%。四是受实施项目带动战略、固定资产投资大幅增长的拉动，建材工业完成产值310亿元，增长31.7%，其中水泥业、建陶业分别增长18.8%和43%。

列入统计范围的主要产品生产情况是，高新技术产品方面，移动通信设备增长111.2%，半导体集成电路增长21.3%，微型电子计算机增长38.7%，显示器增长28.9%，打印机增长68.3%，电子元件增长37.6%。基础工业产品方面，原煤增长15.1%，水泥增长20.7%，生铁增长18.7%，钢增长15.9%，成品钢材增长16.9%。装备型产品方面，金属切削机床增长16.3%，交流电动机增长17.9%。耐用消费品方面，彩色电视机增长12.6%，摄像机及应用电视增长104.2%，录放音机增长47.5%。日用消费品方面，机制糖、乳制品、罐头、软饮料、纱、布、纯化纤布、啤酒、卷烟、混纺交织布、服装等分别增长67.9%、173.3%、35.9%、10.9%、58.9%、19.9%、13.4%、21.1%，2.9%、46.8%、32.5%。

3. 工业经济效益保持较高水平，运行质量继续改善。与工业的快速增长相协调，工业经济效益总体水平明显提高。根据全国工业经济效益评价考核指标体系测算，全年全省规模以上工业经济效益综合指数为155.10，比上年同期提高了10个百分点，是近年同期最高水平。在计算效益指数的7项指标中，总资产贡献率为11.86%，比上年提高0.94个百分点；流动资产周转率为2.22次，比上年提高0.09次；成本费用利润率为6.43%，比上年提高0.51个百分点；资本保值增值率为118.71%，比上年提高5.8个百分点。

2003年全省规模以上工业企业实现产品销售收入4 712.77亿元，比上年增长29.4%,其中国有及国有控股企业实现1 233.81亿元,增长21.5%;集体企业实现169.93亿元,增长24.7%;股份制企业实现971.79亿元,增长38.9%;外商及港澳台投资企业实现2 852.26亿元,增长28.9%。

企业营利能力不断提高。全年全省规模以上工业企业实现利润达281.36亿元,增长40.7%。其中,国有及国有控股企业实现利润73.37亿元,增长20.5%;集体企业实现利润7.74亿元,增长33.9%;股份制企业实现利润53.2亿元,增长47.8%;外商及港澳台投资企业实现利润190.23亿元,增长51.2%。从完成税金看,全省规模以上工业企业累计实现税金总额191.09亿元,增长16.1%。其中,国有及国有控股企业实现税金总额99.34亿元,增长11.3%;外商及港澳台投资企业实现税金总额693.76亿元,增长17.6%,高于全省平均水平的1.58个百分点。同时,亏损企业亏损额为23.45亿元,下降4.9%。其中,国有及国有控股亏损企业亏损额7.32亿元,下降13.7%。

工业产品产销衔接状况不断趋好。全年全省规模以上工业企业产品产销率为97.6%,同比上升0.16个百分点,分别比1—3月、1—6月和1—9月提高1.22个百分点、0.98个百分点和0.33个百分点,呈现出逐季提高的趋势。

二、工业保持良好运行的主要因素分析

2003年以来,面对非典、限电等不利因素,在出口、固定资产增速低于全国平均水平的情况下,我省工业能保持快速增长,速度位居全国前列,主要有以下几方面原因。

1. 宏观经济运行环境较为宽松,国内需求逐步回升,为全省工业经济运行的稳步发展创造了有利条件。近年来,国家采取了积极的财政政策和稳健的货币政策,增发国债,扩大基础设施投资和工业技改投资,激活房地产市场,提高居民收入,提供消费贷款,降低存贷款利率,增收利息税等一系列刺激经济增长的宏观调控政策措施,对工业经济的发展具有广泛而深刻的影响。

2. 世界经济的逐渐复苏使我省工业品出口面临巨大商机。据国际货币基金组织预计,2003年世界经济增长率为3.2%,好于去年的3%,这给我省工业产品出口带来了巨大商机。据海关统计,全年全省出口总额达到211.04亿美元,增长率达到21.7%。出口的高速增长对全省工业拉动作用明显。

3. 我国工业经济整体步入上升期,进一步促进了我省工业经济的较快发展。我国工业经济从2002年开始出现稳步盘升的走势,2003年全国规模以上工业增加值增长率始终保持在16%之上,处于2000年以来最好的发展时期。我国工业经济步入上升期成为推动我省工业经济较快发展的助动器。

4. 我省制定出台了一系列重大政策和举措,全省形成了齐心协力发展工业、服务工业的浓厚氛围。今年以来,省委、省政府根据党的十六大精神,先后出台和实施了一系列发展经济的重大举措,为我省工业发展注入了新的活力。

为落实省委、省政府的决策，全省各地出现重视工业发展、推进工业化进程的有利环境。例如，福州市提出“再掀闽江开放潮”，加快工业园区建设；漳州提出“工业立市”；南平市提出“突出工业、突破工业”等。各地在招商引资、实施项目带动等方面取得明显成效，一批新投产项目形成新的增长点。去年以来，一批重点国债项目、技改项目、结构调整项目和高新技术产业化项目相继竣工投产，形成新的增长点，对抵消“非典”负面影响发挥了重要作用。2003年，在全省规模以上工业企业中，新投产企业776家，实现工业总产值197.99亿元，对全省工业增长的贡献率为17.3%，拉动全省工业增长4.9个百分点。新投产项目及骨干企业拉动作用明显，对全省工业的快速增长发挥了重要作用。

5. 市场需求的逐步回升是工业经济稳步发展的主要动力。一是固定资产投资不断增加，有力地推动了工业经济的快速增长。2003年，全省固定资产投资继续保持较快增速。全社会固定资产投资完成1 507.87亿元，增长22.5%。二是国内市场销售趋于活跃，居民消费预期逐步好转，有力地刺激了工业经济的发展。全省社会消费品零售总额增长12.8%，居民消费价格总指数同比上涨0.8，消费的增长及居民消费预期的逐步回升，有效地刺激了工业生产步伐的加快。三是受入世后出口环境改善、美元贬值、国际经济复苏等因素影响，外贸出口稳步加快，进一步拓展工业发展空间，我省工业产品的出口情况明显好于上年。全年规模以上企业出口交货值1 651.44亿元，增长29.9%，占工业销售产值的34.2%，约拉动工业增长9.7个百分点。31个有出口的行业中，出口交货值增长两位数的有22个，其中增长超过20%的行业有17个。电子通信设备制造业、电气机械等机电产品出口持续大幅增加，也带动了相应产业和产品的发展。工业产品出口的快速增长成为拉动工业增长的重要基础。

6. 工业投入大幅增加，有力支撑工业的快速增长。2003年全省国有及其他投资中：工业投入363.30亿元，增长11.1%，增幅高于去年同期1.5个百分点。其中轻纺工业、机械电子工业、原材料工业分别增长11.7%、45.5%和79.3%。工业投入的大量增加，提高了全省工业的技术装备水平，促进了产品的升级换代，提升了全省工业经济的整体实力，为全省工业企业新产品开发创造了有利条件。全省完成新产品产值317.42亿元，增长47.6%，占全省工业生产总量的6.0%，可拉动全省工业总产值增长2.5个百分点。

从外资投向看，工业依然是吸收外资的主导产业。全年以制造业为主的第二产业吸收外资增长28.1%，占全省利用外资的85%，其中投向制造业的合同外资增长43.3%，占第二产业吸收外资总额的94.9%，主要集中在纺织服装、金属冶炼、化工、电子通信及机械制造等行业。

金融对工业经济的扶持力度加大。全年工业贷款达到595.35亿元，比年初增加144.22亿元，比上年多增加107. 23亿元，有力地支持了工业生产企业的短期资金需要。

7. 企业家对经济发展的前景比较乐观。据省企业调查队的资料显示：四季度,我省工业企业综合经营景气指数达到141.7个百分点,比上年同季提高8.1个百分点,处于较高景气区间。从企业家信心指数来看,一、二、三和四季度分别为116.4个百分点、125.0个百分点、131.1个百分点和136个百分点,也仍处于较高水平。

8. 加强运行调度,确保工业经济平稳运行。2003年以来全省各级政府针对伊拉克战争、“非典”疫情、特别是7月、8月高温干旱造成的电力紧张等突发事件,及时采取措施,通过政策扶持、政府参与、组织协调,采取科学调度等手段,努力化解各种不利因素,减少影响工业生产的不利因素。

三、工业经济运行中存在的主要问题

1. 大企业快速增长与小企业增长乏力的差距越来越大。全年产值在亿元以上的734家企业(占全省企业总数的7.9%)完成工业总产值3 221.07亿元,占全省规模以上工业总产值的65.1%,增长32.2%,增速比全省快3.8个百分点,对全省工业增长的贡献率为70.4%,拉动全省工业增长20个百分点。而累计产值在1 000万元以下的规模以上企业有3 445家(占全省企业总数的37.2%),实现产值仅占4.2%,同比仅增长10.6%。全年全省大中型企业实现利润194.22亿元,增长36.8%,占规模以上工业利润的69%,亏损企业亏损额比上年下降34.9%,但小型企业亏损额却增长33.1%。

2. 原材料、能源购进价格涨幅较大与工业品出厂价格持续低迷的格局明显。2003年,全省工业品出厂价格上涨0.7%,能源原材料购进价格上涨6.3%,呈“高进低出”格局。这种状况显然有利于原材料生产行业的发展,但对“下游”加工产品形成涨价的压力,由于我省工业是以加工制造业为主体的产业群,原材料、能源价格上涨的负面影响较全国大。我省石油加工、化学原料和黑色金属冶炼等能源、原材料行业全年实现利润分别增长30%、179.7%和162.5%;而纺织业、纺织服装鞋帽制造业、造纸及纸制品业、化学纤维制造业等加工业利润增幅远低于全省平均水平,橡胶制造业却下降了8.7%。如果能源、原材料价格与工业品出厂价格继续保持反差,加工企业将面临成本提高、售价走低的双重压力,导致大量企业陷入困境,将严重影响企业产品的市场竞争力和出口能力,对工业经济整体效益的提升和工业发展产生直接影响,必须引起重视。

3. 电力供应紧张问题成为制约我省工业发展的主要瓶颈。随着我省工业经济总量的不断扩大,一批新建工业项目陆续投产,全省工业用电需求量增加较多,加上今年遭遇夏秋冬持续少雨的天气,导致水电减少而用电增加,电力供求矛盾突出,企业生产用电出现紧张,造成生产成本上升,部分企业订单流失,一些项目投产时间延期。由于限电,工业用电占全社会用电量的比重从上半年的71.8%降为1—7月的69.8%、1—9月的69.0%、全年的69.6%。全省规模以上工业企业月度产值增长速度从6月的27.3%回落至7月的24.7%、8月的21.3%,9月以后随着居民用电减少,工业增速又回升至10月的24.3%、12月的24.8%。

4. 工业企业资金仍然偏紧。一方面出口退税滞后占用了企业大量流动资

金，加剧了企业资金周转的困难；另一方面，中小企业贷款难现象普遍存在，流动资金十分紧缺。

四、加快工业经济发展的对策建议

2003年，全省工业经济虽然受到一些突如其来不利因素的影响，但仍然存在着诸多有利条件。从国内看，国家继续实施积极的财政政策及稳健的货币政策，加大投资力度，国内需求趋旺等；从省里看，省委、省政府作出了加快县域经济发展的战略决策，明确提出工业化是县域经济发展的历史性任务，要以新型工业化为目标，立足各地优势发展各具特色的工业产业。为落实省委、省政府的战略决策，各地将通过实施项目带动战略，狠抓重点项目建设，加大招商引资力度，治理经济软环境等项措施为我省工业经济全面的持续发展提供有力保证。

2004年我省工业经济形势面临一系列有利因素。第一，十六届三中全会，全国、全省经济工作会议，省委七届六中全会将为经济较快增长提供良好的体制环境和政策环境。第二，企业发展的自主活力和内在动力不断趋强，民间投资领域放宽，将极大调动生产和投资的积极性。第三，推动工业增长的供给条件较多，一是资金储备充足，全省有2 925亿元左右的城乡储蓄存款；二是劳动力资源丰富，工资成本较低，并且素质也在不断提高；三是经过近几年来的集中建设，基础设施的服务能力和基础产业的供给能力大大提高。从当前及今后一段时期看，现有的供给条件可以支撑我省工业经济的持续快速增长。第四，从影响工业发展的三大需求来看，将呈现出出口需求可能会保持较好的增长态势，投资需求继续快速增长，消费需求保持稳定增长的总体格局。

但是也要注意影响工业发展的不利条件仍然存在：一是银行准备金率上调后，各商业银行调整了信贷管理政策，原承诺的贷款可能无法全部兑现，影响企业资金供给，同时也会影响贴现市场和票据业务，增加企业成本；二是出口退税率降低4%，对产品出口影响大；三是随着关税税率的进一步降低，进口产品会继续增加，可能延续今年以来进口增速大于出口的格局，加大国内市场竞争压力；四是随着我省工业结构日趋重工业化，电力对工业持续快速增长的制约可能会进一步凸显；五是中小企业增长乏力，面临的问题也比较多。

1. 强化扩大内需理念，提高全省工业经济的适应性。实践表明，坚持扩大内需的方针，依靠投资和消费的强劲拉动，弥补外需的不足，可以有效地应对外部经济环境的变化，保持经济的较快增长。近年来，国际环境的各种不确定因素明显增多，因此必须主要依靠国内需求来实现经济的持续快速增长。要切实以提高城乡居民，特别是中低收入群体的收入，积极扩大就业为当前经济工作的重点。应开放市场，发掘需求潜力，努力消除影响消费的各种障碍，改善消费环境，大力培育新的消费热点，以培育住房、汽车等消费增长点的消费结构升级带动结构调整和产业升级。同时，今年以来，我省工业品出厂价格指数一直在低位运行，表明工业经济的有效需求拉力不足，而供给相对过剩，必须通过不断

的技术创新生产出适应消费者需求的产品。

2. 千方百计增加产品出口,努力提高出口对工业增长的贡献份额。目前我省的出口产品产值占工业销售产值的34.2%,这预示着许多行业的出门空间依然广阔。因此,抓住有利机会,积极开拓市场,增加产品出口,为工业生产提供广阔空间。同时要大力调整并优化工业产品结构,特别是加大高技术含量、高附加值产品的开发力度,实现工业出口产品结构多元化目标,以进一步提高出口对全省工业增长的贡献份额,提升我省工业经济整体实力和潜在质量。

3. 扩大引进外资,积极培育工业经济新增长点。随着我国经济的快速发展,国际投资者对中国的投资信心不断增强。对中国经济发展的良好预期,使大量的投资者看好中国市场,有意到福建投资办企业,我省应抓住这一时机,充分利用我省区位优势明显,投资环境良好,基础设施完备,绝大部分生产要素能够满足各方投资者需求的有利条件,加大招商引资力度,优先支持和发展高附加值、高技术含量、高市场占有率、高效益的企业。促成一些大工程、大项目落户我省,并早日开工建设投产,努力打造我省工业经济的新增长源,以增量带存量,弥补现有存量工业后劲不足,实现我省工业经济的良性循环。

4. 继续实施产品结构调整和体制创新。要充分利用战略机遇期,大力推进新型工业化。当前要把工业改组改造和结构优化升级作为重点,发挥后发优势,以高新技术和适用技术改造提升工业各行业现有生产能力。要按省政府产业结构调整的精神,通过扶持和淘汰一些企业,使我省主导产业的竞争力不断增强,规模不断扩大,产业化程度不断提高,加大对产品的技术投入,加快产品更新换代的步伐,生产出优质新型产品,促进我省工业再上新台阶。要进一步探索公有制,特别是国有制的有效实现形式,按照建立归属清晰、权责明确、保护严格、流转顺畅的现代产权制度的要求,继续推进规范的公司制改革和股份制改造,形成充满活力的微观基础。加快发展具有国际竞争力的大公司、大企业集团,大力支持有条件的企业做大做强,充分发挥其在新型工业化进程中的支撑和带动作用。

5. 树立竞争新思维。随着世界经济一体化进程的加快,质量、价格竞争的份额将会减少,非价格竞争将是今后的主流,我省应抓住这一新的竞争理念,采取多种宣传形式来提高企业的知名度,并在努力提高产品质量的前提下,加强售后服务,加强企业与消费者的沟通,提高企业及企业产品与消费者的默契度,努力扩大市场占有率。

6. 加强对工业经济运行的综合协调和监测调控。要注意做好重点行业、重点地区和重点产品市场供求状况的监测分析和预测预警,指导产销双方更好地衔接。根据经济发展的需要,协调好重要能源和原材料的生产、供应和总量平衡工作。要继续依法关闭破坏资源、污染环境和不具备安全生产条件的企业,防止死灰复燃。

第七节　说明书

一、说明书的概念

说明书是一种以日常生活中广泛应用的、简要说明事物的构成、性质、特点、作用以及掌握的方法等为主要内容的介绍性文体。

二、说明书的特点

（一）介绍性

介绍说明事物的性质。

（二）知识性

说明书基本都是知识的内容说明，所以具有丰富的知识性。

（三）实用性

通过说明书中对事物基本知识的介绍，可以帮助了解掌握该事物。

三、说明书的种类

（一）产品说明书

生产厂家向用户介绍产品用途、性能、规格、特点等的说明书。

（二）使用说明书

使用说明书是以介绍产品性能、零部件及使用方法为主要内容的说明书。

（三）安装说明书

安装说明书是在产品（机器）安装时所参考的说明书。

（四）电影、戏剧说明书

电影、戏剧说明书主要是介绍电影、戏剧故事情节内容的说明书。

（五）书刊说明书

书刊说明书是介绍书籍、刊物主要内容的说明书。

四、说明书的格式和写法

说明书主要由标题、正文、落款三部分组成。

（一）标题

① 标题可以直接写《说明书》。

② 以产品名称做标题，如《红太阳洗衣机》。

③ 可以由产品名称和文种做标题，如《星星牌热水器使用说明书》。

（二）正文

正文主要写产品的构成、性能特点、使用和保养注意事项。

（三）落款

落款写明生产厂家、产品批号、生产批准部门、专利号、联系方式等内容。

【例文】

三九胃泰颗粒使用说明书

[药品名称]×××

品　　名：三九胃泰颗粒

汉语拼音：Sanjiu Weitai Keli

[性　　状]棕色颗粒；味甜而苦、辛。

[主要成分]三叉苦、九里香、白勺、地黄、木香等。

[药理作用]

1. 三九胃泰对试验性胃炎各类病变有显著治疗作用和预防效果，有显著的止血和抗溃疡的功效。

2. 三九胃泰对肠功能紊乱有调节作用，使其恢复正常。因此，对精神紧张引起的胃肠功能紊乱有积极治疗作用和预防功效。

3. 三九胃泰有促进胃合成蛋白质代谢作用，并有抑制和吸附胃蛋白酶的作用，故有利于胃溃疡创面的修复。

4. 三九胃泰能显著地促进胸腺核蛋白、胸腺 RNA、脾脏 RNA 的合成，故有增强免疫功能和免疫调节作用，从而有利于慢性胃炎的康复。

[功能与主治]消炎止痛、理气健胃，用于浅表性胃炎、糜烂性胃炎。

[用法用量]开水冲服，一日 2 次，每次 1 袋。

[注意事项]

1. 服药期间，忌食辛辣、油炸、过酸食物及酒类等刺激性食品。

2. 15 天为一疗程，初显疗效后不宜立即停药，建议再服 3～4 个疗程以巩固疗效。

3. 胃寒患者慎用。

[规　　格]每袋装 20 克。

[贮　　藏]密封。

[包　　装]每袋装 20 克；复合膜。

[有效期]二年。

[批准文号]ZZ-5012-粤卫药准字〔1994〕第 904001 号。

三九胃泰股份有限公司

地址：中国深圳市银湖路口

电话：(0755)83360000

传真：(0755)83350000

邮编：518029

本章小结

经济类应用文主要是指企业在经济活动过程中形成和使用的各类文书的总称，反映经济活动的主要内容，又有一定的格式要求。学好经济类应用文写作具有重要的现实指导意义。

思考与练习

一、名词解释

意向书 招标、投标书 合同

二、填空题

1. 意向书具有__________、__________、__________等特点。

2. 合同是平等主体的__________、__________、__________之间设立、变更、终止民事权利义务关系的协议。

3. 经济预测报告具有__________、__________、__________等特点。

4. 说明书可以分为__________、__________、__________、__________、__________、__________等种类。

三、问答题

1. 简述意向书的结构与写法。

2. 简述招标、投标书主体部分的结构与写法。

3. 简述合同的结构与写法。

4. 简述市场调查报告的结构与写法。

5. 简述经济活动分析报告的结构与写法。

延伸阅读

中国造纸业市场调查报告

http://www.paper.com.cn　2009-09-27　中国包装网

新中国成立以来，中国造纸行业有了突飞猛进的发展，尤其是近几年，造纸行业生产能力逐年提高，保持着快速的增长态势。未来几年，我国造纸行业发展前景如何？国外企业的纷纷涌入，如何应对更为严峻的市场竞争？

2004年，我国造纸及纸制品行业实现工业总产值3 144亿元，较2003年有了大幅度的提高，增幅达到24.77%，其中造纸行业的工业总产值比2003年增长了23.22%。工业总产值快速增长的同时,行业利润总额也大幅度增长,2004年,我国造纸及纸制品行业共实现利润141亿元,同比增长20.42%。数据表明,2004年我国的造纸行业发展势头强劲,行业发展前景良好。

本次调查结果显示,有将近80%的人对行业发展前景持乐观态度,认为未来3年我国的造纸行业将会快速发展或平稳发展,如图6-1所示。

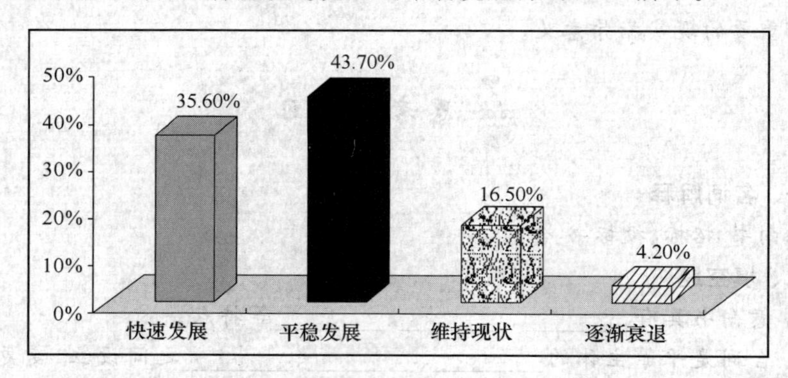

图6-1　未来3年造纸行业发展前景

在各种纸品行业中,胶版纸和铜版纸的发展前景最被人们看好,有一半以上的人认为胶版纸和铜版纸的发展前景是最好的。

此外,新闻纸和包装用纸行业也是被认为最有发展前景的行业,分别有28.7%和11.6%的受访者认为新闻纸和包装用纸是最具发展前景的纸品行业,如图6-2所示。

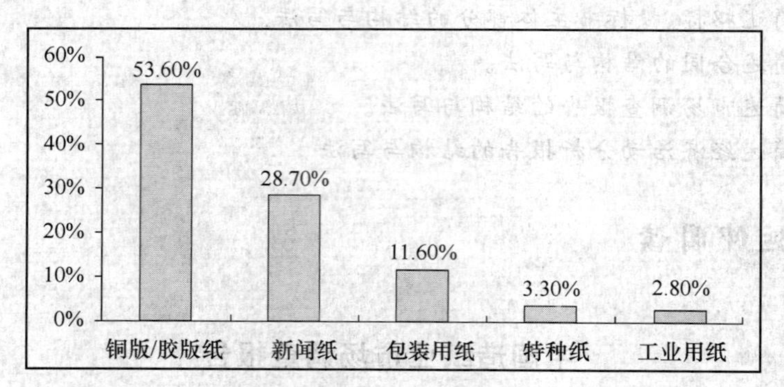

图6-2　最具发展前景的纸品行业

2001年我国加入世界贸易组织,这既给我国造纸企业带来了进入国际市场的良好机会,同时也使我国面临着国外企业进入中国市场的严峻挑战。

加入世界贸易组织以后,我国的关税税率逐年下调,许多国外大型造纸企业瞄准了中国的巨大市场,参与了国内市场的竞争。我国造纸企业和国外造纸企业的竞争主要体现在以下两个方面。

第一，竞争的焦点主要体现在产品的质量和价格上。

国外大型造纸企业规模巨大，设备、技术处于世界先进水平，其产品质量普遍高于中国本土企业。在越来越注重产品质量的今天，如何提高产品质量、提升市场竞争力是摆在中国造纸企业的重大课题。

调查数据显示，有超过44%的人认为，国内企业和国外企业的竞争焦点将集中在产品的质量上，如图6-3所示。

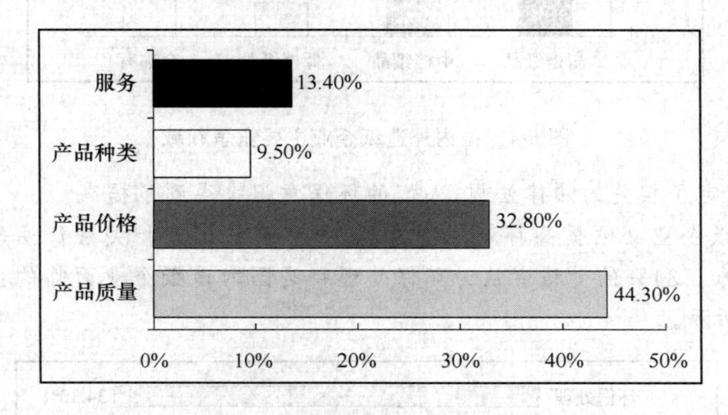

图6-3　国内外造纸企业竞争焦点

产品价格是最为敏感的市场因素。不少国外企业凭借其雄厚的资金实力，以低廉的价格迅速扩大在中国市场的份额，致使许多本土企业丧失大量市场，给我国造纸行业带来了巨大的冲击。虽然这些年我国赢得了一些反倾销案的胜诉，本土企业得到了片刻宁静，赢得了壮大企业实力和调整市场策略的时间，但是随着关税税率的下调，国外企业的大批涌入将不可避免，新一轮的价格竞争将会重现。

调查数据显示，有超过30%的人认为产品价格将是未来几年我国企业与国外企业竞争的焦点所在。

第二，竞争的产品主要集中在中高档产品上。

高档产品的技术含量高，产品附加值高，往往是大型造纸企业的不断努力争取的市场。赢得高档产品市场，不仅能够提高其品牌的知名度，提升企业核心竞争能力，而且能够获得更高的利润水平。调查数据显示，有70%以上的行业人士认为中高档纸品将成为国内企业和国外企业的主要竞争市场，如图6-4所示。

国内造纸行业不仅要面对国外企业的激烈竞争，自身也面临着诸多问题。

首先，加强环保意识，真正做好环保工作。

党的十六大明确提出了可持续发展战略，其中重要的一点就是要发展绿色产业，减少对环境的污染和破坏。国家和各级地方政府对环保的宣传力度也逐

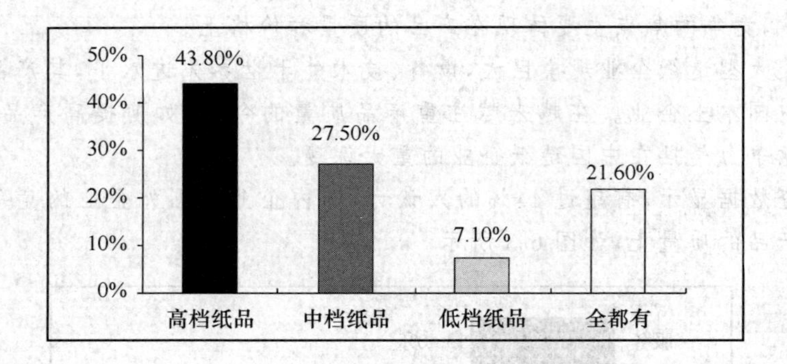

图 6-4　国内外造纸企业主要竞争领域

步加强,制定了相关的法律法规,人们的环保意识也得到了提高。

各造纸企业必须提高环境保护意识,严格遵守国家相关法律法规,禁止排放工业污水。34%的受访者认为环保处理将是国内造纸企业面临的主要困难,如图 6-5 所示。

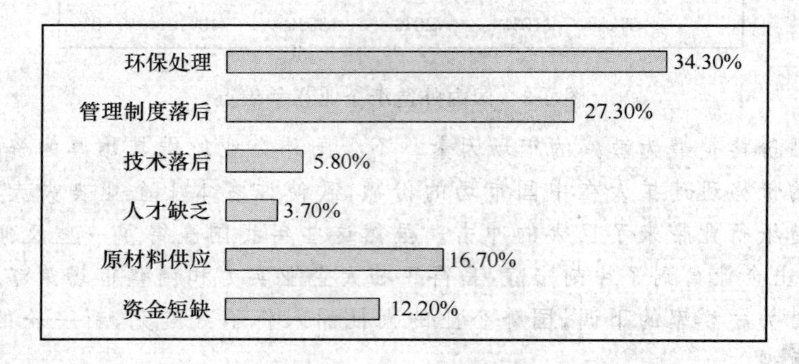

图 6-5　国内造纸企业面临的主要困难

其次,不断改革,完善企业管理制度,提高企业市场效率。

我国造纸企业,尤其是大型造纸企业大多是国有企业,计划经济遗留下来的一些弊病仍然存在。我国造纸企业在不断引进世界先进水平设备的同时,也应该学习国外的先进管理经验,调整、改革现有的管理制度和人员机构的设置,不断提高企业的市场效率。

最后,积极发展林纸一体化工程。

我国每年都要从国外进口大量的纸浆,特别是高档的原生木浆更是依靠进口。

目前各界人士对林纸一体化工程持有不同观点。从调查数据可以看出,不少受访者对林纸一体化工程持反对意见,但是也有超过 58%的人士仍然支持林纸一体化工程的发展,如图 6-6 所示。

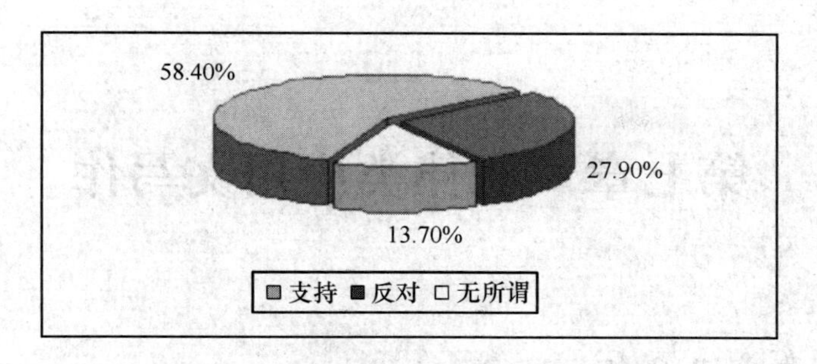

图 6-6 对发展林纸一体化工程的观点

发展我国的林纸一体化工程,可以增加我国纸浆的生产能力,改变依赖进口的被动局面,为我国造纸行业赢得市场竞争的主动权。

第七章 法律类应用文写作

本章学习目标

1. 理解法律类应用文的概念、特点。
2. 清楚法律类应用文的种类。
3. 了解法律类应用文的格式。
4. 清楚法律类应用文的写法。

第一节 起诉状

一、起诉状的概念

起诉状是诉讼当事人为实现自己的诉讼权利，依法向人民法院或人民检察院提出诉讼请求的法律文书。

诉状可以自己书写，也可以委托律师或其他人代书。无论自己书写，还是代写，写作要求和规范都是相同的，法律效果也一样。

二、起诉状的种类

依据案件的性质不同，起诉状可以分为刑事自诉状、民事起诉状和行政起诉状。

（一）刑事自诉状

刑事自诉状又称刑事起诉状，是指刑事案件的自诉人或法定代理人，依据事实和法律向人民法院提起诉讼，依法追究被告人刑事责任或附带民事责任的书状。

根据《中华人民共和国刑事诉讼法》第十八条第三款的规定，属于人民法院直接受理的刑事案件，向人民法院直接提起诉讼时，适用刑事自诉状。

（二）民事起诉状

民事起诉状是民事当事人及其代理人依据事实和法律向人民法院提起诉讼，依法追究被告人民事权利和义务的书状。

根据《中华人民共和国民事诉讼法》第一百零八条的规定，与案件有直接利害关系的个人、企事业单位、机关、团体提起民事诉讼时，适用民事起诉状。

（三）行政起诉状

行政起诉状是指公民、法人或其他组织认为行政机关或部门的具体行政行为侵犯了其合法权益时，依据事实和法律向人民法院提起诉讼的书状。

根据《中华人民共和国行政诉讼法》第十二条的规定，公民、法人和其他组织对该条规定范围内的各项具体行政行为不服所提起的诉讼，适用行政起诉状。

三、起诉状的结构与写法

起诉状的结构由标题、首部、正文和尾部组成。

（一）标题

标题是起诉状的名称，表明是什么种类即可，如民事起诉状、刑事起诉状等。

（二）首部

首部是起诉状的开头，要求当事人写明基本情况，包括姓名、性别、年龄、民族、籍贯、职业、住址等。书写顺序依次为原告、被告及相关人。

如还有原告和被告数人，应根据主次分别写明其个人情况。

自诉人如果是有代理人的，在列出自诉人后，另起一行列出他的代理人的称谓，是法定代理人，还是委托代理人。在称谓后，列出代理人的姓名、性别、年龄、民族、籍贯、职业（或职务）、单位或住址、与被代理人的关系。代理人如果是受委托的律师，只需列出其姓名、单位和职务。

（三）正文

1. 诉讼请求

这一项主要写明所控告的被告人的罪名和向人民法院提出的请求，要求明确、具体、合法。

2. 事实和理由

这部分主要是叙述事实和说明理由。事实和理由应分开写。

（1）事实部分

事实部分要写明被告人犯罪事实的7个要素，即犯罪的时间、地点、动机、目的、手段、情节、结果。其中，特别应把当事人双方的关系和侵害的原因及案情的关键性问题写清楚，以便法院调查研究，认定案情，正确审判。

事实写清楚后，还应写明能证明所控告事实的证据，这就包括证人、证言、证物、书证等。还要提供证人的姓名、职业、住址和交验的具体证物等。证据可在叙述事实经过时写明，也可在所写的事实之后提供。

（2）理由部分

理由部分主要写根据事实和法律对被告人的侵权行为的分析认定，即写明被告人的侵权行为使自诉人受到什么损害,已构成什么性质的犯罪,触犯了什么法条,请求法院依法追究刑事责任或赔偿损失的事实依据和法律依据。

(四)尾部

尾部包括所提交的人民法院的名称、具状人的签名或盖章、具体时间以及附件。

【例文1】

刑事起诉状

自诉人:吴××,女,37岁,汉族,××市××区××乡××村村民。

被告人:刘××,男,39岁,汉族,××市××区××厂工人,住该厂宿舍。

请求事项:被告人犯虐待罪,请求依法惩处。

事实和理由:

自诉人和被告人于1985年结婚,感情尚好,生有一男孩一女孩。

2000年被告人与女×××通奸。自诉人知道后,曾多次向被告人单位反映,要求领导制止被告人的不道德行为。由于种种原因,问题未能解决,使自诉人精神上受到了极大的刺激,患了精神分裂症(有医院证明)。被告人为了达到与自诉人离婚而与女×××结婚的目的,便对自诉人在精神、肉体上施以残害、虐待。2000年被告人假借为自诉人治病的名义,在夜间使用暴力,强行往自诉人嘴里灌砒霜,妄图置自诉人于死地。由于自诉人紧咬牙关,被告人的阴谋才未能得逞,但造成了自诉人舌尖糜烂、嘴唇脓肿等严重后果(张××可以证明)。2001年春节期间的一天夜里,被告人对自诉人下毒手,用剪刀狠扎。因自诉人大声喊叫,用右手将剪刀尖攥住,邻居徐××进屋帮助夺下剪刀,自诉人才幸免于难。但自诉人右手被被告人扎伤六处,缝合六针,至今还留有伤疤(邻居徐××、王××均可作证)。

2002年3月被告人起诉离婚,因无正当理由,法院不准。自2002年起,被告人不负担子女生活费,7月某日被告人又突然进家把自诉人捆上送××精神病疗养院。

被告人刘××为了达到与自诉人离婚的目的,从2000年开始,对自诉人在精神上进行折磨,在肉体上进行摧残,在经济上不承担义务,情节恶劣,触犯了《中华人民共和国刑法》第一百八十二条第一款之规定,已构成虐待罪,请求人民法院依法追究被告人的刑事责任。

此致

××市××区人民法院

自诉人:吴××

××××年××月××日

附：

1. 本状副本 1 份

2. 书证 3 件

【例文 2】

民事起诉状

原告：×××出版社。

住所：北京市×××大街甲××号。

法定代表人：××，社长。

电话：010-64073834。

委托代理人：倪××、王××律师。

单位：北京市××律师事务所。

地址：北京市朝阳区东三环南路××号××大厦。

电话：010-××××××。

邮编：1000××。

被告：××有限公司(FREDERICK WARNE&CO. LIMITED)。

住所：Frederick Warne 80 Strand London。

电话：+44(0)××××××××××。

传真：+44(0)××× ××× ××××。

委托代理人：北京××咨询有限公司。

地址：北京市××外大街××号××北座××室。

电话：010-××××××。

邮编：100052。

诉讼请求：

1. 确认原告出版的“彼得兔系列”图书不侵犯被告的商标权；

2. 诉讼费用由被告承担。

事实和理由：

原告于 2003 年 4 月出版了一套“彼得兔系列”丛书，由四分册《彼得兔的故事》《汤姆小猫的传说》《点点鼠太太的故事》《平小猪的故事》组成(下统称“该丛书”，见证据一)，书中汇集了英国女作家毕翠克丝·波特(Beatrix Potter)在 1902 年至 1913 年创作的 19 篇童话故事，采取中英文对照方式，其中英文直接使用毕翠克丝·波特的英文作品名称、英文文章及手绘题图和插图。毕翠克丝·波特于 1943 年去世(见证据四)，其创作的作品(包括文字及绘图)已经在包括中国在内的很多国家进入公共领域。鉴于此，张××选择已进入公共领域的波特女士的9篇作品翻译成中文,并依法对其翻译作品享有著作权。张××通过其代理公司于2003年3月与原告签订《图书出版合同》,原告依法获得了前述作品的中文简体版的专有出版权。然而该丛书出版后不久,2003年5月中旬,被告向原告的经销商发函和向工商机关投诉(证据三、四),认为原告出版的上述4册图书中使用的“彼得兔系列”文字及“彼得兔”等插图侵犯了被告的注册商标。在此情况下,原告如继续发行该丛书,不仅需要向各经销商做大量说明工作,而且会让各经销商面临被被告指控侵权的危险,原告被迫中止销售。

被告指称原告侵犯其注册商标权,理由如下(详见证据三):

(1) 原告4册书的书脊、封面、封底使用“彼得兔系列”文字中的“彼得兔”与其注册商标1062897号“比得兔”相似;

(2) 原告4册书的书脊、封面、封底、页码上使用的“彼得兔右侧小跑图”与其注册商标713230号相同;

(3)《彼得兔的故事》书名中使用的“彼得兔”与其注册商标“比得兔”相似;

(4) 丛书中《本杰明的兔子》《提姬闪闪太太的故事》《杰里米·费希尔先生的传说》《汤姆小猫的传说》《点点鼠太太的故事》《杰米玛水鸭子的故事》《奄拉家的小兔子们的故事》《生姜和酸菜》的扉页上的作品英文名称及扉页图使用了与被告注册商标相同或相似的文字和图形;

(5)《提姬闪闪太太的故事》《杰里米·费希尔先生的传说》《杰米玛水鸭子的故事》作品中的插图与被告注册商标相同或极其相似。

原告认为在其出版的该丛书上使用“彼得兔系列”文字、“本杰明的兔子”“提姬闪闪太太的故事”等英文名称及“彼得兔右侧小跑图”等绘图并不构成对被告商标权的侵犯,理由如下:

一、原告在丛书中使用“彼得兔”“本杰明的兔子”(英文)等文字及绘图完全是对原作品的直接使用,被告的行为完全是滥用知识产权。

1. 丛书中作品《彼得兔的故事》《本杰明的兔子》《提姬闪闪太太的故事》《杰里米·费希尔先生的传说》《汤姆小猫的传说》《点点鼠太太的故事》《杰米玛水鸭子的故事》《奄拉家的小兔子们的故事》《生姜和酸菜》《两只坏老鼠的故事》等扉页上使用的“彼得兔”“Benjamin Bunny”“Tiggy-win-kle”“Jeremy Fisher”“Tom Kitten”“Tittlemouse”“Jemima Puddle-Duck”“FlopsyBunnies”“GingerndPickles”“TwoBad Mice”等文字是作品名称(中文译文或原英文名称)的核心组成部分,这完全是忠于原作品名称的直接使用。

2. 丛书中《本杰明的兔子》《杰里米·费希尔先生的传说》《汤姆小猫的传说》《杰米玛水鸭子的故事》《奄拉家的小兔子们的故事》《生姜和酸菜》《格拉斯物的裁缝》的扉页上的图是波特原创手绘的作品题图,是与作品名称相配合的对作品中的角色形象、作品内容的直接描述;《彼得兔的故事》第18页,《杰米玛

水鸭子的故事》第14、16、20、32、42、44页,《奔拉家的小兔子们的故事》第120页,《点点鼠太太的故事》第206页,《提姬闪闪太太的故事》第26页,《杰里米·费希尔先生的传说》第109页,《汤姆小猫的传说》第162页上的插图是波特原创的手绘插图,完全是在作品中的对原著作品的直接使用。

3. 被告在波特作品进入中国公有领域的前后时间,将波特原创的手绘作品题图或插图及作品英文名称中的核心部分文字申请注册商标,即其注册商标完全源自波特作品,非其自行原创或独创文字、图形(详见证据三附一表)。被告以这些完全源自波特作品的文字和图形商标,要求禁止原告对波特作品的名称及作品插图的直接使用,显然是企图用注册商标来达到对已成为公共版权作品的垄断,完全是滥用知识产权行为。

二、原告在丛书中使用"彼得兔系列""彼得兔右侧小跑图"完全是对原作品的直接使用,是符合出版惯例的正当使用,是对图书中的作品内容及特征的善意描述。

如前所述,毕翠克丝·波特女士于1902年至1913年期间创作发表了一系列以小动物为角色图文并茂的童话作品,其中彼得兔是她发表的第一个故事作品的主角,成为她笔下众多动物里最有名的一个。人们提起波特写的多个故事,常用如下称呼:彼得兔的故事(The story of Peter Rabbit)、彼得兔和他的朋友们(Peter Rabbit and his friends),甚至直接称为"彼得兔"(Peter Rabbit)。"彼得兔"早已不再单指波特的某一个童话故事,已被作为波特系列作品的代称,在国外的很多网站和图书中都可以查到对毕翠克丝·波特女士的作品的称呼中使用了"彼得兔",就连被告自己也是以"比(彼)得兔的世界""彼得兔全集"等来称呼毕翠克丝·波特女士的童话作品集。波特创作的穿着蓝色夹克衫的"彼得兔"形象亦成为波特作品中角色的代表形象。

原告在编辑出版波特女士的系列作品时,出于方便小读者阅读、携带及购买自由选择的考虑,将19个故事分成一套丛书的4个单行册出版,但在丛书名、装帧设计上统一,以体现为同一作者的系列同类作品。基于此,4册图书分别选用其中一篇作品的名称——《彼得兔的故事》《汤姆小猫的传说》《点点鼠太太的故事》《平小猪的故事》——作为单册书的书名(下统称"分册书名")。同时遵循国外已经对波特作品集形成的通用代称,以"彼得兔系列"作为4册图书的统一书名,即丛书名,用来描述该4册图书的同一作者、同一系列、动物主角故事特征。"彼得兔系列"为该丛书的丛书名,不仅可从其记录在每一册的版权页的图书在版编目(CIP)数据中丛书名项得到确证(证据七),而且从封底"彼得兔系列"文字与4册分册书名一起描述系列书的组成,以及封面和书脊处的使用位置和方式均可证实。

在装帧设计上,与全书正文图文并茂、风格一致。一方面与分册书名配合,分别从4个题名故事中选用了一幅典型插图使用在封面左下位置，该插图与分册书名在封面及书脊上用大字大图，非常醒目。另一方面与“彼得兔系列”这一丛书名相应，选用了最有代表性的“彼得兔”形象图之一，即“彼得兔右侧小跑图”，分别衬在“彼得兔系列”书名左侧及上部，使用在4册图书的封面、书脊上，用以形象反映图书作品特征，同时起装帧装饰作用。出于同样的装帧、描述目的，在4册书的内页页码处使用了黑白版的“彼得兔图”。而这种使用亦是现代图书装帧设计中常用的方式。

综上可见，原告的这些使用完全是对原著作品的直接使用，是对该丛书的作品内容特征的善意描述。被告指称原告这些使用构成对其注册商标的侵权使用无任何事实依据和法律依据。

三、被告无权限制原告对该系列图书中的故事内容的通用名称及原作品的正当、善意使用。

被告申请注册的713230号等商标所用的图形是波特原创作品图，暂且不论被告在其申请该些商标注册时是否获得合法的授权。据原告了解及被告此前在北京市第一中级人民法院“2004年度一中行初字第231号”案提供的证据，均不能有效证明被告在1994年申请注册第713230号等商标后在中国在图书商品上使用过该些商标。按《中华人民共和国商标法》规定，任何人均可申请商标局撤销713230号等商标(原告已于2003年11月提出撤销申请)，即被告所谓的注册商标权的合法有效性是有待审证的。《中华人民共和国商标法实施条例》第四十九条规定，“注册商标中含有的本商品的通用名称、图形、型号，或者直接表示商品的质量、主要原料、功能、用途、重量、数量及其他特点，或者含有地名，注册商标专用权人无权禁止他人正当使用。”中国国家工商行政管理局《关于商标行政执法中若干革命问题的意见》中第九条规定，“下列使用与注册商标相同或者近似的文字、图形的行为，不属于商标侵权行为：(一)善意地使用自己的名称或者地址；(二)善意地说明商品或者服务的特征或者属性，尤其是说明商品或者服务的质量、用途、地理来源、种类、价值及提供日期。”即使被告的注册商标权合法有效，如前所述，“彼得兔”及“彼得兔右侧小跑图”已成为波特作品的通用名称和图形，针对波特作品集(彼得兔系列)这一具体图书商品，被告注册商标中即含有了该特定商品的通用名称及说明该商品的内容、作者特点，即具有了描述性，被告无权以注册商标专用权禁止他人正当使用。

综上所述，原告认为其在该系列图书中使用“彼得兔系列”及“彼得兔右侧小跑图”“本杰明的兔子”等文字及图形，本是正当、合理的使用，但由于被告的主张及投诉原告侵权行为，致使原告的合法出版物的发行销售被迫中止，同时原告因被诉涉嫌侵权导致声誉受损，已给原告造成较大的经济损失(对此损失原告保留要求被告赔偿损失的权利)。此外，被告在波特作品即将进入公有领

域时，在图书类上以波特创作的角色名称、形象图来注册商标；注册后被告至本案争议发生前并未在我国领域内实际使用过该商标；在国外及中国以享有波特作品"全部知识产权"为由要求任何出版行为均须获得其许可并支付版税；在其他出版者出版波特单篇作品或作品集而在图书上使用"毕翠克丝""彼得兔"等角色名称或角色图时，即以侵犯其商标权为由投诉，并多以要求"侵权方"支付版税而和解(注：在本案之外被告还有过其他与本案类似的两次经历，结果是以与被投诉方和解，并向其收取版税而终止)。通过被告这些行为，我们有理由认为被告实质上是希望用商标权达到继续垄断对波特作品的独占权的目的，这实质上违背了知识产权的立法宗旨及本意，是对公共利益的损害。如被告的行为被不恰当支持，则会限制作品正当、合法传播。

鉴于上述事实，原告根据《中华人民共和国民事诉讼法》第一百零八条和第一百一十一条及《中华人民共和国商标法》和《中华人民共和国商标法实施条例》等规定诉诸贵院，请求贵院依法确认原告不侵犯被告注册商标专用权，制止被告滥用知识产权的行为，以维护原告的合法权益及公共利益，维护公有版权作品的合法传播，并维护法律尊严。

此致

北京市第一中级人民法院

原告：×××出版社

法定代表人：×××(签字盖章)

××××年××月××日

第二节　上诉状

一、上诉状

上诉状是指诉讼当事人或其法定代理人不服地方各级人民法院第一审的判决、裁决，依照法定程序，在法律规定的期限内，向上一级人民法院诉请撤销或者变更原审判决、裁定或重新审理的诉讼文书。

根据案件的性质，上诉状分刑事上诉状、民事上诉状和行政上诉状等。

二、上诉状的特点

(一) 上诉性

上诉性是其主要特点，上诉状是不服法院一审判决或裁定，向上一级法院上诉，目的是引起二审审判或裁定，改变一审的判决或审定。

上诉是审判程序中的一次审判制度，也是当事人的一次重要诉讼权利。对被告人的上诉权,不得以任何借口加以剥夺。

(二) 针对性

针对性强,针对法院一审判决而发表的意见和看法,并提出自己的请求。

(三) 说理性

必须通过摆事实、讲道理的方法,把不服从判决或裁定的理由讲清楚、明白、充分,有说服力,才能成为二审判决或裁定的有力依据。

三、结构和写法

上诉状的结构由标题、首部、正文和尾部组成。

(一) 标题

标题是上诉状的名称,表明是什么种类即可,如民事上诉状、刑事上诉状等。

(二) 首部

首部要求当事人写明基本情况,包括姓名、性别、年龄、民族、籍贯、职业、住址等。书写顺序依次为原告、被告及相关人。要注意的是,在上诉人和被上诉人之后要注明在原审中的地位,并用括号括住。

(三) 正文

1. 案由

案由指不服一审判决或裁定的事由。

2. 请求

请求即上诉人要达到的目的。

3. 理由

理由是写作的关键部分,一般要注意:事实的认定部分,用确凿的证据说明真相;适用法律,指出原审在适用法律方面的错误;诉讼程序,如果原审法院诉讼程序有问题,应明确指出。

(四) 尾部

尾部包括所提交的人民法院的名称、具状人的签名或盖章、具体时间以及附件。

【例文】

行政上诉状

上诉人:××地区卫生局。

法定代表人:×××,局长。

委托代理人:×××,××局××科副科长。

被上诉人:×县医药药材公司。

法定代表人:×××,经理。

上诉人因卫生行政管理处罚一案,不服×县人民法院(××××)法行政字第×号行政判决书判决,现提出上诉。

上诉请求:要求维持我局对被上诉人销售假中药冬虫草所用的(××××)第×号行政处罚决定。

上诉理由:

二、上诉人对被上诉人的行政处理事实清楚,有充分的法律依据。

(一)按照预定计划上诉人派出的药品监督人员在××××年4月20日对被上诉人进行药品监督检查时,查出其销售的冬虫草有质量问题,经××地区药检所检验,结论为:本品不符合中国药典的规定,本品不可供药用。故上诉人依据《中华人民共和国药品管理法》第三十三条第二项的规定,即以非药品冒充药品或者以他种药品冒充此种药品的理由认定被上诉人销售了假冬虫草。至于冒充冬虫草的是何种植物只是技术问题,与确认此冬虫草是否为假药无关。

(二)被上诉人认为其销售的冬虫草不是假药是没有法定依据的。

(三)被上诉人认为该药材"应视为药品标准未收载,在局部地区多年生产使用习惯"至今未提出法定依据。

(四)本省卫生厅×卫药字(××××)××号文转发卫生部《地方习用药材管理办法》的通知中规定,"省内药材经营、使用单位或个人需要调入和使用外省地方标准收载或未收载的地区性习用药材,经报我厅审核批准方可使用,违者按《中华人民共和国药品管理法》有关规定查处。"而所谓冬虫草并未经本省卫生厅批准使用,理应按假药处理。

(五)被上诉人对××地区药检所的检验结论产生怀疑,经我局同意可以重新送检,但必须按药检系统的规定,送××地区药检所的上级药检部门省药检所进行检验,否则,难以作为法定依据。

据上所述,我们认为被上诉人销售假冬虫草事实清楚,依据《中华人民共和国药品管理法》第五十条的规定,没收假药和非法所得313.2元,处以该批药品货值的3倍罚款4 111元是合法的。

二、上诉人对被上诉人中药批发股副股长罚款300元是合法的。

××××年4月20日下午、4月21日下午,上诉人派出的药品监督人员对被上诉人中药批发部进行检查,副股长×××(该批发部的负责人)以经理不在为由拒绝提供购入巴戟天的原始发票和拒绝我药品监督人员对中药材夏枯草进行检查,致使该药材的进货单位和现存的数量及销售价格得不到查处,所以说白××有拒绝检查的事实。鉴于白××是被上诉人中药批发部的主要负责人,在销售巴戟天上应负直接责任,故依据(××××)卫药字第××号文第一项，即生产、销售假药品，没收假药和非法所得，处以该批假药所冒充的药品的货值金额3～5倍的罚款，对制售假药单位的直接责任人员，处以2 000元以下的罚款，故对白××处以300元的罚款是合法的，如果被上诉人认为白××不负有直接责任，请指出究竟谁在销售巴戟天的问题上负有直接责任，上诉人依法将对其处罚。

三、上诉人××××年4月20日派出的药品监督人员进行正常检查与省卫生厅〔199×〕××号文件精神没有矛盾，况且上诉人于××××年4月11日开始对全区的药品质量进行检查，4月18日才接到省厅〔199×〕××号文，4月20日对被上诉人检查是在省卫生厅〔199×〕××号文件规定自查时间以前，是药品监督人员正常的监督检查，这里应说明的是，省卫生厅的上述文件没有规定不准在自查时间之前进行监督检查。

综上所述，上诉人认为对被上诉人的(××××)第×号处罚决定是合法的，法院应予维持。

此致

××人民法院

上诉人：××地区卫生局

××××年××月××日

第三节　申诉状

一、申诉状

申诉状是当事人、被害人及其家属，他们的法定代理人及其他公民，不服从已发生法律效力的判决、裁定，依法向人民法院或人民检察院要求重新审理案件的书状。

二、申诉状特征

① 申诉必须是当事人、被害人及其家属或者其他公民和民事案件中的当事人或其法定代理人提出的。

② 申诉可以向人民检察院、原审人民法院提出，也可以向原审人民法院的上级人民法院提出，但不限于“上一级”，可以是“上两级”或“上三级”。

③ 申诉是对已经发生法律效力的判决、裁定等法律文书不服所提出的，对尚未发生法律效力的判决、裁定不服，是提起上诉，而不是申诉。

三、申诉状的结构与写法

申诉状由标题、首部、正文和尾部组成。

（一）标题

标题是申诉状的名称，表明是什么种类即可，如民事申诉状、刑事申诉状等。

（二）首部

此项内容与上诉状当事人基本情况相同，包括姓名、性别、年龄、民族、籍贯、职业、住址等。当事人一般为申诉人、被申诉人，但如果不是被告人本人提出申诉，同时应增写被告人栏目。例如，刑事案件是由其他公民申诉的，提出申诉的为申诉人，就需要将被告人的身份等基本情况另外列明；民事案件、行政案件如果是由当事人的法定代理人申诉的，应写明与当事人的关系。要求当事人写明基本情况，包括姓名、性别、年龄、民族、籍贯、职业、住址等。

（三）正文

1. 案由

案由写明申诉人不服原判决或裁定的来由，即写明申诉人因什么案件，不服哪个人民法院所作的什么判决而提出申诉，具体写法是："申诉人×××因××（案件性质）一案，不服××××人民法院于××××年××月××日（年度）×法（刑、民、经、行）初字第×号刑事（或民事等）判决（或裁定），现提出申诉。"接着用"申诉的请求和理由如下"过渡，转入下文。案由指不服一审判决或裁定的事由。

2. 请求

请求即申诉人申诉所要达到的具体目的，应当明确向人民法院提出要求撤销、变更原裁判或要求重新审理。

3. 理由

这是申诉状的主要部分，应当写明不服裁判的理由。一般可以从3个方面进行阐述。

① 实事求是、全面准确地摆清事实。主要事实的情节要全面完整，次要事实也应当列明，以便和原裁判进行对照，看出问题。

② 列示证据，证明申诉事实的真实性，反驳原审法院的错误认定。

③ 具体引用适用法律。如果原裁判适用法律不当，对案件的性质认定错误，申诉人就要阐明应当援引的法律的条、款、项；如果原裁判违反诉讼程序，申诉人应当阐明法律的规定以及正确执行诉讼程序的做法。

申诉理由写完后，另起段，写明"为此，特向你院申诉，请求依法撤销（变更）原判决（裁定），予以改判（或重新审理）"，用以收束正文。

（四）尾部

尾部包括所提交的人民法院的名称、具状人的签名或盖章、具体时间以及附件。

【例文】

申诉状

申诉人:××市五金制品厂。

地　址:××市××街145号。

邮　编:××××××。

电　话:×××××××。

法定代表人:贺××,厂长,住址同上。

被申诉人:焦××,男,53岁,汉族,原××市××福利综合厂厂长,现住××县××乡××村。

被申诉人:赵××,男,43岁,汉族,现任××县县委督察室干部,住该单位。

被申诉人:××县镇东建筑工程公司,地址:××县城××镇东村。

邮编:××××××。

法定代表人:赵××,经理,住址同上。

请求目的:不服××省××市中级人民法院〔2000〕×中法民二终字第×××号民事判决书及〔2000〕×告民监字第×××号通知,请求:①确认申诉人与三被申诉人之间的债权债务关系;②三被申诉人清偿借款28 500元,并支付从19××年7月至今的利息;③赔偿申诉人因此债务纠纷所造成的损失6 000元;④申诉费由被申诉人承担。

事实与理由:

20××年6月,申诉人厂属门市部振华商店(后自行歇业)经原××县××乡党委副书记赵××联系,通过乡企业办审批,与该所属企业××福利综合厂达成口头协议:××福利综合厂为××市五金制品厂振华商店加工1 000块床板,价值30 000元,限期两个月交货,言明货款汇入××县××建筑工程公司。20××年6月9日,被申诉人××福利综合厂厂长焦××和赵××前往××,向申诉人交字据借款80 000元,上盖有××市××县××乡企业办公室公章(见附件一)。之后,申诉人于6月18日将30 000元(见附件二)的货款划到被申诉人联系好的××县××建筑工程公司账户,汇款用途写明购料款(见附件三)。

此后不久,被申诉人赵××又将申诉人厂属门市部振华商店一国产“皇冠”牌小车以赵××经手办的××硅铁厂名义买走,价格9万元。被申诉人赵××即于20××年8月31日通过××县××建筑工程公司银行信汇车款给××市五金制品厂振华商店30 000元(见附件四),尚欠车款60 000元。不久被申诉人赵××又将小车转手卖给××新技术开发公司,并由××新技术开发公司于

20××年9月2日电划给××市五金制品厂振华商店60 000元小车款(见附件五),事由注明预付款。

此两次业务几乎同一时间,同一行为,双方连其中两次业务来回款项数额30 000元及汇入、汇出途径也没有二致。

因购床板业务,被申诉人未能履行协议,申诉人遂多次催要。被申诉人焦××于20××年返还申诉人1 500元后立下还款计划,写明"20××年7月1日前本利40 800元全部还清""决不失信,否则后果自负"(见附件六)。但久拖不还,申诉人于20××年7月起诉至××县人民法院。一审中,被申诉人对债权债务供认不讳,但在〔20××〕×法民字第326号判决书中(见附件七)免除了××县××建筑工程公司的连带责任。申诉人不服,于20××年××月上诉××市中级人民法院,二审中,法庭认为申诉人××市五金制品厂没有诉权,因为主体资格不符,要求××市五金制品厂振华商店给××市五金制品厂授权委托书方能参与诉讼。申诉人××市五金制品厂向法庭呈交了授权委托书(法庭违反程序未打收据),并传振华商店当任经理李×(见附件八)到庭诉讼。审理中,三被申诉人一改一审态度,称30 000元床板款已还,就是20××年8月31日通过××县××建筑工程公司信汇给××市五金制品厂振华商店的小车款。答辩时,被申诉人××县××建筑工程公司又突然称:20××年8月31日信汇的30 000元,票面注明是购钢材款,我们和××市五金制品厂振华商店无业务关系,要求收回30 000元等。小车的出现在二审中已是该案的症结,只有查清小车的去向才是解决该案的关键。

但案情已十分明朗,既已还款,那么20××年7月的还款计划又作何解释?同时在长达近一年的一审中根本无小车一事的出现,这是为什么?问题显然已切中要害,但不知何故,谁是谁非本该判决的案子,突然沉默数月后竟以(××××)×中法民二终字第×××号裁定驳回(见附件九)。

××市中级人民法院再审时,被申诉人继续辩称20××年8月31日的信汇小车款就是还的床板款,但在审理时,对小车的追查已是被申诉人穷于应付:①赵××称小车是五金厂卖到××,他不知道,与他无关,等等;②赵××称购床板业务是他介绍的,他没有插手等。

虽然再审近一年,最后以"通知"(见附件十)不予再审,但问题远远不止这些。

事实、证据如下:

被申诉人赵××声称小车是××市五金制品厂振华商店卖给××新技术开发公司的,但事实是小车由××市五金制品厂振华商店卖给××县赵××经办的硅铁厂,车价90 000元。然后,赵××又将小车转手倒卖到兰州××新技术开发公司,卖价100 000余元(见附件十一),并于××××年9月××日由×

×新星新技术开发公司电划60 000元补齐赵××经办的硅铁厂下欠××市五金制品厂振华商店的小车款。而赵××为了摆脱30 000元的购床板款,硬将卖车到兰州推给××市五金制品厂振华商店,以小车款张冠李戴。而是否如其所说,证据十二、十三、十四、十五、十六均涉及赵××卖车的行为,同时证据十七更道破其中倒卖车的较为详细的过程。

对于购床板业务,赵××辩称只是介绍未予经手。但附件一"借据"中的签字及公章难以推脱。

为了堵住该处漏洞,赵××在再审中提交了一份所谓与焦××的"君子协议"(见附件十八)来证明自己的清白。既然赵××与床板业务无关,为什么非要而且极力声称20××年8月31日的小车款就是归还的床板款,而焦××20××年7月立下的还款计划赵又如何自圆其所说?

综上所述,围绕倒卖小车,三被申诉人彼此合谋穿针引线,先以"空手道"形式以床板业务获得800 000元,后买下小车倒手××谋利,其用心令人发指。

以上所述,敬请法院明断,严肃法律,使申诉人讨回一个公道。

此呈

××省高级人民法院

申诉人:××市五金制品厂

××××年××月××日

第四节 答辩状

一、答辩状

答辩状是指被告和被上诉人在收到人民法院送达的诉状副本或上诉状副本之后,针对被诉的事实和理由进行答复或辩驳的书状。

答辩状是与诉状和上诉状相对应的书状。常见的答辩状有两种:一是一审程序上的答辩状,是被告人对原告人诉状提出的;二是二审程序上的答辩状,是被上诉人针对上诉人的上诉状而提出的。根据有关诉讼法规定,人民法院在收到原告的起诉状和上诉人的上诉状以后,应当在规定的时间内将副本送达被告或被上诉人,被告或被上诉人应当在法定的期限内提出答辩状。被告和被上诉人通过答辩状,可以针对原告或上诉人提出起诉或上诉的事实、理由和根据以及请求事项,进行有的放矢的答辩,阐明自己的理由和要求,提出事实和证据,帮助人民法院全面地了解事实的真相,有利于人民法院作出公正的裁判,也有利于维护当事人,尤其是被告的合法权益,使案情不被误判或错判。

二、答辩状的格式

（一）标题

属于一审程序的，按照案件性质标题应写为《民事答辩状》或《刑事自诉案件答辩状》。属于二审程序和审判监督程序的，还应在标题中标明审判程序，如“民事上诉（再审）答辩状”等。

（二）首部

首部应写明答辩人的基本情况：项目和要求与起诉状的原告人栏目相同。由于答辩人是就对对方当事人所诉的内容进行答辩的，所以无须再写出对方当事人的基本情况。

（三）正文（主部）

1. 案由

案由写明对原告为何案件起诉进行答辩。这一项目用一段程式化文字表述，一般写为：“因×××与×××（当事人姓名）××××（案件性质和类别，如‘民事赔偿’）一案，上诉人根据原告（或自诉人、上诉人、申诉人）提出的起诉状（或自诉状、上诉状、申诉状），答辩如下。”

2. 答辩理由

这是答辩状最重要的内容，是答辩人批驳上诉人错误的理由，必须有针对性地着力写好。要根据事实和法律规定，明确、具体地回答对方当事人在起诉状、上诉状或申诉状中所提出的诉讼请求，阐明自己对案件的看法和主张，叙明案情，辩明原委。重点在于辨析对方在哪些问题上怎样歪曲了事实，辨析的过程同时也就是区分责任和为自己辩解的过程。阐述理由时，一要列举证据进行分析论证；二要援引法律条款作为说理的依据，最忌空泛的议论，尤其注意不要无理狡辩。

3. 答辩意见

答辩意见即在充分阐述答辩理由的基础上，通过综合归纳，客观而明确地提出自己认为应当如何处理纠纷的意见和主张。一般来说，这项内容应分几个层次来写：根据事实和法律，说明自己某些行为或全部行为的合理、合法性；指出对方指控的失实程度及其诉讼请求的不合理之处；提出自己的主张，请求人民法院依法公正裁判。

（四）尾部

这部分应写明的项目内容与起诉状、上诉状相同，即致送受文机关的称谓用语“此致……”、署名、时间、附项等，其格式要求也完全相同。

【例文】

民事答辩状

答辩人:××石榴花夜总会。

地　址:西安市东新街28号。

法定代表人:张××,总经理。

因装饰工程合同纠纷一案提出答辩如下:

一、原告状告××石榴花夜总会,诉讼被告错告,答辩人不应承担任何责任,其理由是:

1. 原告与王××所签装饰工程合同是无效合同,是王××个人所为,与石榴花夜总会毫无关系。××××年4月石榴花夜总会歌舞厅决定向社会发包,王××闻讯即来夜总会找法定代表人张××要求承包,经双方协商一致达成承包合同一份,合同于××××年4月18日起在发包人单位签字生效。合同期××××年4月18日始,××××年4月17日止。(见后附承包合同复印件)

承包合同双方权利义务明确,王××只享有石榴花夜总会歌舞厅业务经营权,没有夜总会全部业务全权代理权。

2. 原告法人与王××谈判,签订装饰工程合同,都把王××当成石榴花夜总会法定代表人,在签约时也未审查夜总会营业执照以及王××是否有授权委托书。王××是无权签订装饰工程合同的,更不得冒充石榴花夜总会法定代表人在合同上签字。可见原告法人为了揽到装饰工程,自己甘愿上当受骗,更有甚者,合同签订后原告在长达几个月的时间里也未找真正的注册法定代表人说明情况。所以原告方上当受骗,应承担法律责任。

二、原告方诉讼请求追究被告委托设计协议书违约,承担设计费12万元,毫无道理,答辩人不应承担任何责任:

1. 委托设计是王××个人行为,是超越承包歌舞厅经营权的行为,原告与王××私人签约,错误地认为法定代表人,所有损失责任应该自负。

王××是夜总会歌舞厅经营承包人,签约搞装饰设计超越权限,其行为无效,盖章是因为王××想得到原告方好处费,以欺骗手段从管印人“老张”处骗盖了章子,事前没有请示法定代表人,事后也没有报告,属无效法律行为。原告签约时不审查王××身份权限,稀里糊涂与其签约造成自己损失责任应当自负。

2. 凡搞承揽装饰工程,同时承揽方事先根据工程发包单位口头或文字叙述,设想要求达到的效果,画出平面图、彩色立体图、效果图交发包方审定,发包方认定后,在图纸上签字盖章,即以该图作为验收标准。①该项工程由于是王

××个人行为，没有实施也不可能实施。②设计图也未认定，最后也未使用，不存在设计费问题。所以，原告提出设计费问题，毫无道理，被告也不应承担。

3. 装饰工程预算中本身就包含着设计费，按照一般惯例不应另加设计费，原告与王××私下签订的委托设计协议，属无效协议。无效协议从签订之日起就不具有法律效力，所以原告诉讼请求被告承担设计费，没有法律依据。

三、原告向石榴花夜总会歌舞厅经营承包人王××交人民币 4 万元质保金，是他们的双方行为，夜总会法定代表人、财务部根本不知道，也未收到分文质保金款。收款收据上盖的章是夜总会发包时，根据王××的要求，根据舞厅要给客人开票的事实，王××从财务部领一本盖了夜总会财务章的收款收据，王××用这个收据给原告开的收款凭证，夜总会财务部不知道，王××用手段骗了原告的款，原告方受骗上当不以为然，向王××要不到钱，反告石榴花夜总会法人，纯属错告，原告应自己承担全部责任，损失自理。

请求人民法院依法驳回原告起诉。

此致

××市××区人民法院

××××年××月××日

本章小结

广义上讲，凡是法律上所使用的文书，都属于法律类应用文。法律类应用文具有合法性、规范性等显著特点。法律类应用文应用广泛。

本章重点介绍诉讼当事人或其他群众常用的法律书状。

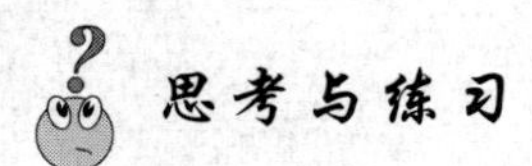

思考与练习

一、名词解释

起诉状　上诉状　申诉状　答辩状

二、填空题

1. 依据案件的性质不同，起诉状可以分为________、________、________等种类。

2. 根据案件的性质不同，上诉状可划分为________、________、________等种类。

3. 上诉状具有________、________、________等特点。

三、问答题

1. 简述起诉状的结构与写法。

2. 简述上诉状的结构与写法。

3. 简述申诉状的结构与写法。

4. 简述答辩状的结构与写法。

延伸阅读

法律文书有广义和狭义之分

广义的法律文书是指一切涉及法律内容的文书,它包括两方面的内容:一是具有普遍约束力的规范性法律文件,具体指各种法律、行政法规、地方性法规及规章等;二是不具有普遍约束力的非规范性法律文件即狭义的法律文书,是指国家司法机关、律师及律师事务所、仲裁机关、公证机关和案件当事人依法制作的处理种类诉讼案件以及非诉讼案件的具有法律效力或法律意义的非规范性文件的总称。国家司法机关包括公安机关(含国家安全机关)、人民检察院、人民法院和监狱管理机关。非法律文件只适用于特定的人和特定的事。

第八章　礼仪类应用文写作

本章学习目标

1. 理解礼仪类应用文的概念、特点。
2. 清楚礼仪类应用文的种类。
3. 了解礼仪类应用文的格式与写法。
4. 清楚礼仪类应用文的一般规则与注意事项。

第一节　请　　柬

一、请柬

请柬又称请帖、柬帖，有时也称为邀请书，是邀请某单位或个人前来参加会议或出席某种有意义的活动的一种公关文书。

二、格式与写法

（一）标题

请柬的款式和装帧都十分讲究，一般都是用特种厚纸对折起来的款式，外面是封面和封底，里面是内容。

标题“请柬”二字，一般写在封面正中（有的还在封面做一些艺术加工，如图案装饰、字体描金或烫金等）。

（二）开头

开头即在里面第一行顶格书写被邀请者单位、名称、职务或尊称。

（三）正文

正文在称谓下面一行空两格写起，交代活动的时间、地点和内容，最后以“敬请光临指导”等句子收尾。

（四）结尾

结尾在正文下面一行写起，空两格写“此致”，另起一行顶格写“敬礼”。

(五) 署名、日期

请柬也有用竖式写的,书写顺序是由右向左竖着写。

【例文1】茶话会请柬

请　　柬

北京大学李校长:

　　兹定于12月31日下午3时,在北京友谊宾馆三楼会议室举行"庆祝元旦"茶话会。敬请光临指导。

　　此致

敬礼!

北京市教育家协会

2010年12月21日

【例文2】外交事务请柬

请　　柬

美国驻华领事馆:

　　为庆祝五一国际劳动节,北京市人民政府定于四月三十日晚六时在钓鱼台国宾馆五会议室举行招待宴会,请贵领事馆领事及夫人届时光临。

　　顺致

节日问候

北京市外事办公室　(公章)

二〇一一年四月二十八日

第二节　致　　辞

一、致辞

致辞是指在某种公关场合为表示勉励、感谢、祝贺等所作的礼仪性讲话。

二、分类

致辞可分为祝词和贺词两大类。

① 祝词

祝词是对正在进行中的事件或相关人物表示祝贺的即席发言。

② 贺词

贺词是对已经取得的成功表示祝贺。

三、结构与写法

致辞结构一般包括标题、称谓、正文、结尾四部分。

(一) 标题

一般由致辞活动名称、致辞人姓名和文种三部分组成。

(二) 称谓

在正文前顶格写对出席者的称呼。注意尊敬用语。

(三) 正文

正文一般包括 4 个方面的内容。

① 表示问候、欢迎、感谢等。

② 简要回顾双方的关系发展情况。

③ 展望双方的未来情况。

④ 表示祝福、感谢等语。

(四) 结尾

结尾写清单位名称、时间等。有的可以省略。

【例文1】

欢迎词

尊敬的各位来宾,女士们,先生们:

晚上好!

首先,让我代表今天出席晚会的各界人士,向来自远方的美国朋友——比尔先生——表示热烈的欢迎。

比尔先生是中国人民的老朋友了,多年以来,一直致力中美两国之间的相互理解和友谊,为了中国信息产业的发展,不辞辛苦,多次访问中国,并与中国的 IT 业界建立了良好的关系。

我们深信,比尔先生的这次来华,必将进一步促进中国信息产业的发展。衷心地希望我们之间的友谊将在未来的岁月中继续下去。

最后,预祝比尔先生的此次访华取得圆满成功。

谢谢各位。

【例文2】

欢送词

皮特先生：

在您即将启程回国的前夕，我代表××局全体工作人员，向您表示热烈的欢送。

一年来，您与我们朝夕相处，在技术指导方面给予我们很大的帮助，使我们的产品质量有了很大的提高。我代表全体人员，向您表示诚挚的谢意。

在向皮特先生告别之时，借此机会，我请您转达我们对您一家的问候与敬意，并请他们在适当的时候来××参观、游览。

祝皮特先生回国途中一路平安，身体健康。

【例文3】

答谢词

佩里先生，

女士们，先生们：

我们对美国的访问即将结束，并将很快返回中国，在临别前夕，我仅代表我的同事并以我个人的名义，对您在我们访问期间所给予的热情款待表示感谢。

在美国，我们访问了微软、康柏等世界一流的计算机公司，我相信我们这次访问将有利于进一步加强我们在信息产业领域的合作。

我和我的同事盼望在不久的将来能有幸在中国欢迎您，从而使我们之间的关系继续向前推进。

最后，

祝佩里先生和美国朋友们身体健康！

祝我们的友谊万岁！

【例文4】

祝酒词

——周恩来总理在欢迎美国总统尼克松的宴会上的祝酒词

总统先生，尼克松夫人，

女士们，先生们，

同志们，朋友们：

首先，我高兴地代表毛泽东主席和中国政府向尼克松总统和夫人，以及其他的美国客人们表示欢迎。

同时,我也想利用这个机会代表中国人民向远在太平洋彼岸的美国人民致以亲切的问候。

尼克松总统应中国政府的邀请,前来我国访问,使两国领导人有机会直接会晤,谋求两国关系正常化,并对共同关心的问题交换意见,这是符合中美两国人民愿望的积极行动,这在中美两国关系史上是一个创举。

美国人民是伟大的人民。中国人民是伟大的人民。我们两国人民一向是友好的。由于大家都知道的原因,两国人民之间的来往中断了二十多年。现在,经过中美双方的共同努力,友好往来的大门终于打开了。目前,促使两国关系正常化,争取和缓紧张局势,已成为中美两国人民强烈的愿望。人民,只有人民,才是创造世界历史的动力。我们相信,我们两国人民的这种共同愿望,总有一天是要实现的。

中美两国的社会制度根本不同,在中美两国政府之间存在着巨大的分歧。但是,这种分歧不应当妨碍中美两国在互相尊重主权和领土完整、互不侵犯、互不干涉内政、平等互利、和平共处五项原则的基础上建立正常的国家关系,更不应该导致战争。中国政府早在一九五五年就公开声明,中国人民不想同美国打仗,中国政府愿意坐下来同美国政府谈判,这是我们一贯奉行的方针。我们注意到尼克松总统在来华前的讲话中也谈道:"人类必须做的事情是寻找某种方法使我们可以有分歧而又不成为战争中的敌人。"我们希望,通过双方坦率地交换意见,弄清楚彼此之间的分歧,努力寻找共同点,使我们两国的关系能够有一个新的开始。

最后我建议,

为尼克松总统和夫人的健康,

为其他美国客人的健康,

为在座的所有朋友们和同志们的健康,

为中美两国人民之间的友谊,

干杯!

(《人民日报》,1972-02-22)

【例文5】

为庆贺朱总司令六十大寿的祝辞

(1946年11月30日)

周恩来

亲爱的总司令朱德同志:

你的六十大寿,是全党的喜事,是中国人民的光荣!

我能回到延安亲自向你祝寿,使我万分高兴。我愿代表那反动统治区千千万万见不到你的同志、朋友和人民向你祝寿,这对我更是无上的荣幸。

亲爱的总司令,你几十年的奋斗,已使举世人民公认你是中华民族的救星,劳动群众的先驱,人民军队的创造者和领导者。

亲爱的总司令,你为党为人民真是忠贞不贰,你在革命过程中,经历了艰难曲折,千辛万苦,但你永远高举着革命的火炬,照耀着光明的前途,使千千万万的人民,能够跟随着你充满信心向前迈进!

在我们相识的二十五年当中,你是那样平易近人,但又永远坚定不移,这正是你的伟大!对人民你是那样亲切关怀,对敌人你又是那样憎恶仇恨,这更是你的伟大。

全党中你首先和毛泽东同志合作,创造了中国人民的军队,建立了人民革命的根据地,为中国革命写下了新的纪录。在毛泽东同志旗帜下,你不愧为他的亲密战友,你称得起人民领袖之一!

亲爱的总司令,你的革命历史,已成为20世纪中国革命的里程碑。辛亥革命、云南起义、北伐战争、南昌起义、土地革命、抗日战争、生产运动,一直到现在的自卫战争,你是无役不与。你现在六十岁了,仍然这样健壮,相信你会领导中国人民达到民族解放的最后胜利,亲眼看到独裁者的失败,反动力量的灭亡!

你的强健身体,你的快乐精神,象征着中国人民的必然兴旺。

人民祝你长寿!

全党祝你永康!

(选自《周恩来全集》上卷第245～246页)

【例文6】

开业祝辞

××信息公司:

正值我市建市100周年之际,贵公司落成开业,这是我们信息产业界,也是全市人民的一件喜事。在此谨向你们致以热烈的祝贺!

信息产业是未来的主导产业,是搞活经济的中坚力量。作为营业面积、资金规模居我市前列的贵公司,对满足人民群众的信息需求,繁荣我市经济贸易,必定会起到重要的作用。

祝贵公司开业大吉,生意兴隆!

此致

敬礼

××局全体员工

【例文7】

二〇〇〇年贺词

——在首都各界迎接新世纪和新千年庆祝活动上的讲话

（一九九九年十二月三十一日）

江泽民

女士们，先生们，同志们，朋友们：

二〇〇〇年到来的钟声，就要鸣响在我们这个星球的寥廓上空。人类文明的发展，即将进入一个新世纪，开启一个新千年。今夜，在世界的东方与西方、南方与北方，各国人民无分民族、无分信仰，都在为这一历史时刻的来临而欢欣鼓舞。

首先，我向全国各族人民和海外侨胞，向世界各国的朋友们，祝贺新年快乐！并致以新世纪、新千年的最良好祝愿！

此时此刻，最能引起人们回顾既往，瞻望前程。只有正确地总结历史，才能更好地走向未来。

一千年来，人类历史发生了沧桑巨变。人类文明从古代文明发展到现代文明。人类社会经过封建社会进入了资本主义社会，并且在一些国家诞生了崭新的社会主义制度。人类的经济活动进入了工业经济时代，并正在转入高新技术产业迅猛发展的时期。人类创造了以往数千年无法比拟的巨大物质与精神财富。人类对世界的认识和改造，突破一个又一个必然王国而不断地向自然王国飞跃。

一千年来，人类文明取得的一切成就，都是在推陈出新的社会变革和科技进步中实现的。著名的文艺复兴运动，打破了欧洲中世纪的黑暗神学统治。和平与正义的伟大力量，战胜了各种横行世界的“霸主”及其发动的非正义战争。历时几个世纪的殖民主义体系，终于在本世纪风起云涌的民族解放运动中宣告终结。各国人民的卓越创造和广泛交流，汇成了推动历史前进的浩荡动力。要和平、求发展已成为当今世界的时代潮流。

早在这一千年前，中华民族就以发展了几千年的灿烂文明而著称于世界，并将这种领先地位一直保持到15世纪。后来由于生产力发展的迟缓和社会政治的腐朽，中国逐渐落后了，以至于近代陷入了遭受列强欺凌的半殖民地半封建社会的悲惨境地。但是，中华民族没有屈服，而是前赴后继地进行坚苦卓绝的斗争。以毛泽东同志为代表的中国共产党，坚持把马克思主义基本原理同中国具体实际相结合，领导人民经过伟大的革命终于在本世纪中叶建立了新中国。中国从此进入了建设社会主义的新时代。现在，中国人民沿着邓小平同志开创的改革开放之路正在向现代化的彼岸阔步前进。

进步终究要战胜落后，科学终究要战胜愚昧，正义终究要战胜邪恶，这是历史不断昭示人民的科学真理。世界和平与发展的崇高事业是不可阻挡的。

面对新的世纪之交和千年之交，每个国家有远见的政治家都应从历史的高度思考：未来的世界应该是一个什么样的世界，应该为实现这样一个世界作出什么样的贡献。

我们希望，在未来的世界，各个国家和各个民族能够始终和睦相处、友好合作、共同发展，能够建立起公正合理的国际政治经济新秩序，能够实现持久和平和普遍繁荣，各国人民都能够按照自己的意愿创造并享受美好的生活。世界正在走向多极化，这是历史发展的必然趋势，也是各国人民的共同愿望。中国人民愿与各国人民一道，为反对霸权主义和强权政治，推动多极化进程，为创造世界美好的未来而共同奋斗！

我们坚信，在新世纪里，中国人民将坚定不移地沿着建设有中国特色社会主义道路继续前进，中国的社会主义制度将经过不断改革而更加巩固和完善，中国的发展将通过各个地区的共同进步达到普遍繁荣，中华民族将在完成祖国统一和建立富强民主文明的社会主义现代化国家的基础上实现伟大的复兴！

第三节　讣告、唁函、悼词

一、讣告

(一) 讣告的概念

讣告是报丧的通知或文告，也叫讣闻或讣文。一般由死者生前的工作单位或亲属等向有关单位、人员和死者亲友发出。

(二) 讣告的结构与写法

1. 标题

第一行正中用较大字体写“讣告”两个字，或在讣告前面加上死者的姓名，写成《×××讣告》。

2. 正文

正文写明死者的姓名、身份、职务、去世的原因、日期、地点及终年岁数。

3. 简介

简介要另起一行空两格，主要写死者的生平事迹。

4. 结尾

结尾写明开追悼会或向遗体告别的时间、地点。

5. 署名、日期

在讣告的右下方写明发讣告的个人或团体的名称及发讣告的时间。

【例文1】

鲁迅先生讣告

鲁迅(周树人)先生于1936年10月19日上午5时25分病卒于上海寓所,享年56岁。即日移置万国殡仪馆,由20日上午10时起至下午5时为各界瞻仰遗容的时间。依先生遗言"不得因丧事收受任何人的一文钱"。除祭奠和哀悼的挽词、花圈等以外,谢绝一切金钱上的赠送。谨此讣闻。

鲁迅先生治丧委员会
蔡元培、内山完造
宋庆龄、A.史沫特莱
沈钧儒、萧三、曹靖华
许季茀、茅盾、胡愈之
胡风、周作人、周建人

二、唁函

(一) 唁函的概念

唁函是对别国的政府首脑或著名人物的逝世表示哀悼、对其亲属表示慰问的信件。

(二) 唁函的结构与写法

1. 标题

标题包括发函人、文种、悼唁对象,如《江泽民电唁侯赛因国王逝世》。

2. 称谓

称谓写遇丧者的亲属或继任者的姓名、职务等。

3. 正文

首先,对逝世者表示哀悼,向家人表示慰问。其次,对逝世者的生平和社会价值表示肯定。最后,表达着眼于未来的友谊。

4. 署名和日期

在唁函的最后写明署名和日期。

【例文2】

法国总统希拉克函唁钱钟书

杨女士:

得知您先生的过世,我感到十分沉痛。

在钱钟书先生的身上体现了中华民族最美好的品质:聪明、优美、善良、开放和谦虚。

法国深知这位20世纪的文豪对法国所作的贡献。自30年代钱钟书先生就读于巴黎大学时,他就一直为法国文化带来荣誉并让读者分享他对于法国作家和哲学家的热爱。他极大的才情吸引了他的全部读者。正如您知道的,其作品的法文译本,无论是短篇小说,长篇巨著《围城》,还是评论研究都被我国广大的读者视为名著,受到他们的欢迎。

我向这位伟人鞠躬致意,他将以他的自由创作、审慎思想和全球意识铭记在文化历史中,并成为对未来世代的灵感源泉。

杨女士,我希望在这一不幸中分担您的痛苦,并以法国人民和我自己的名义,请您接受我的深切哀悼之情。

雅克·希拉克

1998年12月24日于巴黎

三、悼词

(一) 悼词的概念

悼词是对死者表示悼念、寄托哀思的一种专用文体。

(二) 悼词的结构与写法

1. 标题

① 第一行居中用较大字体写"悼词"。

② 活动仪式加文种,如在×××同志骨灰安放仪式上的悼词。

2. 正文

首先写明所悼念的死者的姓名、职务、职称、逝世原因、终年岁数。其次追述死者生前的主要经历和对国家、对人民所作的贡献,并给予恰如其分的评价。最后勉励生者化悲痛为力量,学习死者的优秀品质。

3. 结尾

一般以"×××同志永垂不朽"或"×××同志千古"结束。

4. 署名和日期

在悼词结尾的右下方写明署名和日期,悼词的署名也可直接写在标题下方,也可不署名。

【例文3】

在华罗庚同志骨灰安放仪式上的悼词

陈丕显

今天,我们怀着极其沉痛的心情,深切悼念中国杰出的数学家、中国共产党优秀党员、著名的教育家和社会活动家华罗庚同志。1985年6月华罗庚同志应

邀去日本讲学，12 日在日本东京第一次讲学后因心脏病突发，抢救无效，不幸去世，终年 74 岁。

华罗庚同志是中国科学院主席团委员和数理科学部委员、中国科学技术协会副主席和中国民主同盟的卓越领导人、中国人民政治协商会议全国委员副主席。华罗庚同志的逝世，是我国学术界和全国人民的一个重大损失。全国人民为失去一位伟大的科学家而万分悲痛。

华罗庚同志是我国现代史上杰出的数学家。他是中国解析数学论典型群、矩阵几何学、自守函数论与多复变函数论等很多方面研究的创始人与开拓者。他关于完整三角和的研究成果被国际数学界称为“华氏定理”。华罗庚同志一生为我们留下了 200 多篇学术论文和专著，由于他在科学研究上的卓越成就，先后被评选为美国科学院外籍院士，第三世界科学院院士，法国南锡大学、美国伊利诺伊大学、中国香港中文大学荣誉博士，联邦德国巴伐利亚科学院院士。他的名字已载入国际著名科学家的史册。华罗庚同志是中国科学界的骄傲，是中华民族的骄傲。

华罗庚同志也是我国最早把数学理论研究和生产实践紧密结合作出巨大贡献的科学家。从 20 世纪 50 年代末期开始，他就走出书斋和课堂，把数学方法创造性地应用于国民经济领域，筛选出了以改进工艺问题的数学方法为内容的“优选法”和处理生产组织与管理问题为内容的“统筹法”（简称“双法”）。他亲自组织和领导了数以百万计的工人、农民、战士和工程技术人员推广“双法”，使“双法”得到广泛的普及和推广，取得了显著的经济效益，培养了一支为国民经济服务的科普队伍。为了让更多的劳动者掌握“双法”，他还用深入浅出的语言，写出了介绍“双法”的科普读物，毛泽东同志对他在科学上的这一创新给予了高度评价。十年动乱期间，周恩来同志支持华罗庚同志从事“双法”的研究和推广工作。1982 年胡耀邦同志给华罗庚同志写信，充分肯定他把数学理论应用于生产实践，号召“更多的同志投身到新技术、新工艺攻关的行列中去，从而把我国的四个现代化推向前进”，共同建造中国的“通天塔”。

华罗庚同志不仅是一位在困难条件下自学成才的杰出的科学家，而且是一位经历过新旧两个不同时代，从爱国主义者转变为共产主义战士的我国知识分子的优秀代表。早年，他曾投入中国共产党领导的抗日民主爱国运动，是李公朴、闻一多烈士的挚友。新中国的诞生，更加激发了他的爱国热忱。他毅然放弃了在美国的终身教授的优厚待遇，冲破重重封锁，回到祖国的怀抱，受到广大人民群众和一切爱国知识分子的称颂。华罗庚同志努力学习马列主义、毛泽东思想，提高思想政治觉悟，强烈要求终身为共产主义而奋斗。十年动乱期间，他虽然遭到迫害，但未动摇对党的信念。他衷心拥护党的十一届三中全会以来的路线、方针、政策。1979 年，他光荣地加入了中国共产党，实现了多年的宿愿，他把入党作为自己前进道路的新起点，更加严格要求自己，不顾年老体弱多病，以惊人的毅力，经过近三年的拼搏，终于重新追忆写出了《计划经济大范围最优化的数学理论》。

华罗庚同志还是一位著名的社会活动家。他是第一至第六届全国人大常委会委员、第六届全国政协副主席、中国民主同盟副主席。他关心国家大事，积极参加国家政治生活，为经济建设和科学、文化、教育事业的发展献计献策。他积极参加民盟的活动，为民盟工作的开展、扩大爱国统一战线和实现祖国统一作出了重要贡献，并为加强我国和各国人民的友好合作交流，作出了可贵的贡献。

华罗庚同志尽一切可能扶持年轻一代成长。他十分注意发现优秀人才。他是新中国在中学生中开展数学竞赛的创始人、组织者。他引导青少年从小热爱科学，进入数学研究领域，扶持他们成为我国新一代的数学家。

华罗庚同志顽强拼搏，为四化奋斗到最后一息。今年6月3日，他带领一批中年业务骨干赴日本进行学术交流。在向日本数学界作学术报告的讲坛上，当讲完最后一句话时，心脏病突发，抢救无效。我们敬爱的华罗庚同志，为加强中日两国人民和科技界人士的友好合作献出了宝贵的生命，实现了他“最大的希望就是工作到生命的最后一刻”，为共产主义事业奋斗终生的壮丽誓言。

第四节 生　平

一、生平的概念

生平是介绍逝者的经历，以及对党、国家、人民或集体作出什么贡献的一种应用文体。

二、生平的结构与写法

(一) 标题

生平的标题由姓名后加“同志生平”4字组成，如《杨得志同志生平》《杨易辰同志生平》。

(二) 正文

正文通常采用按时间顺序来记叙的方法。首先介绍逝者的姓名、职务、籍贯、出生年月、出生地等；然后按时间顺序记叙其工作经历及在不同时间、地点(单位)所作出的贡献。

(三) 结尾

通常以“×××同志永垂不朽!”“×××同志永远活在人民心中!”作为结语。

三、注意事项

① 记叙的事情要真实、准确。

② 评价要恰如其分。

③ 在同一自然段中，一般尽量避免多次出现逝者的姓名。

【例文】

杨易辰同志生平

久经考验的忠诚的共产主义战士、无产阶级革命家、中国共产党的优秀党员，原中共中央顾问委员会委员、最高人民检察院原检察长杨易辰同志，因病医治无效，于1997年6月28日3时52分在北京逝世，享年83岁。

杨易辰同志，原名杨振九，1914年3月生于辽宁省法库县。曾任中共十一届、十二届中央委员，中共中央顾问委员会委员，第二、三、四、五、六届全国人大代表。

杨易辰同志从学生时代起就以实现民族解放、振兴中华为己任，积极投身革命运动。1935年他在北平中国大学读书时，参加了著名的"一二·九"学生运动，担任中国大学"中华民族解放先锋队"大队长，多次参与并组织领导学生抗日救国游行示威活动，声讨日本帝国主义的侵华罪行，抗议国民党反动政府的消极不抵抗政策。1936年9月加入中国共产党。1937年抗日战争爆发后，组织北平学生移动剧团，南下宣传抗日救亡，辗转天津、济南、南京、武汉、郑州、西安等地，于1938年到达延安，入马列学院学习。1939年9月离开延安，奔赴抗日前线，到冀南抗日根据地工作，先后担任中共冀南区第三地委宣传部长、中共中央平原分局七地委副书记。抗日战争胜利后，根据党中央建立巩固的东北根据地的指示，率地方干部团赴东北工作，先后担任中共铁岭中心县委书记、辽吉省第一地委书记、辽北省第二地委书记。东北全境解放以后，先后担任辽北省政府副主席、中共辽西省委副书记、辽西省政府主席等职务。在抗日战争和解放战争期间，杨易辰同志为民族解放和新中国的成立，不怕牺牲，英勇奋斗，为坚持平原游击斗争，取得反"扫荡"斗争的胜利，巩固抗日根据地，组织辽沈战役的支前、后勤工作，开展解放区土地改革运动，作出了积极贡献。

新中国成立以后，杨易辰同志任中共辽西省委副书记、省政府主席。1953年1月，任中共辽西省委书记。根据党的七届二中全会确定的工作方针，他积极带领和组织人民群众努力恢复和发展工农业生产，开展新区土地改革和农业互助合作运动，大力支援全国解放战争，组织开展抗美援朝、保家卫国运动和镇压反革命、"三反""五反"运动，巩固新生的人民政权，工作卓有成效。

1954年8月，杨易辰同志调任黑龙江省委常委、副省长，1956年起任省委书记处书记，长期主管黑龙江省财经工作。在工作中，他把发展经济、改善人民生活放在第一位，坚持党的群众路线，深入基层，深入群众，调查研究，密切联系群众，关心群众疾苦，尊重群众的首创精神，推动工作不断前进。他始终以国家大局为重，提出要发扬“顾全大局，分担困难，发挥优势，多作贡献”的奉献精神，特别是在三年自然灾害期间，勇于克服困难，坚持全国一盘棋，支持国家从黑龙江调运粮食支援全国，受到党中央和周恩来总理的赞扬。“文化大革命”期间，杨易辰同志受到残酷迫害，但他对党、对共产主义的信念从未动摇，坚持真理，不屈不挠，同林彪、江青反革命集团进行了针锋相对的斗争，表现出共产党员的坚定立场和高尚情操。在周恩来总理的直接关怀下，杨易辰同志先后担任黑龙江省革命委员会生产指挥部党委副书记、副主任，省委书记、省革委会副主任。他顶住压力，排除干扰，在当时十分困难的情况下，利用一切可能的机会抓工作、抓生产，尽量减少“文化大革命”给经济建设和人民生活造成的损失。“文化大革命”以后，杨易辰同志任黑龙江省委第一书记、省革委会主任、省政协主席、省军区第一政委、省顾问委员会主任。在党的十一届三中全会前，他坚决拥护关于实践是检验真理的唯一标准的大讨论，在解放思想、拨乱反正中始终站在斗争的前列。1978 年 6 月，他以“敢为天下先”的大无畏精神，在全国率先响亮地提出“文革”前的省委是红的不是黑的；1978 年 8 月，他在《人民日报》上发表了“拨乱反正必须解放思想”的文章，引起了很大的反响。党的十一届三中全会以后，他在主持黑龙江省委工作期间，坚持贯彻执行党的十一届三中全会确定的路线、方针和政策，把工作重心转移到社会主义现代化建设上来，要求全省快转、转好，全力以赴地抓经济建设，发挥黑龙江经济优势，大力推进农业机械化、粮食生产和畜牧业、农副产品加工业的发展，调整区域经济布局，加强了农业基础地位。他坚持改革开放，重视和支持工业、商贸企业扩权改革。他一直高度重视加强党的建设，强调抓基层，打基础，抓典型，促工作。他领导和组织了全省平反冤假错案、全面落实党的干部政策工作，既重视发挥老干部的作用，又满腔热情地培养、选拔和支持优秀中青年干部到重要岗位上工作，充分调动了广大干部的积极性。杨易辰同志为黑龙江省的经济建设和社会全面进步，维护祖国北部边疆稳定，作出了巨大的贡献，深受干部、群众的爱戴。

1983 年 4 月以后，杨易辰同志先后担任中共最高人民检察院党组副书记、书记等职务。1983 年 6 月，在第六届全国人民代表大会第一次会议上，当选为最高人民检察院检察长。在领导最高人民检察院和全国检察工作期间，他始终强调，要坚持党对检察工作的绝对领导，坚决贯彻党的路线和党中央的指示，紧紧围绕党和国家的工作大局开展检察工作，严厉打击严重经济犯罪和严重刑事犯罪活动，为改革开放和社会主义现代化建设服务；要忠实于宪法和法律，认真履行法律监督职责，维护社会主义法制的尊严和权威，敢于碰硬，严格执法，冲

破关系网、保护层，坚决查办大案要案；要高度重视加强检察机关党的建设和思想政治工作，努力培养和造就一身正气、两袖清风、刚直不阿、秉公执法的人民检察官队伍；要大力加强各项检察业务建设，充分发挥人民检察机关在国家政治、经济生活中的重要作用。在担任最高人民检察院检察长的五年间，他不顾年事已高、体弱多病，先后到近二十个省、自治区、直辖市进行调查研究，总结推广各地的先进经验，直接领导、检查在全国有影响的大案要案的查处工作。杨易辰同志为开展检察工作和发展有中国特色的社会主义检察制度作出了重要贡献。

杨易辰同志的一生，是革命的一生，战斗的一生。六十多年来，在党的领导下，他为中国人民的解放和社会主义现代化建设，为人民检察事业，忘我工作，鞠躬尽瘁，献出了毕生的精力。

杨易辰同志忠于党，忠于人民，对共产主义事业充满必胜的信念。他刻苦学习马克思列宁主义、毛泽东思想，忠实贯彻邓小平建设有中国特色社会主义理论和党的基本路线，坚决拥护以江泽民同志为核心的党中央的领导。在关系到党和国家命运的大是大非面前，他旗帜鲜明，坚持原则，敢于斗争，无私无畏，敢说敢做，勇于负责，无论遇到什么困难和挫折，即使遭受错误批判和不公正待遇时，也始终不退缩，不动摇，不改为共产主义事业奋斗终生的初衷，把党的事业、人民的利益放在第一位，从不计较个人的名利、得失。

杨易辰同志一贯坚持实事求是、一切从实际出发的原则，不唯书，不唯上，只唯实，讲真话，办实事，善于把党的路线、方针和政策同具体实际情况相结合，从不机械地照抄照转，不搞“一刀切”，勇于开拓进取，创造性地工作。

杨易辰同志是一位品德高尚的人。他光明磊落，正气凛然，虚怀若谷，诚恳待人；他清正廉洁，秉公办事，作风民主，公道正派；他立场坚定，爱憎分明，爱护干部，关心群众；他任劳任怨，兢兢业业，苦干实干，敢于向一切危害党和人民利益的错误言行作坚决的斗争，敢于开展批评和自我批评，从不推过揽功；他始终发扬党的艰苦奋斗的光荣传统，保持共产党人的本色，坚持反腐倡廉，反对铺张浪费、大吃大喝，外出检查工作总是轻车简从，不给基层添麻烦，严格要求子女、亲属和身边工作人员。

杨易辰同志的逝世，使我党失去了一位优秀的老党员，我国人民检察战线失去了一位杰出的领导人。我们要学习杨易辰同志的革命精神和优秀品德，在以江泽民同志为核心的党中央领导下，为建设有中国特色的社会主义而努力奋斗。

杨易辰同志永垂不朽！

（新华社发）

本章小结

礼仪是社会交往中礼节仪式的总称，主要用来调整人与人之间的关系。礼仪类应用文就是反映社交礼仪，为社交礼仪提供服务的应用文书。

思考与练习

一、名词解释

请柬　讣告　唁函

二、填空题

1. 致辞可以分为________、________两大类。

2. 讣告的结构包括________、________、________、________、________等部分。

3. 唁函的结构包括________、________、________等部分。

三、问答题

1. 简述请柬的格式与写法。

2. 简述致辞的结构与写法。

3. 简述悼词的结构与写法。

4. 简述生平的结构与写法。

延伸阅读

电子请帖

传统请帖是指节日和各种喜事中请客用的一种简便邀请信。一般用于婚宴、联谊会、友好交往的各种纪念活动、诞辰或重要会议等，发送请柬是为了表示举行的隆重。

电子请帖是用计算机处理软件，设计出非常漂亮、很具个性的请帖，功能和传统请帖相近，内容也包括地点、时间、用途、主角等。设计完成后，通过电子邮件、即时通信工具等网络通道，告知受邀人活动信息的一种请柬。目前这种请帖非常流行，因为它环保、方便、实惠，符合现在提倡的低碳生活。

（资料来源：百度百科）

第九章　新闻宣传类应用文写作

本章学习目标

1. 理解新闻类应用文概念、特点。
2. 清楚新闻类应用文种类。
3. 了解新闻类应用文格式与写法。
4. 清楚新闻类应用文的一般规则与注意事项。

当今,每个人每天都会接触到新闻宣传类应用文。新闻宣传类应用文是人们接收信息、了解世界的重要渠道。很难想象没有新闻宣传类应用文,社会将如何运行,我们的工作、学习、生活还能不能正常开展。故学习新闻宣传类文书的知识理论,了解、掌握新闻宣传类文书的基本知识及其写作的基本技巧,是很有现实意义的。

第一节　新　　闻

一、新闻的概念

新闻有广义和狭义之分。

广义的新闻是报刊、广播、电视、网络等大众传播媒介中常用的各种报道性体裁的总称。广义的新闻包括消息、通讯、特写、报告文学、采访札记等文种。

狭义的新闻则专指消息,它是用简洁、明快的语言,及时、准确地报道新近发生事实的一种新闻体裁。

本节介绍的主要是狭义的新闻——消息。

二、新闻的特点

(一) 真实性

真实性是新闻的灵魂和生命,是新闻写作的基本原则,是新闻的力量之源。新闻作者一定要实事求是,尊重客观事实,坚决捍卫新闻真实。真实是忠诚于读者的体现,是一切新闻工作的基础。

新闻写作中反映的事实,包括人物、时间、地点、事件细节、数字等,都要求具体真实、准确无误。

新闻真实要求的是完全的真实,新闻写作不允许艺术加工,不允许合理想象,更不能捏造事实、无中生有。

(二)时效性

时效性是新闻存在价值之所在。俗话说:今天的新闻是金子,昨天的新闻是银子,前天的新闻是垃圾。新闻的快与新是相辅相成的,要新,就得快,快的目的是求新。迟了,新闻就成了旧闻,就失去了新闻价值。现在新闻媒体间都展开了激烈的竞争,竞争的核心就是快和新。

新闻要及时报道新情况、新经验、新问题。对国内外新发生的重要事件,对当前工作中出现的新形势、新动向、新问题,对改革开放中涌现出来的新人、新事、新风尚,必须敏锐发现、尽快把握。

现代电子、通信技术的发展,尤其是互联网和移动电话的出现和普及,既为新闻传播的时效性提供了技术上的可能性,又对新闻的时效性提出了更高的要求。

(三)新闻性

"新"是新闻的核心个性。新闻反映的信息要新,要报道最新信息,迅速及时地反映客观事实的新变动。新闻性包含三层意思。

一是从时间上说是"新近"发生的事。此点在新闻的时效性中已介绍。

二是从内容上说,事实必须给人以新意、新信息、新启发,是有所发展和创造的新事。做到内容新鲜,关键要挖掘事物的个性。新闻事实的个性越突出,新闻的内容就越新鲜,就越能引起读者的兴趣。作为新闻作者,要有一双善于发现新闻的"眼睛",能够从别人习以为常或不以为意的地方发现新闻,或者能够在事情刚刚露头时就很快判断出它的新闻价值,并立即捕捉它,写出新闻来。

三是新闻报道的内容需有特色。例如,新出生的熊猫长着 4 条腿不算新闻,若为 3 条腿或 5 条腿,就是新闻了。

(四)简短性

简短精练是新闻的又一特点,是其区别于通讯之所在。新闻之所以求短,一是与其发布媒体的容量有限相关(网络媒体除外)。在有限的容量里要传播尽可能多的信息,唯一的出路就是简短精粹。二是读者的时间是有限的,阅读新闻可以节省读者的时间,使读者可以用尽量少的时间阅读尽量多的信息。

简短是新闻报道的重要特征和必然趋势。短才能快,快才能新。中外不少新闻媒体都特别强调短,一条新闻的字数以 200~500 字为主。

三、新闻的分类

按照不同的标准，新闻可以分为若干种类。

① 按照报道内容，可分为政治新闻、社会新闻、经济新闻、文教新闻、军事新闻、体育新闻、娱乐新闻等。

② 按照报道对象，可分为人物新闻、事件新闻、会议新闻等。

③ 按照报道地域范围，可分为国际新闻、国内新闻、地方新闻等。

④ 按照篇幅长短，可分为长新闻、短新闻、标题新闻和一句话新闻等。

⑤ 按照传播手段，可分为文字新闻、图片新闻、广播新闻和影视新闻等。

⑥ 按照写作特点，可分为动态新闻、综合新闻、评述新闻等。

四、新闻的作用

在现代社会，新闻的作用越来越广泛，逐渐成为人们生活的必需。一般而言，新闻主要有以下方面的作用。

（一）沟通信息

新闻机构每时每刻都在关注着世界上各个角落发生的各种信息，并连续不断地把它们向大众传播。人们通过新闻，可以及时、准确地了解国内外大事。

（二）舆论导向

所谓舆论导向，就是通过向公众宣传一定的认识、行为方向，以协调、统一公众的行动。新闻能够通过宣传方针政策，体现一定的舆论导向，以统一人们的思想，促进政策的贯彻落实。

（三）传播知识

新闻报道本身就是一部社会百科全书，涵盖自然科学、社会科学、思维科学等领域的知识。新闻传播知识的职能与书本、教师讲课不一样，它是同新闻事实紧密结合在一起的。许多新闻都能够帮助人们拓展视野，丰富知识。

（四）舆论监督

舆论监督是新闻的重要社会职能，新闻记者甚至被称为“无冕之王”。在社会发展进程中，不乏存在一些腐朽的、丑恶的、伪善的现象，对此新闻可以对之进行抨击、揭露，以不断净化社会舆论环境，推动社会和谐发展。例如，中央电视台的《焦点访谈》栏目，就是新闻媒体扬善贬恶的典范。

五、新闻的格式与写法

新闻由于种类繁多，长短不一，其格式也大相径庭。一般来说，新闻的完整结构包括标题、消息头、导语、主体、背景、结尾和署名等部分。下面对各个部分的写法介绍如下。

(一) 标题

标题是新闻的题目，是新闻内容的形象概括。俗话说："看书先看皮，读报先读题"，这正说明了标题对于吸引、引导人们阅读新闻具有举足轻重的作用。

标题既要概括新闻的主要内容，又要醒目、新颖、有趣味。这样才能引起读者注意，增强其阅读兴趣。

新闻的标题有 3 种形式。

1. 多行标题

多行标题信息量丰富，宣传声势大，常用来报道比较重大的新闻事实。一般多行标题由引题、正题、副题组成。

① 引题，又称眉题、肩题。其作用一般是介绍背景，烘托气氛，以引出正题，或揭示新闻事实的意义，辅助正题。引题在正题之上(横排)或之前(竖排)，字号要小于正题。引题不是新闻必备的标题。

② 正题，又称主标题、主标、总题。其作用是概括介绍新闻的主要内容，或点明新闻的中心思想。正题是多行标题中的主体，字号最大、最醒目。正题是新闻必备的标题。

③ 副题，又称子题、辅题。副题介绍与正题有关的情况，是对正题的补充、印证和注释。副题位于正题之下(横排)或之后(竖排)，字号小于正题。副题也不是新闻必备标题。

多行标题有双正一副、一引双正、一引一正一副等情况。例如：

珠峰失足，险矣！　(引题)

堕入我境，幸哉！　(引题)

法一登山队员被我藏民救出　(正题)

为中华民族伟大复兴、为全人类美好未来而祝福　(引题)

首都各界欢聚迎接新世纪、新千年　(正题)

江泽民发表二〇〇〇年贺词并按动电钮点燃中华圣火，李鹏、朱镕基、李瑞环、胡锦涛、尉健行、李岚清等出席庆祝活动　(副题)

苏联站长走访南极长城站　(引题)

听到"达瓦里希"——倍感亲切　(正题)

看到南京产品——连声称赞　(正题)

2. 双行标题

双行标题包括一引一正、一正一副或两个正题等形式。

新闻的正题一般都有实质性内容，因此又称实题；副题和引题一般是对气氛的烘托、意义的阐述，因此又称虚题。例如：

京剧舞台上的"洋贵妃"　　（正题）
美国留学生魏莉莎主演《贵妃醉酒》　　（副题）

钞票"铺"不了路　匕首吓不倒人　　（引题）
百余群众追捕抢劫犯　　（正题）

药剂师心猿意马　　（正题）
活老鼠居然入药　　（正题）

3. 单行标题

单行标题只有主题，简明、醒目。例如：

英国首相布朗说中国经验值得借鉴

一道公文背着 39 颗印章旅行

不管采用何种形式，新闻标题的写作都要遵循以下基本原则：贴切传神，具体明了，简练生动。

（二）消息头

消息头是消息的标志，正规的新闻报道不可忽视消息头的运用。报纸上刊登的消息，其开头部分往往冠以"本报讯"或"新华社北京 8 月 8 日电"之类的字样，这就是消息头。

消息头的形式主要有"讯"和"电"两大类。

"讯"主要是指通过邮寄或书面递交的形式向报社传递的新闻报道。凡是报社通过自身的新闻渠道所获得的本埠消息，一般都标明"本报讯"，如是从外埠寄来的新闻，还应标明发布新闻的时间和地点，如"新华社莫斯科 7 月 13 日专讯"。

"电"主要是指通过电报、电传、电子邮件、传真或电话等形式向报社传递的新闻报道，如"人民日报社成都 5 月 12 日专电"。各家新闻通讯社向报社传递新闻信息时，多数采用此类形式。这被称为"电头"，电头一般由发布新闻单位的名称（多用简称），发布新闻的地点、时间和发布新闻的形式等要素组成。

消息头的作用主要有：使消息明显地区别于其他文体；它是"版权所有"的一种标志；表明消息来源；使新闻与其发布单位的声誉紧密联系。

（三）导语

导语是以简练而生动的文字介绍新闻事件中最重要的内容，揭示消息的主题，并能引起读者阅读兴趣的开头部分。导语有三大使命：一是介绍最重要、最精彩的事实；二是揭示消息的主题；三是引起读者的阅读兴趣。

导语的写法很多，常用的一般有以下几种。

1. 叙述式

这是最常见的方式。以直接叙述的方法把消息中最主要、最新鲜的事实简

要地叙述出来,使读者一下子抓住要点。例如:

人民网7月15日北京电 北京奥运会中国体育代表团领奖服十五日正式亮相,这套将伴随中国体育健儿登上北京奥运会领奖台的服装出自北京服装学院设计团队,是由中国奥委会和北京奥运会合作伙伴阿迪达斯历经一年半时间,从海内外两千多件参赛作品中选拔出来并制作完成的。

2. 描写式

对某一个富有特色的事实和一个有意义的侧面进行简洁而又富有特点的描绘,给读者以鲜明的印象和身临其境之感。例如:

数不清的目光投向一位斜戴法兰西帽子、披着时髦的砖红色春季女大衣的风姿绰约女郎。当北京市春季时装展销会今天在北京展览馆开幕时,这个放在进门大厅的模特成了最引人注目的人物。

3. 评论式

对报道的事实进行简洁、精辟的评论,以揭示事实的意义和目的。例如:

新华社合肥11月17日电 新华社记者尤淇报道:历史上以讨饭出名,两年前还吃国家返销粮的安徽省凤阳县,今年成了全省最早完成全年粮食征购、超购任务的一个县。

4. 结论式

将新闻事实的结论在开头部分写出来。这种写法多用于报道实际工作和生产建设、科研中所取得的新成就的消息。例如:

本报讯 长江今年第二次洪峰昨日凌晨已过汉。百里长堤巍然屹立,武汉三镇安然无恙。

5. 提问式

用提问的方式引出新闻报道中的关键问题,设置悬念,引起读者的注意和思考。例如:

本报讯 记者近日从国家水文检测局了解到,黄河这条养育了北方亿万人民的母亲河将成为废河。黄河到底怎么了?是什么原因造成这样的后果呢?

6. 引语式

引用新闻人物有特点的或权威性的语言。例如:

本报讯 中国女足教练马元安在第三届世界女足锦标赛抽签仪式后对记者说,中国女足此次征战前景如何,关键在自己。

7. 诗词式

在消息的开头引用与新闻有关的诗句、格言或生动、隽永的话,以增强生动性。例如:

"有电灯不亮,收录机不唱,大彩电无像。晚上一包蜡,相对度时光",这首顺口溜道出了群众对缺电、停电的一种无可奈何的心理。

（四）主体

这是新闻的主要部分，对新闻事实作具体的报道和说明。这一部分要求用足够的、充分的、有说服力的具体材料来阐明新闻的主题。

主体是导语内容的具体化，是对导语的解释、说明和补充。

新闻主体的结构一般有3种形式。

1. 时序结构

按照事件发生、发展的先后顺序安排层次，这样可以使读者对事件的发生、发展过程有一个鲜明的印象。

2. 主次结构

把主体部分中最重要的内容放在前面，然后详细叙述。

3. 逻辑结构

根据事物之间的内在联系或逻辑关系安排结构。

（五）背景

背景指的是衬托新闻事实的材料，如交代与事实有关的历史情况、地理环境等。

恰当地运用背景材料，可以突出新闻事实，衬托、强化主题，增强知识性、趣味性。

常见的背景材料通常可分为说明性材料、对比性材料、注释性材料等。

1. 说明性材料

说明性材料是有关新闻事实的政治背景、历史演变、地理环境以及新闻人物的身份、经历、特长等的说明。

2. 对比性材料

对比性材料是用过去的或反面的有关材料与新闻事实对比，以衬托主题，加深读者对新闻事实的认识。

3. 注释性材料

注释性材料是有关名词术语、产品性能与特色、科技知识等的注释。

背景不是消息结构的独立部分，而是从属部分。因此，背景在消息中没有固定位置，并且可以独立成段，也可以穿插在事实的叙述之中。

（六）结尾

结尾是新闻最后一句话或一段话。

结尾的作用是收束全文，加强主题的表达，加深读者对消息的感受，使之得到更多的启发和教育。结尾的写作方式主要有以下几种。

1. 小结式

对所报道事实或意义作简要概括，以突出重点，加深印象。

2. 启发式

在报道完主要事实后,为启发读者,用启发或激励的语言给读者留下思考的余地。

3. 展望式

在报道完主要事实后,进一步指出事情发展的必然趋势或必然结果。

4. 号召式

根据报道的事实,提出具有号召性的意见,激励读者为实现某一目标而行动。

当然,是否必须写出结尾,要根据消息的内容来决定。有些消息可以说没有结尾。

(七) 署名

一般撰稿人(记者)姓名置于消息头之后,导语之前。署名也可以置于新闻文后。

【例文】

“鸟巢”首次全身亮灯彩排 并试放礼花

中新网北京7月17日电 综合报道:16日晚,北京奥运会开幕式在国家体育场“鸟巢”举行了带妆彩排。“鸟巢”夜景照明系统首次全亮灯,并首次在“鸟巢”上空燃放礼花。

据此间京华时报报道,16日晚,“鸟巢”夜景照明系统首次全亮灯“彩排”。灯光表演共分5个部分,分别为呼吸、心跳、旋转、奔跑、升起,整个过程历时15分钟。首次全身亮灯的“鸟巢”与空中的礼花交相辉映。

北京娱乐信报引述国家体育场照明系统指定供应商、良业照明专家的介绍说,“鸟巢”的夜景照明由“红色墙面及看台背面照明”“外层钢结构照明”“屋顶膜结构照明”的主体照明,以及“大楼梯照明”“小‘鸟巢’园林照明”5个部分组成,主体照明以传统文化元素“中国红”为主色,内侧红色核心筒及看台背板展现了运动的激情和“中国红”特征。同时,通过红墙和钢结构营造出外立面剪影效果,更是与剪影、窗花等中国传统文化元素产生鲜明的视觉效果。

据悉,“鸟巢”夜景照明系统可演示不同动态效果的场景,金色、银色、红色动态表演等。在重大节日或者盛大活动期间,红墙反射的红色部分效果将产生明暗变化,展现“呼吸”“心跳”“旋转”“升腾”,甚至简洁的“跑动”等场景,渲染现场的热烈气氛。

另据新京报报道,当晚20时2分至21时28分,烟火试放分4个阶段依次进行,璀璨的烟花在空中组成奥运五环等图案,与场内表演相呼应。

烟火燃放点分为地面燃放点、车载燃放点及“鸟巢”顶端燃放点。地面燃放

点多分布在“鸟巢”北面的河岸东侧;车载燃放点多分布在“鸟巢”东门约100米处。据悉,大的烟火燃放点有11个,其中鸟巢外有9个,顶端设有2个。

每个地面燃放点由3组烟火筒及8～10个烟火箱组成,外观为黄色,大小与节庆礼花差不多,筒底放着礼花弹。每百余个烟火筒由金属架固定,外层标明烟花花型和颜色。各地面燃放点均由武警看守。

在包装烟火的纸箱上,明确标有“第29届奥运会专用烟火”,产地是我国鞭炮之乡湖南浏阳,生产日期为2008年6月。礼花弹有着各式各样的名称,如“白色瀑布”等,烟火箱则以“雷盆花”等命名。

京华时报报道,16日,“鸟巢”顶棚铺上了一层特殊的纳米防护涂层,这个涂层可耐700 ℃的高温,从而解决了烟花燃放时焰火掉落灼穿顶棚膜造成漏雨的问题。专家介绍,这种防护涂层成功解决了膜表面防火问题,即使开、闭幕式上燃放的焰火和礼花部分掉落,顶棚也不会被灼穿。

(新京报记者:张太凌,京华时报记者:范继文、李艾,北京娱乐信报记者:陆欣)

第二节　通　　讯

一、通讯

通讯是运用多种表现手法,对国内外近期出现的典型人物、典型事件所作的具体、生动的报道。

通讯和消息一样,是报纸、广播常用的文体,是一种比消息更详细、更形象地报道客观事物或典型人物的常用体裁。

二、通讯的特点

(一) 新闻性

通讯是一种新闻文体,消息所要求的真实、公正等新闻基本原则,对通讯同样具有约束力。

(二) 评论性

对新闻事实进行议论、评价,在夹叙夹议中表明作者的倾向、态度。

(三) 生动性

运用文学创作的手法展开情节,描写人物,勾画场景,为读者提供一个真实而鲜明的形象。

三、通讯和消息的区别

(一) 从篇幅上看

一条消息一般只写一件事,通讯则是在一个主题之下,报道事实的全过程,写比较多的人物或事件。

(二) 从表现手法上看

消息通常用叙述的手法,而通讯采用叙述、描写、抒情、议论相结合的手法。

(三) 从结构上看

消息一般有比较稳定的结构形式,而通讯的结构形式灵活多变。

(四) 从时间要求上看

消息的时间要求强,要迅速及时,而通讯相对来讲,时间性要求不如消息明显。

四、通讯的种类

根据报道的对象,通讯一般可以分为人物通讯、事件通讯、工作通讯和概貌通讯等类型。

(一) 人物通讯

人物通讯就是报道新闻人物的通讯。它要求翔实、生动地报道人物的新闻事迹,展示其精神面貌或性格特征,给人以感染或启迪。人物通讯写作要求如下。

1. 选择合适的人物

什么样的人物才能成为通讯的写作对象?通常可以从新闻性、展开性、可读性等方面去衡量某人物的通讯价值。由于通讯是深度报道,应通过人物的事迹和经历反映人物的内心世界和精神风貌,所以人物通讯的主题要深刻、集中,有针对性,有时代感。人物通讯一定要使报道的人物有一定的思想高度和深度,使读者通过一定的新闻事实“看”到人物的灵魂,从而获得启迪或教训。人物通讯不一定要写先进人物,反面的、落后的人物也可以成为通讯反映的对象,写这类通讯的目的在于让人们吸取教训,从另一个角度促进社会健康和谐发展。

2. 写好情节和细节

人物通讯必须用情节和细节来感染人,用人物自己的语言和行动来展现其精神面貌。人物的行动是人物性格的具体体现,人物的语言是人物情感的直接表露,也是人物行动的自我注解。所以,抓住最能反映人物特点的行动和语言,读者就可以自然而然地评定人物,而不需要作者的鉴定和评语。这样的人物,才是可信的、可亲的。

3. 写出人物的个性特征

每位新闻人物都具有区别于他人的特点,人物通讯的任务就是把这些人物独具光彩的个性特质揭示出来,向读者展现一个或一批活生生的、有血有肉的人物。通讯中的人物要摆脱“脸谱化”“类型化”的不良倾向。人物的个性往往

从人物的思想、行动、语言等表现出来。在人物通讯中,要特别重视利用矛盾冲突展现人物个性。要善于发现与人物有联系的各种矛盾,并把人物置于矛盾关系之中,在矛盾中表现人物,这样人物就容易"活"起来。

(二) 事件通讯

事件通讯报道的是具有典型意义的新闻事件。它报道的题材一般分为3类:一是正面的事件,这种通讯旨在体现时代精神,歌颂良好的道德风尚,鼓舞、激励人们奋发向上、积极进取;二是反面的事件,这种通讯旨在对现实生活中出现的丑恶行为或现象进行揭露和批评,以扶正祛邪,激浊扬清,体现舆论监督功能;三是客观的事件,这类通讯一般只客观、全面地报道事件真相,给人以某种启示或感情。

事件通讯往往具有新闻性、政治性、时效性、生动性相互融合的特点。事件通讯写作要求如下。

1. 材料和主题要体现时代意义

一些有新闻价值的事件未必值得写成通讯,只有那些典型、生动、可读性强、有时代意义的事件才有可能写成通讯。事件越典型,其普遍意义越大;事件越重要,其关注程度越高。同时,同一个新闻事实在不同的环境条件下,其意义和价值是不同的。我们要将新闻事件放在当代社会这一大环境下,来鉴别、发掘、提炼它的社会价值和现实意义。这样的主题才能传达时代的声音,给人以深刻的印象。

2. 把人和事结合起来

俗语说:"事因人生,人因事显"。所以,事件通讯也要写人,人与事往往密不可分。之所以把一些新闻事实写成事件通讯,并不是这些新闻中没有人,而是因为这些新闻中的事件比人物更加重要、集中、吸引人。事件通讯中的人物一般比较分散,所以它不专门写一个人,而是写一些相关人物、群体人物。写人是为了写事,事件通讯中的人物必须围绕事件转,不能喧宾夺主。当然,人物描写也不能忽视,写人物可以丰富事件的过程,使事件通讯更加生动活泼。

3. 把情、理、事结合起来

决定把某个事件写成通讯,一定是这个事件本身打动了我们的心灵,或者是被"情"所感动,或者是被"理"所说服。所以事件通讯的写作动机里面就包含着作者对这一事件的情感因素。同时,读者阅读事件通讯,除了了解新闻事实之外,还需要在情感上、认识上有所裨益。所以,我们写事件通讯时不能单调、枯燥地叙述,而要把自己对新闻事件的感情渗透在文字中,对事件的认识体现在文章里。这样,就能将事、理、情融合在一起,给读者以丰富的感受。当然,事件通讯中的"情"与"理"是寓于事件之中的,它还是要以写事为主,不能脱离叙事而过多地议论和抒情。

（三）工作通讯

工作通讯是报道实际工作中出现的新经验、新问题的通讯，它以提出问题、分析问题和介绍经验为主要内容，目的是指导实际工作，促进各项工作的健康发展。在目前新的形势下，各种复杂的问题和矛盾层出不穷，同时人民群众也创造了许多新经验、新办法。新的历史条件为工作通讯提供了更加广阔的天地。工作通讯写作要求如下。

1. 善于发现新问题

发现问题是为了解决问题，改进工作。工作通讯只有抓住社会前进过程中新出现的问题，或是实际工作中长期积累而未引起注意的问题，或是日常生活中迫切需要解决的问题，才能把通讯写到群众心里，引起人们的关注，才能实现通讯的新闻价值。衡量一篇工作通讯好坏的标准，首先是看问题选得好不好、抓得准不准。

2. 善于提出新办法

很多工作通讯涉及经验、办法，把这些经验与办法讲清楚了，才有可能对别人起指导、借鉴作用。这就需要作者进行分析和综合，运用事实说明这些经验和办法是正确的、可行的。所以要深入剖析事物的矛盾，抓住问题各要素之间的联系，提出有针对性的解决方法。当然，我们的分析必须建立在新闻事实的基础之上，不能空发议论，妄下结论，要用事实提出问题，也要用事实说明经验。当有些问题一时难以下结论，不能提出解决办法时，可以将多方面的意见罗列出来启发人们思考，并为人们解决问题提供参考。

3. 善于创造新形式

由于工作通讯有较强的理论色彩，写作时往往会出现严肃有余、活泼不足的现象。但比起人物、事件通讯来，有时它的题材却更加重要、尖锐。因此还是要扬长避短，尽可能地以灵活、多样的手法去写作。工作通讯可以有人物的行动、曲折的情节、生动的场景及有趣的知识，作者可以旁征博引、直抒己见，表现形式可以是见闻式、日记式、谈话式、故事式、访问式、书信式、小品式等。只要能把工作中的问题和经验写得让人喜欢看，并且从中得到启发或教育，无论哪种形式都是可以的。

工作通讯与工作总结的区别主要如下。

① 在内容上，工作通讯属于新闻，强调一个“新”字，针对性和现实性较强，而工作总结比较全面，必须反映过去的工作概况并提炼一些规律性的东西。

② 在对象上，工作通讯的传播对象是广大读者，而工作总结作为公务应用文的一种，只是在特定的对象间行文。

③ 在写作方法上，工作通讯多用第三人称，强调意旨集中，不求面面俱到，

语言、结构都要求生动灵活，不拘一格；工作总结则多用第一人称，行文有特定的格式。

（四）概貌通讯

概貌通讯也叫风貌通讯，它主要报道某一地区或单位的自然风貌、风土人情、发展变化、生活状况或进行某一活动的基本面貌。

概貌通讯着重反映事物新变化、新面貌，通过记述某一地区、某条战线、某个部门的风情面貌，展示时代的变化，帮助读者开阔眼界，增长知识，获得思想的启迪和美的享受。概貌通讯是多种信息的综合，所反映的信息大多是概貌式的。它直接继承了我国传统的游记写法，有的以自然风光为主，有的以社会风貌为主，而更多的是自然风光和社会风貌的结合。常见的文种有巡礼、散记、见闻录、纪行、旅行见闻等。概貌通讯的写作要求如下。

1. 抓住特点，着力写“变”

概貌通讯的特点就在于介绍事物的新变化、新面貌，它的根本特性是传播新闻信息。新闻性依然是概貌通讯的本质特征。要注意运用背景材料，进行纵向的、横向的比较，使事物的变化更加突出。

2. 善于观察，突出见闻

要写出变化，首先要仔细观察。要善于调动全部的感官系统，全面地获得对象的信息，才能写出有现场感的概貌通讯。一般概貌通讯有两个特点：一是必须有作者的实地观察、真实见闻；二是必须有作者的直接感受、现场印象。因此写作时要多用现实材料，用生动而鲜明的新闻事实反映新变化、新面貌。同时，要增强“动”感，不断变换角度介绍自己的见闻，通过视觉的移动将多层次、多侧面的信息多方位地展示给读者。

3. 夹叙夹议，触景生情

在概貌通讯中，作者所描绘的一定是独特的、能够激发写作情感的风情景貌，作者对写作对象肯定是充满感情的，所以在记叙过程中往往会情不自禁地生发一些议论和抒情，显示作者的倾向和认识。作者不应只是客观存在的记录者，还应是新时代、新世纪、新生活的讴歌者。所以要把主观和客观结合起来，把记叙与议论、抒情结合起来，触景生情，情景交融，情理兼备，以深切的感受感染、启示读者。当然，概貌通讯中的感情表达一定要寓于客观事实的叙述中间，在润物无声中倾注感情，感染读者，不能一味抒情，因为概貌通讯首先还是属于新闻。

上述 4 种分类只是大致从通讯内容来划分的，实际上很多通讯在写法上常常是互相交融、综合报道的。

五、通讯写作注意事项

① 要抓住描写对象的特征,选取典型材料表现主题和刻画人物。

② 巧妙地设计通讯的结构。

③ 综合运用各种表现手法表现主题。

【例文】

在大海中永生——邓小平同志骨灰撒放记

新华社记者　何平、刘思扬

一位以自己的一生书写中华民族崭新历史的伟人,今天完成了他人生的最后一个篇章。

1997年3月2日上午。

银色的专机,离开西郊机场,在首都上空低低地、缓缓地绕飞一周,然后穿过云层,飞向祖国的辽阔大海……

机舱内安放着全党全军和全国各族人民衷心爱戴的邓小平同志的骨灰。

一面鲜红的中国共产党党旗覆盖在骨灰盒上。

这是党和人民给予一位93岁的老共产党员的最高荣誉。

捐献角膜、解剖遗体、不留骨灰、撒入大海——这是把毕生毫无保留地献给祖国和人民的邓小平同志的遗愿,也是他留给党和人民的一份珍贵遗产,表现了一个彻底的唯物主义者的高尚情怀。

今天,胡锦涛等中央领导同志和邓小平同志的夫人卓琳等亲属一起,以最朴素、最庄严的方式完成邓小平同志生前的这一嘱托。

穿云破雾,专机向大海上空飞去,飞向这位一生波澜壮阔的伟人最迷恋的地方。

也许是苍天为之动容,当专机飞临大海时,天空出现一道绚丽的彩虹。

11时25分,专机飞至1 800米高空。强忍着悲痛,81岁的卓琳眼含热泪、用颤巍巍的双手捧起邓小平同志的骨灰久久不忍松开。她一遍又一遍地呼唤着小平同志的名字,许久才将骨灰和五彩缤纷的花瓣缓缓撒向大海。

骨灰撒大海,鲜花送伟人。

1939年8月,在延安陕北公学学习的卓琳与邓小平相识相爱并结为革命伴侣。那年,邓小平35岁,卓琳23岁。两人共同走过了58年的人生历程。如今,面对自己深爱的丈夫的骨灰,她怎能不肝肠寸断,悲痛欲绝。

这是一个令人心碎的时刻。

怀着无比悲痛的心情，胡锦涛同志缓缓地将骨灰和花瓣撒入大海。

随后，邓小平同志的子女邓林、邓朴方、邓楠、邓榕、邓质方和孙辈眠子、萌子、羊羊、小弟，悲痛地跪在机舱里，撒放骨灰与花瓣，完成他们敬爱的父亲、爷爷的遗愿。邓榕哽咽道："爸爸，您回归大海，回归大自然，您的遗愿得到了实现，您安息吧！"

跟随邓小平同志多年的卫士孙勇、张宝忠一身戎装，忠实地守卫在他的骨灰盒前。

泪水涟涟，哀思绵绵。

第一次见到海洋，邓小平还是一个16岁的少年。那是1920年，他远渡重洋，到欧洲大陆勤工俭学，寻求救国救民的真理。在那些日子里，美丽而苦难的祖国，时常越过海洋，沉入他的梦中……

大海，是他革命生涯的起点。1922年，18岁的邓小平在法国参加旅欧中国少年共产党，从此，他走上无产阶级职业革命家的道路。

大海，磨炼了他坚强的意志。从百色起义到浴血太行，从挺进中原到决战淮海，从横渡长江到挥师西南，他出生入死，南征北战，为共和国的创建立下了不朽功勋。

大海，坚定了他革命的信念。早在莫斯科学习时，他就"打定主意"："更坚决地把我的身子交给我们的党，交给本阶级。"60多年来，他在退休之前，依然深情地说："我的生命是属于党、属于国家的。退下来以后，我将继续忠于党和国家的事业。"

飞机盘旋，鲜花伴着骨灰，撒向无垠的大海；

大海呜咽，寒风卷着浪花，痛悼伟人的离去……

邓小平一生迷恋大海，与波峰浪谷有着不解之缘。一下海，他就舒展双臂，游向深处。无论海多深，风多急，浪多大，他都劈波斩浪，勇往直前。

大海的无垠，开阔了他博大的胸襟。

波涛的汹涌，塑造了他顽强的性格。

潮涨潮落，大海沉浮，就像他人生的三落三起。半个多世纪的革命生涯中，虽历经风险，但他始终百折不挠，总是能一次次在历史的紧要关头挽狂澜于既倒，在沧海横流中显出伟大的无产阶级革命家大无畏的英雄本色。

历史不会忘记，1978年12月，第三次复出的邓小平，以党的十一届三中全会为起点，揭开一场新的伟大革命的序幕，开创了一条有中国特色的社会主义康庄大道。

"如果现在再不实行改革，我们的现代化事业和社会主义事业就会被葬送……"

在他倡导的解放思想、实事求是的思想路线的指引下，改革大潮汹涌澎湃。

从农村到城市,从沿海到内地,从经济基础到上层建筑……改革,以神奇般的魔力,使古老的中华大地焕发出勃勃生机。正如一首歌颂小平同志的诗所写:"于是才有了凤阳花鼓,敲响农民走向市场的节拍;才有了深圳神话,十年完成一个世纪的跨越……"

1992年春天,邓小平再次来到海边,像一位舵手,又一次为中国的改革开放和现代化建设指明了航程。

——改革开放胆子要更大一点,思想更解放一点,步子更快一点。

——判断改革和各方面工作的是非得失,归根到底,要以是否有利于发展社会主义社会的生产力,是否有利于增强社会主义国家的综合国力,是否有利于提高人民的生活水平为标准。

——基本路线要管一百年,动摇不得。

被称为社会主义改革开放和现代化建设总设计师的邓小平,以他大海般的气魄,又一次在中国大地掀起改革开放的巨澜。

飞机盘旋,鲜花伴着骨灰,撒向无垠的大海;

大海呜咽,寒风卷着浪花,痛悼伟人的离去……

历史不会忘记,1979年大年初一,邓小平最后一次越洋过海访问美国。这次出国距他少年时漂洋过海勤工俭学,整整59年。

风风雨雨,沧海桑田。饱经忧患的中华民族经历了太多的磨砺,太多的坎坷,太多的苦难。闭关自守,必然带来停滞、贫穷、愚昧和落后。

——任何国家要发达起来,闭关自守都不可能。

——太平洋再也不应该是隔开我们的障碍,而应该是联系我们的纽带。

邓小平以巨人之手,将封闭的国门打开。

位于南海边上的深圳、珠海,是中国对外开放的第一道风景线。1979年4月,他提出了兴办经济特区的大胆设想,鼓励创业者"杀出一条血路来"。国门打开了!沿海、沿江、沿边,全方位开放的大格局已经形成,古老的中国终于向世界敞开了博大的胸怀。

飞机盘旋,鲜花伴着骨灰,撒向无垠的大海;

大海呜咽,寒风卷着浪花,痛悼伟人的离去……

海天相接,碧波相连。

小平同志心系各族人民,心系港澳台同胞,心系海外侨胞……

也许,奔腾不息的浪花会把他的骨灰送向祖国的万里海疆。小平回眸应笑慰。他开创的有中国特色社会主义伟大事业,处处气象万千,后继有人,大有希望。

也许,奔腾不息的浪花会把他的骨灰送向香港、澳门。小平回眸应笑慰。他提出的"一国两制"的伟大构想,即将成为现实。香港回归即在眼前,澳门回归指日可待。

也许，奔腾不息的浪花会把他的骨灰送向台湾。小平回眸应笑慰。实现祖国完全统一，是他也是海峡两岸中国人的共同心愿，骨肉同胞终有一天会团圆。

也许，奔腾不息的浪花会把他的骨灰送向太平洋、印度洋、大西洋……小平回眸应笑慰。海外侨胞为祖国在改革开放中腾飞而骄傲；各国政要和人民盛赞小平："20 世纪罕见的杰出人物"、"本世纪公认的世界级领袖"、"邓小平的影响超时代超国界"……邓小平不仅属于中国，也属于全世界。

骨灰撒大海，鲜花送伟人。

11 时 50 分，专机盘旋着向大海告别。

透过舷窗望去，水天一色，波翻浪涌。从那永不停息的涛声中，人们仿佛又听到了震撼过无数人心灵的声音：

"我荣幸地以中华民族一员的资格，而成为世界公民。我是中国人民的儿子。我深情地爱着我的祖国和人民。"

一个人的生命是有限的，而人民的事业是永恒的。

如同一朵浪花，他从故乡的山溪流入嘉陵江、长江，然后穿云雾，过三峡，奔腾而下，经过九曲十八折，最终汇入浩瀚的大海……漫长的征程，昭示着一个朴素的真理：敢向时代潮头立，沧海一粟也永恒。

邓——小——平

——一个铭刻在亿万人民心中不朽的名字，他在大海中得到永生！

第三节 广播稿

一、广播稿

广播稿是为广播电台、电视台、广播站等有声传播媒介而写作的一种特殊的新闻体裁。广播稿一般包括消息、通讯、专访、特写、新闻评述、听众来信、演讲稿等各种具有新闻宣传特征的文章，也包括文艺性的文章。

二、广播稿的特点

(一) 可听性

广播稿主要是用语言来影响受众，所以可听性是其最大特色。

(二) 高效性

广播稿的传播手段是有效利用无线电波，所以其相对于报纸等传播手段来讲，具有高效、迅速的优势。

(三) 广泛性

由于广播、电视不受时间、空间和听众知识水平的限制，收听(视)率高，范围广。

三、广播稿写作注意事项

(一) 语言要适合人们的听觉习惯

① 广播稿的语言要语音响亮、形象,并且易听、易记、易懂。

② 要口语化,广播稿要求用口语,尽量少用书面语。

③ 避免用长句,长句子一般结构复杂,读起来不通顺,听起来难懂难记。所以写广播稿尽量用结构简单、通俗易懂的短句。

④ 注意同音字,要防止同音相混现象。

(二) 结构线索要单一

广播稿的结构一般是单线式,不能多线穿插。

(三) 注意几种标点的用法

例如,引号有时表示反语,用在广播稿中就听不出来。例如,夏衍写的《包身工》中有这样的句子:“有几个‘慈祥’的老板……”,写广播稿时就应改为:“有几个所谓慈祥的老板……”

括号里的话是注释性的,广播时也听不出来,例如,翦伯赞写的《内蒙访古》中有这样的句子:“这一带在古代是一个‘少草木,多大沙’(《汉书·匈奴传》)的地方。”写广播稿时可改为:“这一代在古代的情况,在《汉书·匈奴传》中就有‘少草木,多大沙’的记载。”

【例文】

胡锦涛就我驻南联盟大使馆被炸发表重要电视讲话

同志们、朋友们:

在北京时间5月8日清晨,以美国为首的北约悍然使用导弹袭击了我国驻南斯拉夫联盟共和国大使馆,造成我人员伤亡,馆舍严重毁坏。这一违背国际法和国际关系准则的罪恶行径,激起了中国人民的极大愤慨。中国政府当天上午发表了严正声明,严厉谴责以美国为首的北约的野蛮暴行,要求北约必须对此承担全部责任。中央还决定,由外交部紧急约见了美国驻华大使,提出最强烈的抗议;要求联合国安理会召开了紧急会议,讨论和谴责以美国为首的北约的野蛮行径;采取一切措施抢救伤员,立即派专机前往贝尔格莱德,接回我有关人员;我国政府还在声明中郑重表示保留采取进一步措施的权利。所有这些,都表达了全中国人民维护国家主权、坚持正义、反对侵略的共同心愿。在此,我代表党中央、中国政府和中国人民,对我驻南斯拉夫大使馆的全体工作人员表示诚挚的问候,对死难的烈士表示深切的哀悼,对他们的家属和受伤人员表示亲切的慰问。

从昨天开始,全国各地的广大群众,纷纷举行座谈、集会、发抗议信或抗议电等各种活动,拥护我国政府的严正声明,强烈谴责以美国为首的北约的野蛮行径。北京、上海、广州、成都、沈阳等一些城市的学生和群众,还在美国驻华外交机构附近举行了示威游行。这一切,都充分反映了中国人民对以美国为首的北约袭击我驻南使馆暴行的极大愤慨和强烈的爱国热情。中国政府坚决支持、依法保护一切符合法律规定的抗议活动。我们相信,广大人民群众一定会从国家的根本利益出发,自觉维护大局,使这些活动依法有序地进行。要防止出现过激行为,警惕有人借机扰乱正常的社会秩序,坚决确保社会稳定。

中国政府坚定不移地奉行独立、自主、和平的外交政策,坚定不移地维护国家主权和民族尊严,坚决反对霸权主义和强权政治。我们要坚持改革开放,依据有关国际法和国际关系准则,依据我国的有关法律,保护外国驻华的外交机构和人员,保护外国侨民和来华从事经贸、教育、文化等活动的人员,充分体现中华民族的优良文明传统。

中国人民是坚持正义、爱好和平的人民。我们愿意与世界各国人民一道,相互支持,加强合作,为促进人类和平与发展的崇高事业而共同努力。

让我们紧密地团结在以江泽民同志为核心的党中央周围,高举邓小平理论伟大旗帜,振奋精神,团结一致,把建设有中国特色社会主义伟大事业全面推向21世纪。

第四节　演讲稿

一、演讲稿概述

演讲是指在特定的时空环境中,借助有声语言、态势语言、主体形象,公开向听众传递信息、表述见解、阐明事理、抒发情感,从而达到感召听众的一种现实的社会活动。

有声语言包括语言和声音两种要素,以流动的声音运载思想情感,直接诉诸听众的听觉器官。态势语言包括演讲者的姿态、动作、手势、表情,是流动的形体,辅助有声语言,运载着思想情感,直接诉诸听众的视觉器官。主体形象包括演讲者的形体、容貌、发型、举止、神态等。所谓特定的时空环境是指演讲者和听众都处在一定的时间和空间环境中。

演讲稿则是为了更好地演讲而准备的文字材料,它又叫讲演词、演讲词、讲话稿。它可以用来交流思想、感情,表达主张、见解;它具有宣传、鼓动、教育和欣赏等作用;它可以把演讲者的观点、主张与思想感情传达给听众以及读者,使他们接受并在思想上产生共鸣。

演讲稿从演讲的场合上划分,可分为会场演讲稿、广播演讲稿、课堂演讲稿、法庭辩论词等;从演讲内容和性质上划分,可分为政治演讲稿、学术演讲稿、宗教演讲稿、社会活动演讲稿等;从表达方式上划分,可分为有记叙性演讲稿、议论性演讲稿、抒情性演讲稿。

二、演讲稿的特点

(一) 针对性

演讲稿无论从内容,还是语言方面,都是针对听众的。因此任何演讲稿的写作必须考虑听众的特点。

(二) 鼓动性

鼓动性是演讲稿的生命,好的演讲稿要使听众“快者抛髯,愤者扼腕,悲者掩泣,羡者色飞”。

鼓动性一方面从演讲稿内容中体现,另一方面从语言色彩上体现。

(三) 通俗化

演讲稿的语言要求通俗易懂。

三、演讲稿的结构与写法

演讲稿没有固定的格式,但一般由标题、称呼、开头、正文、结尾等部分组成。

(一) 标题

演讲稿的标题是演讲者向听众传递的第一条信息,演讲者要通过标题吸引听众的注意,故演讲稿的标题应该光彩照人、引人注目。

1. 演讲稿标题的类型

演讲稿的标题形式繁多,一般可以分为以下几种类型。

(1) 亮明观点型

这类标题把演讲者的主要观点在标题中鲜明地显示出来,给听众留下深刻印象,如彭德怀的《我们一定能够打胜仗》。

(2) 概括内容型

这类标题用浓缩的语言概括演讲稿的内容,如《德才学识与真善美》。

(3) 设置悬念型

这类标题设置悬念,引人深思,如鲁迅的《娜拉走后怎样》。

(4) 表明场景型

这类标题主要表示出演讲的时间、地点、集会名称,一般应用在有纪念意义的演讲上,如毛泽东的《在鲁迅逝世周年大会上的讲话》。

2. 演讲稿标题拟定的原则

（1）明朗性原则

演讲稿的标题是以口头语言为载体的，应该让人一听就懂。明朗包括两方面的含义：一是标题的内容明朗，让人一听就知道所讲的观点或中心内容，如毛泽东的《中国共产党在民族战争中的地位》；二是演讲者的态度要明朗，如托马斯·杰弗逊在美国第三任总统就职时的演说《同心同德地团结起来》。这些题目都态度明朗。

（2）新颖性原则

新颖既要求内容新颖，也要求形式新颖，如温斯顿·丘吉尔就任英国首相后首次在国会发表题为《热血、汗水和眼泪》的演讲，此题目新颖且富有感染力。

（3）适应性原则

演讲稿既要适应演讲的内容，又要适应演讲者的身份，更要适应听众的需要。拟定标题时要考虑听众的思想水平、知识层次、兴趣状况等，如毛泽东的《关心群众生活，注意工作方法》，题目中心突出，通俗易懂。

（二）称呼

称呼也叫称谓，是演讲者对听众的称呼。演讲者根据与听众的关系，可以采用不同的称呼方式。

（三）开头

演讲稿的开头也叫开场白。好的演讲稿，一开头就应用最简洁的语言、最经济的时间，把听众的注意力和兴奋点吸引过来，这样才能达到出奇制胜的效果。古人说"善于始者，成功一半"，由此也可见开场白对整个演讲的重要性。

开场白有两项任务：一是建立说者与听者的同感；二是打开场面，引入正题。开场白一般有以下几种方式。

① 开门见山，就是直接提示演讲的中心，不计多余的话，一般学术性演讲，常用这种办法，如黑格尔《美学》演讲的开头。这样的开头，使听众一听就知道演讲的中心是什么，注意力马上就集中在演讲上。

② 交代背景，说明演讲的目的和原因。例如，孙中山《在东京留学生欢迎会上的演说》，这个开头说明了这次演说的背景、起因，使听众了解是在怎样一种情况下讲的。

③ 提示内容，对演讲主体做扼要介绍。例如，爱因斯坦《悼念玛丽·居里》的开头，这个开头对演讲的内容加以扼要介绍，使听众明确要讲的都是些什么问题，重点是什么。

④ 从日常生活或切身体会入题。例如，美国作家马克·吐温的《我也是义和团》的开头，这类开头是借助某事件、某一比喻或个人的一段笑话，唤起听众的注意，同时使它成为与题目有关的媒介，或与演讲的主要内容衔接起来的因素。

⑤ 用提问激发听众的思考。例如，老舍《文学创作和语言——在作协湖南分会办的文学讲座上的报告》的开头，这个开头，连续 3 次发问，然后加以解答，不仅使听众产生兴趣，而且引导听众同演讲者一道动脑筋思考，把注意力集中到演讲上来。

⑥ 引用名言、警句概括演讲内容。例如，左英《生命之树常青》的开头，这个开头引用了歌德的名言，对演讲的内容起到提纲挈领的作用，并能引起读者的思考。

⑦ 用幽默、诙谐的语言打开局面，使听众在轻松愉快之中很快进入接受演讲者的角色。例如，周恩来总理在斯特朗 80 岁大寿宴会上讲话的开场白："今天，我们为我们的好朋友、美国女作家安娜·路易斯·斯特朗女士庆贺'40'公岁诞辰。在中国，'公'字是紧跟随它的量词的两倍，40 公斤等于 80 斤，40 公岁就等于 80 岁。"

当然，演讲稿的开场白的方式要因人、因事、因地而不同，没有固定不变的程式。

(四) 正文

正文是演讲稿的主要部分。在行文的过程中，要处理好层次、节奏和衔接等问题。

层次是演讲稿思想内容的表现次序，它体现着演讲者思路展开的步骤，也反映了演讲者对客观事物的认识过程。演讲者在演讲中反复设问，并根据设问来阐述自己的观点，就能在结构上环环相扣，层层深入。此外，演讲稿用过渡句，或用"首先""其次""最后"等语句来区别层次，也是使层次清晰的有效方法。

节奏是指演讲内容在结构安排上表现出的张弛起伏。演讲稿结构的节奏既要鲜明，又要适度。

衔接是指把演讲中的各个内容层次联合起来，使之具有浑然一体的整体感。演讲稿结构衔接的方法主要是运用同两段内容、两个层次有联系的过渡段或过渡句。

演讲稿正文的写作必须做到以下几点：

① 要有突出的中心思想；

② 观点和材料要一致；

③ 安排好层次和段落的关系；

④ 注意文中的过渡和照应。

(五) 结尾

结尾是演讲内容的自然收束。演讲稿的结尾没有固定的格式，或对演讲全文要点进行简明扼要的小结，或以号召性、鼓动性的话收束，或以诗文名言以及幽默俏皮的话结尾。但一般原则是要给听众留下深刻的印象。

常见的演讲稿结尾的形式有：

① 总结式，即在演讲的最后总结归纳自己的见解、主张，强化演讲的中心内

容,给听众留下深刻的印象;

② 号召式,即在演讲结束时,提出希望要求,发出号召;

③ 启发式,即在结尾时,提出问题,启发听众,使之留有思考的余地。

四、演讲稿写作注意事项

（一）了解对象,有的放矢

演讲稿总是针对一定的听众、时间、场合而作的,故写作时一定要了解对象,不然就会对牛弹琴,无的放矢。

（二）观点鲜明,感情真挚

演讲稿观点鲜明,显示着演讲者对一种理性认识的肯定,显示着演讲者对客观事物见解的透彻程度,能给人以可信性和可靠感。演讲稿还要有真挚的感情,才能打动人、感染人,因此,它要求在表达上注意感情色彩,把说理和抒情结合起来。既有冷静的分析,又有热情的鼓动;既有所怒有所喜,又有所憎有所爱。

（三）行文变化,富有波澜

演讲稿要写得有波澜,主要不是靠声调的高低,而是靠内容的起伏,有张有弛,有强调,有反复,有比较,有照应。

（四）语言流畅,富有个性

要把演讲者的思想、情感都写出来或说出来,让人们看得见,听得到,就必须借助语言这个交流思想的工具。因此,语言运用得好还是差,对写作演讲稿影响极大。要提高演讲稿的质量,不能不在语言的运用上下一番功夫。

（五）控制篇幅

演讲稿不宜过长,要适当控制时间。德国著名的演讲学家海茵兹·雷德曼在《演讲内容的要素》一文中指出:“在一次演讲中不要期望得到太多。宁可牢牢地敲进一根钉子,也不要松松地按上几十个一拔即出的图钉。”所以演讲稿不在于长,而在于精。

（六）推敲琢磨,精益求精

从事任何文体的写作都要重视修改,认真修改,精心修改,写作演讲稿自然不能例外。

【例文】

最后一次演讲

闻一多

这几天,大家晓得,在昆明出现了历史上最卑劣最无耻的事情！李先生究竟犯了什么罪,竟遭此毒手？他只不过用笔写写文章,用嘴说说话,而他所写

的,所说的,都无非是一个没有失掉良心的中国人的话!大家都有一支笔,有一张嘴,有什么理由拿出来讲啊!有事实拿出来说啊!(闻先生声音激动了)为什么要打要杀,而且又不敢光明正大地来打来杀,而偷偷摸摸地来暗杀!(鼓掌)这成什么话?(鼓掌)

今天,这里有没有特务?你站出来!是好汉的站出来!你出来讲!凭什么要杀死李先生?(厉声,热烈地鼓掌)杀死了人,又不敢承认,还要诬蔑人,说什么"桃色事件",说什么共产党杀共产党,无耻啊!无耻啊!(热烈地鼓掌)这是某集团的无耻,恰是李先生的光荣!李先生在昆明被暗杀,是李先生留给昆明的光荣!也是昆明人的光荣!(鼓掌)

去年"一二·一"昆明青年学生为了反对内战,遭受屠杀,那算是青年的一代献出了他们最宝贵的生命!现在李先生为了争取民主和平而遭受了反动派的暗杀,我们骄傲一点说,这算是像我这样大年纪的一代,我们的老战友,献出了最宝贵的生命!这两桩事发生在昆明,这算是昆明无限的光荣!(热烈地鼓掌)

反动派暗杀李先生的消息传出以后,大家听了都悲愤痛恨。我心里想,这些无耻的东西,不知他们是怎么想法,他们的心理是什么状态,他们的心是怎样长的!(捶击桌子)其实很简单,他们这样疯狂地来制造恐怖,正是他们自己在慌啊!在害怕啊!所以他们制造恐怖,其实是他们自己在恐怖啊!特务们,你们想想,你们还有几天?你们完了,快完了!你们以为打伤几个,杀死几个就可以了事,就可以把人民吓倒了吗?其实广大的人民是打不尽的,杀不完的!要是这样可以的话,世界上早没有人了。

你们杀死一个李公朴,会有千百万个李公朴站起来!你们将失去千百万的人民!你们看着我们人少,没有力量?告诉你们,我们的力量大得很,强得很!看今天来的这些人都是我们的人,都是我们的力量!此外还有广大的市民!我们有这个信心:人民的力量是要胜利的,真理是永远要胜利的,真理是永远存在的。历史上没有一个反人民的势力不被人民毁灭的!希特勒,墨索里尼,不都在人民之前倒下去了吗?翻开历史看看,你们还站得住几天!你们完了,快了!快完了!我们的光明就要出现了。我们看,光明就在我们眼前,而现在正是黎明之前那个最黑暗的时候。我们有力量打破这个黑暗,争到光明!我们的光明,恰是反动派的末日!(热烈地鼓掌)

李先生的血不会白流的!李先生赔上了这条性命,我们要换来一个代价。"一二·一"四烈士倒下了,年轻的战士们的血换来了政治协商会议的召开;现在李先生倒下了,他的血要换取政协会议的重开!(热烈地鼓掌)我们有这个信心!(鼓掌)

"一二·一"是昆明的光荣，是云南人民的光荣。云南有光荣的历史，远的如护国，这不用说了，近的如"一二·一"，都属于云南人民的。我们要发扬云南光荣的历史！（听众表示接受）

反动派挑拨离间，卑鄙无耻，你们看见联大走了，学生放暑假了，便以为我们没有力量了吗？特务们！你们看见今天到会的一千多青年，又握起手来了，我们昆明的青年决不会让你们这样蛮横下去的！

反动派，你看见一个倒下去，可也看得见千百个继起的！

正义是杀不完的，因为真理永远存在！（鼓掌）

历史赋予昆明的任务是争取民主和平，我们昆明的青年必须完成这任务！

我们不怕死，我们有牺牲的精神！我们随时像李先生一样，前脚跨出大门，后脚就不准备再跨进大门！（长时间地鼓掌）

第五节　解说词

一、解说词

解说词是对事物、人物进行解释说明的一种文体，包括文物陈列解说，电影、电视解说，书画解说，各种展览、展销解说，名胜古迹解说等。

二、解说词的特点

（一）通俗性

解说词要通俗易懂，易于被广大观众、听众所接受。

（二）针对性

解说词是针对实物、图片、画面等解说的，以解说对象为依据。

（三）文艺性

解说词对解说对象作生动、形象的描绘，兼有文艺作品的某些特点，用诗一般的语言来打动观众、听众。

三、解说词写作注意事项

① 要充分了解解说对象。

② 要有恰当的程序。

③ 要有真挚丰富的感情。

④ 要灵活运用多种表达方式。

【例文】

大型电视纪录片——毛泽东

（选录）

您想了解毛泽东传奇般的一生吗？您想了解毛泽东特有的人格魅力吗？您想了解毛泽东浪漫的诗人情怀吗？您想了解毛泽东与人民群众是怎样一种天然的血肉联系吗？请看大型电视纪录片《毛泽东》。全片共分12集，每集50分钟。

第一集　丰碑在人民心中

题记：大区书记到中南海开会，毛泽东只给每人一碗面条……

毛泽东来自人民，心系人民，相信人民，依靠人民。他关心人民的疾苦，受到人民的爱戴，人民永远怀念他。本集反映毛泽东同人民群众天然的血肉联系和为人民服务的思想，以及他为党的干部保持发扬优良传统所作出的不懈努力。这是毛泽东和他领导的中国共产党走向胜利的根本保证。

第二集　历史的选择

题记：邓小平说：没有毛主席，至少我们中国人民还要在黑暗中摸索更长的时间……

毛泽东是属于中华民族的，也是属于整个世界的。本集通过对现实的采访和对历史的展示，集中反映中外人士对毛泽东的评说、怀念、崇敬，以及毛泽东在20世纪中国历史上的地位和不断扩展的影响。从韶山到天安门，毛泽东由一名普通的农家子弟，成长为中国共产党的领袖，并领导中国人民推翻了三座大山，建立了新中国。历史选择了毛泽东，中国人民选择了毛泽东。

第三集　曲折之路

题记：毛泽东第一次当主席的时候，心中装满了苦涩……

在遵义会议确定毛泽东的领导地位之前，毛泽东经历了几起几落。毫无疑问，在中国革命的艰难困苦中，毛泽东是前进的旗帜与方向。但认识这一点需要时间，需要付出鲜血与生命的代价。本集以毛泽东上井冈山之后直至遵义会议这段历史时期经历的个人命运沉浮，反映他对武装斗争道路的艰苦探索。

第四集　艰难的探索

题记：毛泽东曾想骑马沿黄海考察……

解决中国问题首先要解决农民问题，源于对中国国情的深刻了解和正确估计，毛泽东才能走向成功。反之，将走向失误。本集反映毛泽东对农民问题的重视和一生几次重要的调查研究活动，说明他把马克思主义同中国实际相结

合，找到一条中国革命的正确道路，并力图探索一条中国社会主义建设道路。

第五集　书山有路

题记：谁也不知道毛泽东一生读了多少书，但他反对本本主义……

毛泽东高度重视理论建设，善于批判继承前人的思想成果。本集反映毛泽东作为伟大的马克思主义理论家、思想家的读书生活以及成长为中国共产党的领袖的过程，特别是他把读书同中国革命和建设实践密切联系起来的特征。

第六集　大海纳百川

题记：毛泽东说：国事是国家的公事，不是一党一派的私事……

本集以毛泽东的统一战线思想为主线，表现他同党外人士的交往，同时还表现毛泽东是如何团结党内犯过错误的人员，团结广大知识分子和各族人民，为着共同的目标努力奋斗的，从而反映毛泽东和中国共产党人海纳百川的广阔胸襟。

第七集　胸中百万兵

题记：在河北的一个农家小院里，毛泽东指挥了三大战役，白了一根头发……

本集表现了毛泽东作为一代军事大家的独特风采——胸怀全局、运筹帷幄、多谋善断的军事智慧和战略家气魄，以及他在中国革命战争中总结出来的富有中国特色的战略战术思想。

本章小结

新闻宣传类应用文是机关单位、组织团体对外展示的工具。了解并掌握新闻及广播稿、演讲稿、解说词，是机关或组织内工作人员服务组织的必备技能。

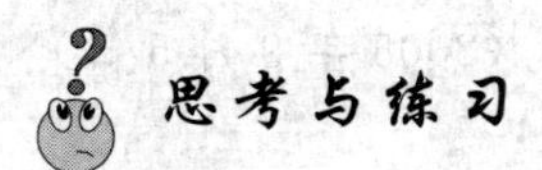

思考与练习

一、名词解释

新闻　通讯　广播稿　演讲稿　解说词

二、填空题

1. 新闻具有________、________、________、________等特点。

2. 新闻的作用包括________、________、________、________等。

3. 一般来说，新闻的完整结构包括________、________、________、________、________、________、________等部分。

4. 通讯具有________、________、________等特点。

5. 通讯主要有________、________、________、________等种类。

6. 广播稿具有________、________、________等特点。

7. 演讲稿的结构一般包括________、________、________、________、________等部分。

8. 解说词具有________、________、________等特点。

三、问答题

1. 简述新闻标题的形式与写法。

2. 简述新闻导语的写法。

3. 简述新闻结尾写作的方式。

4. 简述人物通讯的写法。

5. 简述广播稿的写作注意事项。

6. 简述解说词的写作注意事项。

四、写作训练

1. 请将本章第二节的例文——《在大海中永生——邓小平同志骨灰撒放记》——改写为一则消息。要求题目自拟,结构完整,不超过400字。

2. 假设在你母校百年校庆典礼上,你将作为学生代表演讲,请就此拟写一篇10分钟的演讲稿。

延伸阅读

走科学发展道路,实现可持续发展

——在"21世纪论坛"2005年会议开幕式上的演讲

中华人民共和国国务院总理　温家宝

(2005年9月5日)

女士们、先生们、朋友们:

九月的北京,"暑退九霄净,秋澄万景清"。在这美好的时节,"21世纪论坛"2005年会议隆重举行。我谨代表中国政府,并以我个人的名义,对会议的召开表示热烈的祝贺!向各位来宾表示诚挚的欢迎!

实现可持续发展,是新世纪人类社会共同面临的重大问题。本次会议把可持续发展作为中心议题,深入探讨应对之策,具有重要的意义。

当今世界,科技进步极大地促进了生产力的发展,由此创造了前所未有的物质财富。经济全球化和产业结构调整促进了生产要素的跨国流动,为各国发展提供了重要机遇。同时,世界经济发展不平衡,南北差距扩大,贫困、疾病、文盲困扰着许多发展中国家,环境与发展的矛盾突出。要实现可持续发展,需要

各国做出正确的战略抉择，进行坚持不懈的努力。

上个世纪八十年代以来，中国经济持续快速增长，综合国力显著增强，人民生活水平大幅度提高，现代化事业取得了长足进展。同时，我们也清醒地看到，我国仍处于不发达的社会主义初级阶段，在前进的道路上面临着不少困难和问题。概括起来说，有两大矛盾：一是不发达的经济同人们日益增长的物质文化需求的矛盾，解决这个矛盾要靠发展；二是经济社会发展同人口、资源、环境压力越来越大的矛盾，解决这个矛盾要靠科学发展。

实现中国现代化是一个相当长的过程。我国已经制定了本世纪头20年的发展蓝图，这就是全面建设惠及十几亿人口的更高水平的小康社会。总结以往发展的经验，借鉴人类现代文明的成果，我们明确提出了坚持以人为本、全面协调可持续的科学发展观，提出了构建社会主义和谐社会的重大任务。其根本要求就是要坚持把发展作为治国理政的第一要务，聚精会神搞建设，一心一意谋发展。同时，要创新发展模式，走科学发展之路，更加注重统筹协调发展，促进人与自然和谐；更加注重提高经济增长的质量和效益，降低资源消耗，保护生态环境；更加注重社会公平和正义，激发社会活力，协调社会利益，构建和谐社会。

我们对中国未来的发展充满信心。这是因为：我国有可以支撑经济更大发展的物质技术基础；有十几亿人口日益增长的市场需求；有丰富的和整体素质不断提高的劳动力资源；有不断完善的社会主义市场经济体制和政策保障；有稳定的社会政治环境；更加重要的是，我们在实践中积累了正反两个方面的经验，找到了一条适合中国国情的发展道路。我们要紧紧抓住发展机遇，努力克服各种困难，推动国民经济持续快速协调健康发展。为此，我们将着力抓好以下重点任务。

第一，立足于扩大国内需求推动发展。中国人口占世界的五分之一，而且正处在工业化、城镇化进程加快，人民群众收入水平提高和消费结构升级的发展阶段，具有广阔的市场需求。这就决定了中国的发展应当而且有可能实行以国内需求为主的方针。扩大国内需求，包括投资需求和消费需求。我们要实行正确的财税、金融、投资政策，保持固定资产投资以合理的规模和速度增长，发挥投资对经济增长的推动作用。我们要实行正确的收入分配政策和消费政策，增加城乡居民收入，改善消费环境，不断扩大消费，特别是扩大8亿多农村居民的消费，更多地依靠消费需求拉动经济增长。

第二，加快推进经济结构战略性调整和增长方式转变。我国经济发展中的突出问题是结构不合理，经营方式粗放，资源消耗高、环境污染重、经济效益不高。这些问题直接影响着中国经济的可持续发展。我们将坚持走新型工业化道路，推进产业结构优化升级，大力发展高新技术产业，提高基础产业和制造业水平,推进服务业全面发展。坚持实行工业反哺农业、城市支持农村,促进城乡协调发展。坚持实施区域协调发展战略,形成东中西优势互补、良性互动的发展格局。坚持推进经济增长方式转变,大力发展节约型经济、循环经济、环保型经济,提高资源利用效率,控制污染物排放总量,形成集约发展、清洁发展的国民经济体系。

第三,显著提高科技自主创新能力。提高我国国民经济素质和竞争力、实现经济长期持续发展,必须依靠科技创新。我们把增强自主创新能力作为国家战略,作为调整经济结构、转变经济增长方式的中心环节。我们制定了国家中长期科学和技术发展规划,提出了未来15年科技发展的目标任务。我们将大力加强原始性创新、集成创新和引进消化吸收再创新。多渠道增加科技投入,推进国家创新体系建设,支持企业成为技术创新和科技投入的主体,加速科技成果向现实生产力转化,更加注重保护知识产权。

第四,把教育放在优先发展的战略地位。推动经济社会全面协调可持续发展,教育是根本,人才是决定性因素。我们将把更大的精力、更多的财力用于教育,加快教育结构调整和教育体制改革,使我国教育事业有一个大发展、大提高。重点加强义务教育特别是农村教育,大力发展职业教育,提高高等教育质量。努力造就高素质劳动者和各方面的专门人才,同时积极引进海外各类人才特别是高层次人才,进一步形成人才辈出、人尽其才的良好机制和社会氛围,为现代化建设提供强大的人才保障和智力支持。

第五,更加重视加强和谐社会建设。这是我们全面建设小康社会的重要目标,也是经济社会持续发展的重要保障。我们将着眼于维护和发展最广大人民群众的根本利益,建设民主法治、公平正义、诚信友爱、充满活力、安定有序、人与自然和谐相处的和谐社会。当前,要突出解决好就业、社会保障、扶贫、教育、医疗、环保和安全生产问题,使全体人民共享改革发展的成果。

中国过去二十多年社会生产力的快速发展靠的是改革开放;解决影响未来发展的矛盾和问题,也必须靠改革开放。我们将坚持社会主义市场经济改革方向,着眼于制度创新,加快推进全面改革。坚持以转变政府职能和深化农村、企业、金融、财税、投资等改革为重点,进一步提高国民经济市场化程度,进一步完善国家宏观调控体系,形成一整套有利于推动经济结构调整和增长方式转变,促进经济社会全面协调可持续发展的体制机制。

中国的发展离不开世界,世界的发展也需要中国。我们将坚定不移地实行对外开放的基本国策,按照世贸组织规则,参与国际经济技术合作和竞争,更好地利用两个市场、两种资源。完善涉外经济管理体制和政策。进一步开放市场,优化投资和贸易环境。改善贸易结构,不断提高利用外资水平。鼓励企业到境外投资,与所在国的企业共同发展。

中国社会主义现代化道路，是一条和平发展的道路。这条道路的实质就是利用世界和平的有利时机实现自身发展，又以自身的发展更好地维护和促进世界和平。我们主要依靠自己的力量和改革创新来实现发展，在平等互利的基础上发展同世界各国的合作。中国的发展，不会对任何国家形成威胁，只会为维护世界和平、促进共同发展作出更大的贡献。

女士们、先生们！

地球是人类共同的家园。追求安宁、美好的生活，实现可持续发展，是各国人民的共同愿望，需要全世界共同努力。在此，我愿重申中国政府的一贯主张：

——建立公正合理的国际经济新秩序。这是实现可持续发展的重要保证。国际社会应推动经济全球化朝着有利于共同繁荣的方向发展。世界各国在经济事务中应平等参与、加强合作、互利共赢，特别要照顾发展中国家的利益。建立开放、公平的贸易体制，促进生产要素在全球合理流动，为共同发展创造条件。

——探索多样化的可持续发展模式。各国国情和发展阶段不同，有权选择符合自己国情的经济社会发展路子，掌握自身发展的进程，合理开发利用自然资源，保护生态环境。

——加强全球可持续发展合作。世界各国要共同应对气候变化、大气污染、水资源短缺、荒漠化和自然灾害等问题。加强可持续发展的科技合作，妥善解决知识产权保护与科技成果推广应用之间的矛盾。发达国家应当承担更多的国际义务，以优惠条件转让资源节约、环境无害化技术。

——推进发展中国家可持续发展能力建设。抓紧落实联合国千年发展计划，进一步加强南北合作，发达国家应帮助发展中国家消除贫困、治理环境污染，提升可持续发展能力。加强南南合作，共同解决前进中遇到的问题。

中国是世界大家庭中的一员，愿意为可持续发展作出应有的贡献。这次会议的召开，为我们学习和借鉴国际经验提供了机会。让我们广泛交流，加深了解，扩大共识，加强合作，共创人类社会美好的明天。

最后，预祝会议取得圆满成功！祝各位来宾在北京生活愉快！

谢谢大家！

（资料来源：新华社 2005 年 9 月 5 日国务院总理温家宝在北京举行的“21 世纪论坛”2005 年会议上发表的重要演讲）

第十章　学业论文类应用文写作

本章学习目标

1. 理解毕业论文的基本概念、特点。
2. 了解毕业论文的结构要求与写法。
3. 了解毕业设计报告的基本概念、特点。
4. 了解毕业设计报告的格式与写法。
5. 理解实习报告的概念与结构。
6. 清楚学业类论文的一般规则与注意事项。

第一节　毕业论文

一、毕业论文的概念

毕业论文是高等院校的应届毕业生为了完成学业，综合运用所学基础理论、专业知识和技能，就某一领域的某一课题的研究(或设计)成果加以系统表述的具有一定学术价值或应用价值的议论文体。

二、毕业论文的种类

学业论文一般可以分为课程论文、毕业论文和学位论文。在实际中，高校毕业生的毕业论文与其学位论文往往是合二为一的。

《中华人民共和国学位条例》(简称《条例》)第三条写道：学位分学士、硕士、博士三级。相应地学位论文可以分为学士学位论文、硕士学位论文和博士学位论文，当然不授予学位的专科生毕业前也应撰写毕业论文。

1. 学士学位论文

《条例》指出：高等学校本科毕业生，成绩优良，达到下述学术水平者，授予学士学位：①较好地掌握本门学科的基础理论、专门知识和基本技能；②具有从事科学研究工作或担负专门技术工作的初步能力。可见，学士学位论文的作者必须对所研究的课题有一定的理解和认识，所写论文必须能表现出作者从事科

学研究的能力和水平。一般说来,学士学位论文就是合格的大学毕业论文。

2. 硕士学位论文

《条例》指出:高等学校和科学研究机构的研究生,或具有研究生毕业同等学力的人员,通过硕士学位的课程考试和论文答辩,成绩合格,达到下述学术水平者,授予硕士学位:①在本门学科上掌握坚实的基础理论和系统的专门知识;②具有从事科学研究工作或独立担负专门技术工作的能力。

国务院学位委员会要求硕士学位论文应在指导教师的指导下,由研究生本人独立完成;论文应有自己的新见解;论文工作应有一定的工作量,用于论文工作的时间一般应有一学年左右。

可见,硕士研究生对所研究的课题必须有新的见解,论文必须能反映出作者有独立从事科学研究的能力。

3. 博士学位论文

《条例》指出:高等学校和科学研究机构的研究生,或具有研究生毕业同等学力的人员,通过博士学位的课程考试和论文答辩,成绩合格,达到下述学术水平者,授予博士学位:①在本门学科上掌握坚实宽广的基础理论和系统深入的专门知识;②具有独立从事科学研究工作的能力;③在科学或专门技术上做出创造性的成果。

可见,博士学位论文必须站在本学科前沿,在自然科学、工程科学、社会科学或人文科学领域有创造性成果或独到见解。论文必须反映出作者有渊博的理论知识和相当熟练的科学研究能力。博士论文对某学科提出的创造性见解,应能对该学科的发展起重要的推动作用,或对该学科水平的提高有相当大的贡献。

三、毕业论文的特点

毕业论文作为一种理论性很强的议论文,首先要具备议论文的一般特点。同时,毕业论文作为一种学术论文,还应该具备其特点:学术性、科学性和创见性。

(一) 学术性

学术是指专门的、系统的学问。而学术论文是对一个课题进行专门的、系统的研究,从而创立出一种理论或者找出一种规律。

学术性是学术论文的出发点。它可以推翻某一旧理论,提出自己的新理论。学术论文也可以是把一些分散的材料系统化或将一些不同的意见条理化,并补充大量新的材料,以一种新的观点去加以分析研究,并得出更具有说服力的结论。还有不少学术论文是在前人的零散研究基础之上,再作纵深的开掘,使其提高到一个新的学术层次。

(二) 科学性

毕业论文的科学性要求它是科学的,符合客观规律的,有事实和理论根据的。

毕业论文的科学性体现在两个方面:一是要求立论的观点正确;二是要求知识、材料的准确。

(三) 创见性

创见性是学术论文的价值所在,如果没有创见性,就不能称其为学术论文。从这个意义上说,创见性是学术论文的核心,是学术论文的生命。

学术论文的创见性表现在提出前人从未提出过的新观点、新理论或发现那些尚未被人认识的客观规律上。

四、毕业论文的写作步骤

毕业论文的写作过程通常包括选题、选导师、收集资料、研究分析、编写提纲、撰写成文、修改定稿等步骤。

(一) 选题

选题就是确定论文的研究方向,是作者在系统学习理论的基础上选择研究对象和范围,确定论文的角度和切入口。

从培养要求来说,选题必须符合专业培养目标的要求,体现本专业基本训练的内容,对所学知识有综合运用的性质。选题要抓住社会经济和科学技术方面的热点、难点和焦点,尽可能反映现代科学技术的发展水平,与当前的社会生活、管理实践和科学研究等相结合,要有利于社会和科学文化事业的发展。论文选题是可以选择创造性、发展性或争鸣性的课题。

毕业论文的选题通常有 3 种方式:一是教师命题,一般由专业教师根据专业具体情况拟订一些论文题目,学生可从中选择适合自己的题目;二是引导性命题,由指导教师在了解学生具体情况的基础上,引导学生选定较为适宜的论文题目;三是自选题,由学生在所学专业领域内,自主拟定论文题目。

(二) 选择导师

学生在撰写毕业论文的过程中,一般要由专门教师指导。导师的主要任务是帮助学生确定选题,提供参考文献、书目,指导制订研究计划,审定论文提纲,指导研究方法,解答疑难,审阅论文,评定论文成绩等。导师并不负责直接修改学生论文,而只是针对学生的提问,就学生论文写作中存在的问题进行指导、解惑,帮助学生按要求完成毕业论文的写作。

学生选择导师时要基于自己选题的方向,然后考虑导师的专业特长和研究领域。学生在论文写作过程中,遇到疑惑一定要积极主动与导师联系,尤其是在选题、拟定提纲和征求初稿修改意见 3 个环节。

（三）收集、选择材料

毕业论文的选材就是通过各种途径、方法，去收集、选取与课题相关的理论、资料和数据。充分获取资料是撰写毕业论文的基础。每一篇论文都必须有丰富的、充实有力的论据作为其立论的依据。

根据与论文的关系，材料可分为 3 类：核心材料，即研究对象本身的材料；背景材料，即对核心材料起参照、比较、深化作用的材料，包括已有的研究成果材料和相关的参照材料；具有方法论意义的理论材料。

根据其来源，材料又可以分为两大类：一类是直接材料，或称为第一手资料，即从有关研究对象的原始资料中筛选出来的，作者可以通过实地调查、科学实验或科学观察得到，这类资料很有价值，弥足珍贵；另一类是间接材料，或称为第二手资料，即他人有关的研究成果或资料。这些材料均需从大量的图书、报刊、研究报告中获得，专著、专业期刊、学术会议和网络是这些资料的主要来源。

（四）整理研究材料，确立观点

论文写作不是堆积资料，而是写作者运用科学、系统的方法和理论，对收集的资料进行分类、优选，然后进行分析、研究，从而发现问题，发现规律，提出新的、有价值的观点。

（五）编写提纲

提纲是由序号和文字所组成的一种逻辑顺序。编写提纲是作者从整体上编写论文的篇章结构，立足论文全篇，及时发现原有设想可能存在的疏漏之处与薄弱环节，以便及时采取补救措施。

论文提纲形式多种多样，一般可分为简单的提纲和详细的提纲两种。简单的提纲通常只列出如何开头，如何写正文，如何结尾，划出段落与层次；详细的提纲适合长篇幅的论文，它要求不仅列出如何提出问题，如何分析问题，如何解决问题，列出材料要点，而且还要详细安排各个部分的内容，自然地组成一个理论系统。

编写提纲的步骤一般为：

① 初步确定论文的标题；

② 确定论文的中心思想，写出主题句子；

③ 确定论文的总体框架，安排有关论点的次序；

④ 确定大的层次段落，确定每个段落的主旨句；

⑤ 填充材料，即每段选用哪些材料，按自己的习惯写法表示所选用材料的名称、页码、顺序；

⑥ 检查、修改提纲。

（六）撰写成文

提纲拟定之后，接下来就要进入具体的行文写作了。

拟定提纲时，主要考虑的是如何构建论文的骨架，如何安排论文的逻辑关系和具体环节。待执笔写作时，作者更多考虑的则是如何按照毕业论文的写作格式去恰当使用材料，如何运用多种论证方法严谨而又充分地论述自己的观点。

（七）修改定稿

毕业论文初稿写成以后，必须进行反复修改，才能最后定稿。论文的修改是作者科学研究的继续和深入，是作者严谨的治学态度与对读者、社会高度负责的体现。目的是确保论文的质量，增强论文的科学性与可读性。

五、毕业论文的格式

学术论文（包括科技报告和学位论文）的编写格式包括前置部分、主体部分、附录部分、结尾部分。

（一）前置部分

学术论文的前置部分一般包括封面、标题、摘要、关键词、目录、插图和图表清单、注释表等项目。

1. 封面

封面是论文的外表，它提供应有的信息并起保护作用。封面不是论文必不可少的组成部分，如果作为期刊、专著或其他出版物的一部分，无须封面。现在毕业论文一般由学生自行打印，通常应有封面，封面一般应包括院校名称、“本科（硕士、博士）毕业论文”字样、论文题目、院系、专业、班级、姓名、指导教师、时间等项目。学校一般提供封面的格式，学生只需按要求填写即可。

2. 标题

标题是毕业论文的旗帜，要“题括文意”，也就是要概括文章的内容，直接表达或提示主题，力求鲜明准确，让人一目了然。

标题语言应简单明了，质朴无华，直接表明论文的中心思想或主要内容，如《中国高校教师工作——家庭冲突研究：维度、前因、后果及其应对策略》。

3. 摘要

摘要是论文的内容不加注释和评论的简短陈述。摘要应具有独立性和自含性，即不用阅读论文的全文，从摘要就可以获得必要的信息。

摘要一般可以分为报道型摘要和提要型摘要。报道型摘要主要介绍研究的目的、对象、内容、方法、结果、主要数据和结论。提要型摘要只是简要地叙述研究的成果（数据、看法、意见、结论等），对研究手段、方法、过程等均不涉及。

4. 关键词

关键词又叫主题词,是反映论文主要内容的单词或术语,目的是为文献检索提供方便。每篇论文主题词一般为 3～8 个,按词语外延层次从大到小排列,尽可能从汉语主题词表中选用规范词。每个关键词之间应以分号或空格隔开,以便于计算机自动切分。

5. 目录

目录又叫目次页,篇幅较长、结构较复杂且有小标题的毕业论文要设置目录。它应是一个导读次序表,可以展示全文总标题和各层次之间的关系,让读者能方便、快速了解文章内容。

6. 插图和图表清单

论文中如果图表较多,可以分别列出清单置于目录之后。图的清单应有序号、图题和页码,表的清单应有序号、表题和页码。

7. 注释表

符号、标志、缩略词、首字母缩写、计量单位、名词、术语等的注释说明汇集表,应置于图表清单之后。

(二) 主体部分

论文的主体部分的编写格式并无严格规定,一般包括绪论、正文、结论、致谢、注释、参考文献等部分。

1. 绪论

绪论又称引言、前言、导语,是论文的开头,目的在于引出论题。绪论可以侧重写本课题研究的背景、任务、方法以及预期达到的目标;也可以侧重写国内外同行对本课题研究情况的简要回顾、理论发展概况和展望,指出目前的进展和存在的问题,从而说明本课题研究的预期结果和意义。

2. 正文

正文也称本论,是论文的核心部分,是作者对论题所作的周密分析和论证,是作者研究成果的具体描述,体现着作者的水平和文章的价值。正文是论文写作的关键部分,它要求论点鲜明、正确,论据翔实、新颖,结构层次清晰,分析深入透彻,论证逻辑严密。

毕业论文正文部分的结构层次一般采用以下 3 种方式。

① 并列式(横式结构):各分论点相提并论,各层次平行排列,分别从不同的角度、不同的侧面对问题加以论述,使文章呈现一种齐头并进的局面。

② 递进式(纵式结构):各分论点、各层次的内容步步深入,后一层次内容是对前一层次内容的发展,后一个分论点是对前一个分论点的深化。

③ 综合式:采用这种安排的论文往往是以某一种安排形式为主,中间掺以另一种形式。

3. 结论

结论又称结语、结束语,是理论分析或实验结果的逻辑发展,是整篇论文的结局。结论的写作要精简,要与绪论相照应。结论部分的内容通常包括作者对研究课题做出的答案,作者对研究课题提出的探讨性意见,对未解决的问题提出的某种设想或建议等。

4. 致谢

致谢附于正文的结尾部分,是对在该课题研究或毕业论文写作过程中,曾给予指导、审阅、修改、提供有关资料的人员、单位表示谢意的文字,是治学者应有的风范,也是对别人劳动及其成果的尊重。

5. 注释

对于生僻词语、专业术语或引述别人著作等,应加注释。注释的方法有夹注、脚注、尾注等。论文多用尾注的方式,尾注应该统一编排连续序号,文中注释序号和文尾注释序号应完全相同。

6. 参考文献

参考文献是在论文中使用过的材料的出处,包括论文、专著及其他资料。参考文献要按照作者名称、文章题目、期刊名称(年、卷、期)、出版地、出版者、出版年月等顺序排列。

参考文献排序一般有如下几种方法:①按照在论文撰写中参考价值的大小;②按照论文参考引用的先后顺序;③按照文献时代的先后顺序;④按照作者姓氏笔画或外文字母的顺序。

(三) 附录部分

附录是论文的补充项目,并不是不可少的。

附录包括的内容可以有:比正文更详尽的信息、研究方法和技术方案,建议阅读的参考文献题录;罕见的珍贵资料,对专业人士有用的原始资料,某些重要的原始数据、数学推导、计算程序、框图、结构图、注释、统计表、程序编码等。

(四) 结尾部分

如有必要,论文可编排分类索引、著作索引、关键词索引等。

六、毕业论文写作注意事项

① 选题要严谨。要在自己的专业领域内选择自己有兴趣的课题。选题范围要与自身主客观条件相适宜,量力而行,不大不小,不难不易。要有新意,能表达自己的心声和水平。

② 观点要鲜明,有科学性。毕业论文要以实事求是的态度对待客观事实,评价要适度、全面,切忌走极端,顾此失彼,主观武断。

③ 分析要深入合理。要收集充足、典型、新颖的材料,要对材料进行深入

严密的分析，在分析的基础上引出观点。切忌堆砌材料，简单的观点加例子。

④ 表达要规范。论文入题要迅速，段落层次安排要清晰、合理、匀称，头尾要呼应。语言文字要通顺，做到准确、严密、专业。

【例文】

服务市场营销组合理论在现代远程教育生源组织工作中的应用

——兼谈北京邮电大学网络教育学院生源组织策略

曾爱波

（北京邮电大学网络教育学院，北京，100088）

摘要：现代远程教育作为一种新的办学模式，没有招生计划的限制，没有财政补贴，面向市场办学，压力很大，竞争非常激烈。本文运用服务市场营销组合理论，结合北邮网院招生工作实际，分析现代远程教育生源组织工作存在的问题，并针对性地提出建议和对策。

关键词：服务市场营销组合理论　现代远程教育　招生

市场营销理论是研究面向市场的一切个人和组织如何根据市场需求和竞争状况来构想和出售自己的产品、服务和有价值的学问。现代市场营销的主体包括一切面向市场的个人和组织，既包括工商企业等营利性组织，也包括学校、医院、公共事业单位等面向市场的非营利性组织，还包括一些拟通过交换获取所需所欲之物的个人。

我国现代远程教育自1998年开始举办，截至2006年共有试点院校68所，校外学习中心2 000多个，250万名学生。北京邮电大学为现代远程教育首批4所试点学校之一，现开设6个专业，设校外学习中心30多个，在校生超过9 000名。

本文将运用服务市场营销组合理论，重点运用产品策略，结合北邮现代远程教育招生工作实际，分析现代远程教育生源组织工作中存在的问题，并有针对性地提出解决问题的策略。

一、北邮现代远程教育生源组织情况、存在的问题及产生问题的原因

1. 北邮现代远程教育历年招生情况

1999—2008年春季北邮网院现代远程教育招生统计表如表10-1所示，北邮现代远程教育1999—2008年招生情况如图10-1所示。

表 10-1　1999—2008 年春季北邮网院现代远程教育招生统计表

年份	计算机科学与技术/人		通信工程/人		软件工程/人	信息管理与信息系统/人	市场营销/人	经济管理/人	通信技术/人	合计/人
	本科	专升本	本科	专升本	本科	专升本	专升本	专科		
1999	980									980
2000	1 261	320				250				1 831
2001	945	620				719				2 284
2002	604	536	370	89		898				2 497
2003	436	315	622	505		840				2 718
2004 秋	209	122	317	418		482		75	111	1 734
2005 春	109		209	225	41	73	363	66		1 086，秋季超过 2 000

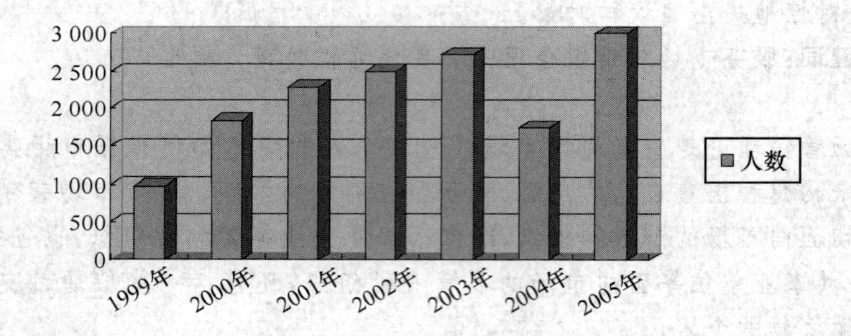

图 10-1　北邮现代远程教育 1999—2008 年招生情况

1999 年，北邮现代远程教育开办“计算机科学与技术”本科专业，在北京、天津、广东、福建、辽宁 5 省市邮电系统内招生 980 人，基本完成招生目标。

2000 年，增设“信息管理与信息系统”专升本专业，增加在上海、江苏、浙江、山东、宁夏 5 地区招生，计划招生 1 381 名，实际招生 1 833 名。超额完成招生计划。

2001 年，增加在河北、河南、广西、海南和四川招生，计划招生 2 900 名，实际招生 2 284 名。只完成计划 78.8%，开始出现没完成招生任务的情况。

2002 年，增设“通信工程”专业，增加在湖北、陕西、贵州、深圳等地招生，计划招生 3 360 名，实际招生 2 497 名，完成计划 74.3%。

2003 年，增加在云南、黑龙江招生，实际招生 2 718 名。

2004 年，招生人数锐减至 1 734 名。学院决定今后一年两季招生。

2005 年春季实际招生 1 087 名，秋季招生超过 2 000 名，全年招生超过 3 000名。

2. 北邮现代远程教育生源组织存在的问题

(1) 招生人数并不稳定

1999 年开始试办,基本达到预期目标。2000 年超额完成招生计划。2001 年只完成招生计划的 78.8%。2002 年招生计划完成比例下降至 74.3%。2004 年招生总人数更是锐减至 1 734 名。2005 年春、秋两季招生超过 3 000 名,招生数量下滑趋势得以扭转,招生总数超过以往各年招生人数。

(2) 生源质量有所降低

从招收学生整体水平看,其学习能力和学习态度均有所降低。

(3) 生源结构单一

受行业办学影响,北邮现代远程教育虽面向社会招生,但仍有 90%以上的学员为邮电系统职工。

3. 产生这些问题的原因

(1) 外部因素

随着国家教育体制改革的深化,普通高校扩招、民办高校迅速发展,给我国成人学历教育带来很大的冲击,这一冲击也影响了新兴发展的现代远程教育。加之绝大部分中专学校停办,使得成人学历教育的生源数量急剧减少,质量迅速降低。

邮电体制改革,如邮电分营、电信拆分,加剧邮电通信企业间的竞争。原来邮电通信企业对职工参与学历教育政策上大力支持,现在企业认为职工学历教育乃职工个人行为,在学习时间和费用上的支持力度大大下降。

竞争的冲击:现代远程教育作为一种新的办学模式,教育主管部门并不为学校招生设立计划,一些试点学校不顾办学能力,盲目扩大招生规模。有些学校甚至企业化运作,将盈利作为其举办现代远程教育的重要目标,致使招生工作中违规现象不断。从长远看,这既影响生源组织工作,也影响现代远程教育的声誉。

其他成人教育形式,如有些自学助学单位、电大、党校等甚至采取非常规的手段,挖掘生源。

社会不良风气的影响:不少生源希望快捷、方便、廉价地拿到文凭。为加强远程教育质量控制,教育部声称 2005 年起要增加对现代远程教育学生的统考,这使得一批想混文凭的学生不敢报考现代远程教育;加之北邮成人学历教育因严格要求质量而著名,致使部分生源望而却步,放弃对北邮的选择。

现代远程教育的社会认可度有待进一步提高。现代远程教育自 1999 年开始招生,其办学质量和认可度还有待时间检验。

(2) 内部原因

缺乏市场意识。北邮现代远程教育从一开始便依托北邮函授学院办学。北邮函院作为原邮电部职工学历教育专职机构,业务上领导全国邮电函授教育,从生源上垄断华北、中南两大区邮电职工学历教育。其实为典型的计划体制、行业办学,只强调质量和专业对口。邮电函授教育合作伙伴为各地邮电学校,大家亲如一家人,不谈利益,不分你我,甚至权责利不明。这种办学模式缺乏市场意识,缺乏竞争力,也影响当前形势下北邮现代远程教育生源的组织。

产品(专业)不尽合理。北邮网院的前身原北邮函院作为邮电职工学历教育专职机构,其培养对象为邮电职工,专业当然也是邮电类专业。但随着教育体制和邮电体制改革的深化,北邮函院随学校划归教育部,其远程教育和函授教育均开始面向市场、面向社会招生。但北邮现代远程教育没有及时、准确掌握市场需求,调整产品结构,致使邮电行业内部生源部分流失,而对社会生源又缺少吸引力。

服务意识欠缺。传统的邮电函授教育由于在计划体制下垄断运行,服务意识尚有欠缺,不适应现代远程教育发展的要求。

对于以上存在的问题,外部因素不是学校能够解决的,此不赘述。本文将重点从内部因素入手,运用服务市场营销组合理论,重点运用产品策略来提出现代远程教育生源组织工作问题的解决方案。

二、服务市场营销组合理论在现代远程生源组织中的应用

市场营销学泰斗菲利普·科特勒认为,市场营销是与市场有关的人类活动,市场营销理论既适用于营利组织,也适用于非营利组织。

(一) 服务市场营销组合理论的基本含义

市场营销组合(marketing mix)是指组织综合利用并优化组合多种营销变量,以实现预期营销目标的活动总称。杰罗姆·迈肯锡提出经典市场营销组合理论(4P's营销组合)将变量归纳为四大类:产品(product)、价格(price)、渠道(place)和促销(promotion)。该理论对企业界产生巨大影响,成为企业营销实际的行动准则。而针对服务的无形性、差异性、不可分离性和不可贮存性等特点,布姆斯和比特纳发展市场营销组合理论,增加3个"服务性的P":人员(people)、有形展示(physical evidence)和过程(process)。

产品(product):此指服务及其设计和生产,具体包括服务的范围、质量、水平、品牌、保证及售后服务等。

价格(price):服务产品具有无形性,顾客事先无法确定服务的好坏,故服务的价格就成为向顾客发出的产品信号。

渠道(place):促使产品或服务顺利地被使用和消费的一整套相互依存的组织或个人。

促销(promotion):包括广告促销、人员推销、销售促进、公共宣传、口头传播、直销等沟通方式。

人员(people):市场营销理论认为,服务企业的人员就是服务产品的一

部分。

有形展示(physical evidence):指服务组织的环境以及所有用于沟通和生产过程的有形产品和标记。

过程(process):包括一个产品或服务交付给顾客的程序、任务、日程、结构、活动和日常工作。

现代远程教育作为一种新的办学模式,面向市场办学,由学校自定招生计划,自主组织入学考试。这种办学模式赋予学校更大的办学自主权,也加大了现代远程教育的竞争程度。故将服务市场营销组合理论引入现代远程教育生源组织工作是可行的,也是必要的。

(二) 产品策略在现代远程教育生源组织工作中的应用

1. 产品策略的基本含义

产品是指能提供给市场,用于满足人们某种欲望和需要的任何事物,包括实物、服务、场所、组织、思想、主意等。教育的产品并不是学生(其实学生是教育产品的消费者),而应该是学校向学生提供的教育、管理和服务。

2. 适应市场需求,丰富产品内容,增强竞争力

产品整体概念包含核心产品、有形产品和附加产品3个层次。

核心产品是指消费者购买某种产品时所追求的利益。消费者购买某种产品,并不是为了占有或获得产品本身,而是为了获得满足其某种需要的效用或利益。现代远程教育提供的核心产品(或学员参加现代远程教育期望获得的核心利益)是通过接受教育,提高知识水平、学习能力以及分析问题、解决问题的能力,促进工作进步和个人全面发展。

有形产品是核心产品借以实现的形式,即向市场提供的实体和服务的形象。现代远程教育提供给学员的有形产品(或学员应获得的有形产品)应该包括各类教学资料,如教学大纲、教材、教案、教学课件;全部教学环节;教师及其教学服务;各项教学、教务管理;毕业证书、学位证书等。

附加产品是顾客购买有形产品时所获得的全部附加服务和利益。新的竞争不是发生在各公司的工厂生产什么,而是发生在其产品能提供何种附加利益。北邮现代远程教育应为学生和毕业校友提供更多的附加产品:通过远程等手段提供新技术、新理论、新政策等方面的培训服务;提供专业咨询;营造良好的同学、老师圈子;改善学生和校友的工作和生活。还应向企业提供附加产品:加强产学研结合,实现多赢互利;开展校企联合办学,为企业提供个性化、定制化的教育服务;为企业提供咨询、培训等业务。

3. 优化产品组合,调整业务结构,满足多样化的需求

北邮网院既为学校二级学院,也为学校函授、远程、自考等成人学历教育归口管理部门。现有的办学模式、专业、在校生数如表10-2所示。

表 10-2　北邮网院产品组合宽度和长度(办学模式及专业)(2005 年春季)

	产品组合的宽度					
	远程	函授(夜大)	成人脱产	自考	统招硕士	工程硕士
产品组合的长度	计算机科学与技术	通信工程	计算机通信	通信信息管理	计算机应用技术	电子与通信工程
	通信工程	通信技术	通信工程	计算机信息管理	通信与信息系统	
	信息管理与信息系统	计算机技术	市场营销	计算机通信工程	电磁场与微波技术	
	经济管理	经济管理		计算机网络	教育技术学	
	通信技术	电子商务				
	市场营销					
在校生数/人	9 000	13 300	675	2 600	79	145

1998 年,北邮函院(网院前身)随学校划归教育部,可以面向全社会招生。由于多种因素,其面向邮电系统办学、招生的格局并没有完全改变。

近几年,北邮网院在逐渐拓展产品的宽度:1999 年试点现代远程教育;2000 年开始独立招收研究生;2005 年举办工程硕士班;同时延长产品长度,开办信息管理与信息系统、电子商务、市场营销、软件工程等专业。

北邮网院进行产品组合时,要考虑以下因素。

① 市场的需求,包括学员、企业以及社会的需求。随着市场竞争越来越激烈,通信行业甚至整个社会对经济管理类、营销类人才的需求越来越大。加之成人教育的特点,其学习工程专业的需求应该会逐渐减少,转向管理专业的可能性增大。

② 学院现有的资源以及能整合的资源。北邮是一所以信息技术为特色的著名高校,在通信类专业方面具有明显优势。其现代远程教育也突出这一特色:将原邮电类专业作为拳头产品,开设一些面向社会或其他行业的专业,以丰富产品、调整结构。

③ 现代远程教育的竞争状况以及其他成人高等教育的竞争状况。当前现代远程教育面临着严峻的挑战:普通高校扩招、民办高校兴起、自考等其他学历教育的冲击、现代远程教育试办校之间的竞争。

据此,北邮网院可优化产品组合如下。

① 积极拓展新业务,拓展产品宽度,如开办工商管理、金融专业等专业。

积极举办研究生课程班,提升办学层次,赢得高端客户;积极开展短期培

训，赢得长期客户。

压缩成人全日制教育形式和自考主考业务，整合有限资源，集中精力办好现代远程教育。

② 调整专业结构，整合内部资源。

开办面向全社会的专业，扩大生源范围。2004 年开设的“市场营销”专业生源情况比较好。2005 年，我国将有 390 万高考落榜生，大学毛入学率仅为 18%。成人学历教育生源仍然丰裕，现代远程教育只要找准目标市场，提供适当产品，其发展前景是非常乐观的。

硕士研究生班应努力争取开办管理类专业，满足企业和学员日益增长的需求。

③ 适应形势发展，开发新产品。可以在实行学分制的基础上，采取分段学习制，颁发相应的学历证书、技能证书。

4. 提高产品质量，改善管理和服务，打造优质品牌

北邮成人学历教育一直以高质量、严管理享誉邮电界和成人教育界。北邮现代远程教育应继续立足于通信行业，坚持以优质的产品、良好的服务、规范的管理赢得成人学历教育的高端市场。

（三）其他市场营销组合理论在现代远程教育招生工作中的应用

服务市场营销组合理论中 7 个“P”是一个有机整体，相互依存。产品策略虽为核心策略，但其只有在其他策略的配合下才能赢得市场，赢得客户。对现代远程教育来说，就是赢得生源。

1. 定价(price)

一般来说，产品(包括教育)定价要采取六大步骤：选择定价目标；测定需求的价格弹性；估算成本；分析竞争对手的产品与价格；选择适当的定价方法；确定价格。影响定价的因素有：产品成本；供求状况；竞争状况；营销策略的一致性；法律政策等。

北邮现代远程教育应在相关政策允许的范围内，根据提供优质的、符合教育规律的教育产品的成本，在学员、校外学习中心、学院等多方共赢的原则下，参考供求和竞争状况，确定价格策略。

具体可考虑地区经济状况、竞争程度及惯例，实施分区定价，适当拉开学费差距。与校外学习中心的分成比例，可按照双方职责及履行职责的情况，实行差异化分成管理。加大对校外学习中心的倾斜，尽可能使得财权与事权统一，以调动校外学习中心的积极性、主动性和创造性。

2. 分销渠道(place)

现北邮现代远程教育共设 30 个校外学习中心，除深圳、辽宁设在通信企业，宁夏设在宁夏广播电视大学外，其他均设在各地邮电学校(邮电培训中

心),行业办学色彩浓厚,这利于北邮现代远程教育在行业内继续保持优势,但也局限了辐射范围。

北邮现代远程教育还应在邮电系统以外设立新的校外学习中心,开办其他专业,面向其他方向招生,寻求新的增长点,或谋求招生代理机构,由其组织生源,北邮负责教育、管理和服务。

3. 促销(promotion)

当前北邮网院还应该大大加强广告和公关等方面的工作,进一步提高北邮网院在社会上的知名度和美誉度,为招生工作做好充分准备。由于北邮网院行业特色浓厚,故其促销策略应充分考虑这一因素,加强企业内网宣传和人员促销的力度。

4. 人员(people)

北邮网院现有100多名专职教职工,其中近50名为专职教师,还包括各校外学习中心的教师、管理队伍。这些优秀的教学、管理队伍是北邮现代远程教育服务质量的最可靠的保证和重要体现。

今后,还要进一步调整网院师资结构、提高师资素质,进一步完善校外学习中心辅导教师队伍的建设和管理,保证对学员的教育和服务。

5. 有形展示(physical evidence)

在有形展示方面,北邮网院要做好三方面的工作:一要规范教学资源,如北邮的教案、课件、作业、试卷、论文等要求要尽量统一;二要对教师、管理人员及学习中工作人员的言谈举止进行规范,这是学生真正接触到的北邮远程教育;三要通过公共媒体和学院内部网络提高学院知名度和美誉度。

6. 过程(process)

北邮现代远程教育既要树立“全方位育人”“全员育人”的理念,更要树立“全过程育人”的理念,保障教育质量。现代远程教育是一种教与学在时间与空间上分离的教育模式,这有利于学生在任何时间、任何地点接受教育,但不利于老师及学生之间的交流。学院应根据学员实际和需求,遵循教育规律,加强过程管理,如通过形成性考核保证教育和服务质量。

现代远程教育作为一种新的办学模式,其发展前景广阔,道路曲折。本文用服务市场营销组合理论,联系北邮网院招生工作实际,深入调研,收集资料,分析研究资料,分析问题,诊断原因,并针对性地提出解决方案。

参考文献:

[1] 万后芬,汤定娜,杨智. 市场营销教程. 北京:高等教育出版社,2003.

[2] 高等学校网络教育学院选编. 中国远程教育增刊,2004.

第二节　毕业设计报告

一、毕业设计及毕业设计报告概述

毕业设计是高等院校工程技术科学专业及其他需要培养设计能力的专业或学科的应届大学毕业生，针对某个具体课题，综合运用所学的基础理论、专业知识和技能，提出解决问题的设想，制订计划，形成最佳方案，并对这一最佳方案进行全面论证的教学环节。毕业设计是学生即将毕业前完成的一个重要教学环节，它既是对学生在学校所学知识的全面总结和综合运用，又为学生毕业后走向社会的实践操作应用奠定一个良好的基础，是学生学习并掌握科学研究、工程设计和撰写技术报告的基本方法。

毕业设计报告是对毕业设计成果的文字表述，相当于高等院校文理专业或社科人文专业的毕业论文，是评定学生毕业成绩的重要依据。毕业设计报告的层次如同毕业论文，可分为专科生的毕业设计报告、本科生的毕业设计报告、硕士生的毕业设计报告、博士生的毕业设计报告。

一般毕业设计具有如下特点。

1. 科学性

毕业设计具有科学性。它是作者针对某一具体客观问题，运用专业知识、技术，采用科学的研究方法、手段进行的科研活动，设计成果的表述论证，富于严密的逻辑性、客观性。但由于其是在实验或实地考察中对课题所作的设想和计划，因而毕业设计又带有一定的主观性、预测性，设计表述中较多使用“预算”“估计”之类的词语。

2. 严谨性

毕业设计以计算策划为主，力求详尽，多用图表表述，设计方案力求周密严谨。

3. 培养性

毕业设计强调的是设计的全过程，培养并考查学生掌握设计的方法和技能、学习设计的本领，力求使学生得到全面综合的设计训练。

4. 实践性

毕业设计强调理论联系实际，应针对工作、工程或科研实际研究问题，进而设计新的方案，以解决问题。

毕业设计一般可分为工程(工艺)设计和设备(产品)设计两大类型。

1. 工程(工艺)设计

工程设计涉及相对完整的工程系统，主要有工艺规程设计、主要设备选型和专用设备的设计、其他辅助设施的设计等。工程设计具有整体性。

2. 设备(产品)设计

设备设计主要由某一具体设备设计,零部件的规格、形式、传动结构设计等组成。设备设计具有局限性。

毕业设计及其报告具有如下作用。

① 它是对工科学生所学理论、知识和技能的最后、最重要的一次检验,也是一次专向性的考核。

② 它是工科学生开展科学研究活动的重要组成部分,也是记录、总结、贮存、交流和传播学术信息的有效媒介。

③ 它是综合检查教学效果、进一步提高教学质量的重要举措。

④ 它是开发智能、培养人才的有效途径,也是授予相应学位的重要依据。

二、毕业设计报告的格式

毕业设计报告与毕业论文的格式有一定的相似之处,但它也有自己的特点和要求。一份完整的毕业设计报告一般由前置部分、主体部分、附录部分和结尾部分等组成,每一部分又包括若干项目。

现将毕业设计报告的主要组成项目介绍如下。

1. 封面

封面上应有院校名称、专业、班级、设计人、指导教师、评审人、设计时间等项目,也可按照学校提供的格式填写。

2. 标题

标题应该简短、明确、有概括性。标题字数要适当,不宜超过 20 个字,如果有些细节必须放进标题,可以写成主副双行式标题。

3. 毕业设计报告摘要

摘要以浓缩的形式概括研究课题的内容,中文摘要在 300 字左右,外文摘要以 250 个左右实词为宜,关键词一般以 3～5 个为妥。

摘要是对毕业设计报告内容不加注释和评论的简述,有时称为内容提要。摘要应具有独立性和自含性,即不用阅读报告全文就能获得必要的信息。摘要要求结构完整、结论明确,应是一篇完整的短文。

4. 设计总说明

毕业设计总说明是对毕业设计所作的说明,一般包括设计题目及任务的简要介绍,本设计的指导思想及特点,本设计方案的先进性及设计中采用的新技术、新工艺,本设计的经济价值和技术价值。

5. 目录

目录又叫目次页,可以反映文稿的结构和主要内容,也便于读者迅速找到

本文中所需要的内容，是毕业设计报告不可缺少的组成部分。

一般工科毕业设计报告的目录与毕业论文的目录不一样，它可按三级标题来编写，即一级目录为“1.、2.、3.、…”，二级子目录为“1.1、1.2、1.3、…”，三级子目录为“1.1.1、1.1.2、1.1.3、…”，要求标题层次清晰。目录中的标题应与正文中的标题一致，附录也应依次列入目录。

6. 正文

毕业设计报告正文包括绪论、主体与结论，其写法及内容分别如下。

绪论应说明本设计课题的意义、目的、设计范围及要达到的技术要求，简述本课题在国内外的发展概况及存在的问题，说明本课题的指导思想，阐述本课题应解决的主要问题，在文字量上要比摘要多。

正文主体是对设计工作的详细表述，其内容包括问题的提出，设计工作的基本前提、假设和条件；模型的建立，实验方案的拟定；基本概念和理论基础；设计计算的主要方法和内容；实验方法、内容及其分析；理论论证，理论在课题中的应用，课题得出的结果，以及对结果的讨论等。

结论是对整个设计工作进行归纳和综合而得出的总结，对所得结果与已有结果的比较，课题设计中尚存在的问题，以及进一步改进的见解与建议。结论要写得概括、简短。

7. 参考文献

毕业设计报告正文之后应列出参考文献。参考文献按流水号分别写清文献的作者、篇目、出版社(报刊名称)、出版时间(年、期)等项目。

8. 附录

对于一些不宜放在正文中，但有参考价值的内容，可编入附录中，如公式的推演、编写的程序、系统的图纸等；当文章中引用的符号较多时，为便于读者查阅，可以编写一个符号说明，注明符号代表的意义。

9. 后记

后记是毕业设计报告末尾的短文，用来说明写作目的、经过或补充个别内容，一般还包括致谢词等。

在实际中，毕业设计报告的有些项目可以合并或省略，不必求多求全，一切都是为了如实、准确表述毕业设计的中心内容和主要工作。

三、毕业设计报告写作注意事项

毕业设计报告的撰写总的要求是：指导思想明确，内容正确，概念清楚，数据可靠，文字通顺，排版规范，图纸齐全整洁。具体来说，要注意以下几点。

1. 设计课题的选择要适宜

选题是决定毕业设计成败的关键。和毕业论文的选题方式、方法及要求一样，毕业设计选题要量力而行，所选课题一定要大小适度，难易适中。要从自身主客观条件出发，结合个人的专业特长、专业兴趣，根据毕业设计的基本要求，选择最适合自己的、能充分发挥自身优势的课题。

2. 设计要有新意

毕业设计一般都要参考和继承前人的成果，但在接受别人成果的基础上要有所改进，有所创新，要有自己的东西。在写毕业设计报告时，要突出自己在设计中的这些独到之处和有特色的地方。

3. 设计要有经济观念

毕业设计一般对设计的经济计算不做严格要求，但在设计中，要逐渐树立经济观念，从设计的成本与设计对象可能产生的经济效益、社会效益等方面考虑问题，进行投入产出分析。

4. 资料要准确可靠，表述要周密严谨

毕业设计报告是一种技术性文件，其引用资料要准确，数据要可靠，图表要规范，不允许任何差错、虚假。毕业生在撰写毕业设计报告时，也应努力培养严谨细致的治学态度。写毕业设计报告时，所用词句要平实准确，不能用文学性或广告性语句；论述要注重逻辑性和科学性，应避免绝对化表述；文字说明必须与图纸一致，并能准确说明图纸。

5. 要突出重点内容

毕业设计报告一般要参考别人的成果，但自己在设计中独到的地方、有特色的地方应该突出。一般道理要从略，主要观点要详说。

6. 文面要规范、整洁

毕业设计报告文面上要做到字迹清晰美观，图示规范，干净整洁，层次分明。

【例文】

北京邮电大学网络教育学院计算机科学与技术专业某一毕业设计任务书要点

××局域网的设计与实现

第 1 章　项目的描述

1.1　××局域网要支撑的应用类型

1.2　××局域网的运行环境

1.2.1　局域网应用范围的定义

1.2.2　局域网的物理位置和信息点分析

1.2.3　局域网的投资和工期需求分析

第 2 章　××网络拓扑结构的方案设计与分析

2.1　××局域网拓扑结构分析

　　2.1.1　××局域网的一般设计思路
　　2.1.2　××局域网的技术模型
2.2　局域网拓扑结构设计
　　2.2.1　××局域网的特点与设计原则
　　2.2.2　××局域网拓扑图设计与说明
第 3 章　各点流量计算及设备选取
3.1 ××局域网重要节点的流量分析
　　3.1.1　各信息点业务类型与对应业务流量及流向分析
　　3.1.2　忙时业务流的叠加分析及忙时对重要网络节点处理能力的定量要求
3.2　网络带宽及设备的选取
　　3.2.1　根据流量分析提出重要网络设备的技术指标要求
　　3.2.2　分析符合指标的设备的优缺点，选择性价比最佳的设备
　　3.2.3　确定和广域网的接入方式及带宽
　　3.2.4　列出设备清单，给出设备投资预算
第 4 章　系统的相关参数设计及配置方案
4.1　IP 地址的设计和 VLAN 的划分
　　4.1.1　IP 地址方案的设计及内外网 IP 地址的转换方法
　　4.1.2　具体设备和信息点的 IP 地址分配方案
　　4.1.3　VLAN 的意义及一般设计方法
　　4.1.4　具体 VLAN 设计方案
4.2 路由的设计和相关设备的配置
　　4.2.1　路由方案的设计思路
　　4.2.2　具体路由方案的实现
　　4.2.3　交换机和路由器等相关设备的配置
4.3　安全方案的设计
　　4.3.1　各种安全方案的分析与比较
　　4.3.2　适合本项目要求的安全方案的确定及实现
第 5 章　网络方案评估及可能的改进措施
5.1　项目总投资及工期的计算
5.2　相关的测试情况及使用情况说明
5.3　存在的问题和可能的改进措施
第 6 章　设计过程的收获和体会
附　录

第三节 实习报告

一、实习报告的概念

实习是指学生在校期间,到实习单位的具体岗位上参与实践工作的一个教学环节,目的是为达到理论联系实际和更好地学习理解科学文化知识,为走向工作岗位做好准备,以尽快适应社会需求。

实习报告是学生向学校汇报自己实习的过程、收获和心得体会的书面文体。

二、实习报告的格式与写作

一般来说,到不同岗位实习的学生有着不同的经历和体会,所以实习报告的内容相异,形式多样。一般来说,实习报告应包括下几个部分。

1. 标题

实习报告的标题可以直接写“实习报告”,或者内容加文种,如“××公司实习报告”,或人名加文种,如“张三峰实习报告”等。

2. 正文

正文因实习的过程不同而异,但都要求说明以下几点要素。

① 实习的基本情况。应该在开头部分说明自己实习的时间、地点等基本情况。

② 实习的任务和完成的情况。要详细交代参加了哪些工作,了解、掌握了哪些知识、技能,取得了什么成果。

③ 实习心得体会。最好能结合事例说明自己的收获,突出自己学到了什么,还有哪些不足。

3. 结尾

结尾部分可以用简短的语言点出这次实习的意义和今后努力的方向。

无论内容如何,实习报告都必须真实可信、清楚明白、有条不紊。

三、实习报告写作注意事项

① 内容要客观,必须实事求是,切不可好大喜功,弄虚作假。

② 重点要突出,不能事无巨细地写成“流水账”,要写好典型工作实绩,要突出自己的特点和独特的贡献。

③ 根据实际情况,在实习报告中可以提出对实习单位的可行性建议。

本章小结

学业论文是在读学生为了达到一定教学目标而参与或独立完成的专门应用文，主要包括毕业论文、毕业设计报告、实习报告、试验报告、学科论文、读书心得等。

对于学生，了解主要学业论文类应用文的概念、特点、种类并掌握其格式及写作注意事项是很有现实意义的。

思考与练习

一、名词解释

毕业论文　选题　毕业设计报告　实习报告

二、填空题

1. 学位论文的种类包括________、________、________等。

2. 毕业论文除具备议论文的一般特点外，还应具备________、________、________等特点。

3. 毕业设计报告的特点包括________、________、________、________等。

三、问答题

1. 简述毕业论文选题应遵循的原则。

2. 简述写作毕业论文时编写提纲的步骤。

3. 简述修改论文的常用方法。

4. 简述毕业论文的写作注意事项。

5. 简述实习报告正文的内容。

四、写作题

1. 查找、阅读几篇与自己专业相关或自己感兴趣的毕业论文或毕业设计报告，运用相关知识和原理分析其结构、观点、材料、论证方法，并对其进行评价。

2. 查找、阅读几篇典型的实习报告，并对其格式及内容进行评价。

3. 试着运用所学专业知识和技能，按照毕业论文（毕业设计报告）的要求，选取一有现实意义或有学术价值的课题，撰写一篇毕业论文（毕业设计报告）。

4. 根据自己的实习经历，写作一份实习报告。

延伸阅读

学生毕业论文(设计)答辩准备工作

学生参加毕业论文(设计)答辩一般包括自述和回答问题两个部分。故答辩准备工作也应从这两个方面入手。

一、准备答辩自述报告

一般答辩自述时间不超过15分钟。故答辩自述要求简明扼要,重点突出。学生可以以论文(设计)提纲为依据,根据自己的实际情况,围绕以下问题,作好汇报准备。

① 简单自我介绍,包括向答辩老师打招呼。

② 介绍为什么写此文,即介绍选题的缘由、动机、目的、依据和意义,以及本研究及论文(报告)的学术价值。

③ 如何撰写此文,即介绍本课题研究的主要经过。主要写出本课题已经做了哪些方面的研究,要突出写明自己在本课题的研究上做了哪些方面的探索,主要的研究途径与研究方法是什么,介绍如何收集、分析资料,如何确立观点,如何与导师沟通等。

④ 介绍此文的主要内容,论文立论的主要理论依据和事实依据,并将其中最确凿、可靠、新颖、典型的资料及它们的来源出处列出。

⑤ 介绍本文有哪些创新及不足之处,即本课题研究所取得的主要新成果、学术价值和实用效果,研究中还存在的欠缺与问题,以及今后的打算。

⑥ 说明研究过程中的意外发现是如何处理的,尚有哪些未写入本文里。

⑦ 介绍论文中所涉及的重要理论文献资料还有哪些未交代清楚的。

二、做好回答准备

答辩者除了必须准备一份答辩报告外,还必须做好回答问题的充分的思想准备,即要对毕业论文中所论述的问题作更深入的研究和思考。

一般来说,答辩委员会所提出的问题,仅涉及该论文的学术范围或限于文章所阐述的问题,而不是对整个学科的全面知识的考核。这些问题除了论文(设计)及自述报告中所涉及的问题之外,还可能涉及论文中不清楚、不完善或不详尽的地方。总之,答辩委员会一般会从理论、实践以及论文本身来提出问题,还会针对答辩学生回答情况追问问题。

答辩一般允许答辩学生带上论文底稿或副本、主要参考文献和笔记等,有的还会给出回答准备时间。但作为答辩者还是应该提前做好充分准备,掌握与

论文相关的知识、理论，熟悉论文内容，以免回答问题时临时翻阅资料，给答辩委员会留下不良印象，进而影响毕业论文（设计）成绩的评定。

三、其他注意事项

① 要有充分的心理准备。答辩者要有良好的心理状态和稳定的情绪，不紧张，不怯场，有随机应变的能力，克服侥幸心理。

② 认真和虚心听取答辩小组的提问。答辩者力求一次性地明确问题的意思，把握问题的意向，抓住问题的要害，切忌不明题意，答非所问。

③ 回答问题要直截了当、切中实质。对能回答的问题，表述时应力求简要概括，干脆利落，切中实质，不随意发挥和扩充话题。对有一定难度而一时又拿不准的问题，不随意辩解，要实事求是作答。

④ 自信大方，诚恳谦逊。答辩中不可态度傲慢、胡搅蛮缠、强词夺理、语言轻狂，应自信大方、文明礼貌、诚恳、谦逊。

毕业论文写作的总体原则

通常来说，客观公正、论证翔实、严密等是毕业论文写作中的基本原则。总体来说，毕业论文在写作时要遵循的原则主要如下。

1. 立论客观，具有独创性

文章的基本观点必须来自具体材料的分析和研究中，所提出的问题在本专业学科领域内有一定的理论意义或实际意义，并通过独立研究，提出了自己的认知和看法。

2. 论据翔实，富有确证性

论文能够做到旁征博引，多方佐证，对所用论据持有自己的看法，有主证和旁证。论文中所用的材料应做到言必有据，准确可靠，精确无误。

3. 论证严密，富有逻辑性

作者提出问题、分析问题和解决问题，要符合客观事物的发展规律，全篇论文形成一个有机的整体，使判断与推理言之有序，天衣无缝。

4. 体式明确，标注规范

论文必须以论点的形成构成全文的结构格局，以多方论证的内容组成文章丰满的整体，以较深的理论分析辉映全篇。此外，论文的整体结构和标注要求规范得体。

5. 语言准确、表达简明

论文最基本的要求是读者能看懂。因此，要求文章想得清，说得明，想得深，说得透，做到深入浅出，言简意赅。

（资料来源：百度百科）

第十一章　日常应用文写作

本章学习目标

1. 清楚日常应用文的种类、特点。
2. 了解日常应用文的结构写法。
3. 了解日常应用文的一般规则与注意事项。

第一节　书　信

一、书信的概念

书信是一种向特定对象传递信息、交流工作和思想感情的应用文。"信"在古文中有音讯、消息之义;另外,"信"也有托人所传之言可信的意思,无论是托人捎的口信,还是通过邮差邮递的书信,以及近年出现的邮寄录音带、录像带和电子邮件等都具有这种含义。

二、书信的格式与写法

书信由信封和信笺两部分组成。

(一) 信封

信封是写给邮递人员看的,方便邮递人员了解收寄双方的信息。现在我国信封上的内容一般由五部分组成:收信人的邮政编码、地址、收信人姓名、寄信人的地址姓名及其邮政编码。

1. 收信人的地址

收信人的地址一定要写得详细具体,字迹工整。农村地区的要求写清楚收信人所在的省(自治区、直辖市)、县、乡、村、组,甚至门牌号码;城镇的要求写明区、街道、门牌号等。发给党政机关、企事业等单位的信,也应在单位名称前写明详细地址。

寄往国外的信函,应遵从相应规定。

2. 收信人的姓名

要写在信封中间,字迹稍大一些,姓名后空两格处可写上"女士""先生"等

字样，或写工作职务，在它们的后面写“收”“启”“鉴”等字样，也可以不写。

许多人习惯在收信人的名字之后加上私人关系称谓，如“某某某 父亲收”、“某某某 爱妻收”，这是错误的用法。信封中收信人姓名下的称呼不是发信人对收信人的称呼，而是邮递员（送信人）对收信人的称呼。

3. 寄信人的地址、姓名

这部分内容写在收信人姓名下面一行的右边，要求与写收信人的地址一样，也要写得准确、详细，使收信人一看信封就知道信从何处来和发信者是谁。同时，如果在信件无法投递时，也可按此将信件退回给寄信人。

信封上还应准确、规范地填写好收信人和寄信人所在地区的邮政编码。

（二）信笺

信笺即书信的内容，一般由称谓、问候、正文、祝福语、落款等部分组成。

1. 称谓

在信笺的第一行顶格写，后面用冒号，要单独占一行。称谓部分因对象不同而写法各异。一般是平时怎样称呼，信上就怎样称呼，总之就是要得体。若是工作性的书信，称谓注意要用敬称。若是家信性质的，可用昵称。

2. 问候

问候语在称谓下面一行空两格处写，单独成行。

问候语因对象和时间的不同而使用不同的词语。

3. 正文

这是信的主体部分，在问候语下面一行，空两格处写起。根据内容可适当分段。它可以是禀启、复答、劝谕、抒怀、辞谢、致贺、请托、慰唁，也可以是叙情说理、辩驳论证等。正文一般包括以下几个方面的内容。

① 写信的原因和目的。

② 主体，这是信的主要部分，写信人要介绍的情况，要询问或回答的问题，都在这一部分里。

③ 结语，将正文的内容总括一下，提出有何希望、要求。

4. 祝福语

一般是写表示祝愿或敬意的话。常用的致敬语是“此致敬礼”；祝愿语是“祝身体健康”“祝工作顺利”“祝学习进步”“祝节日快乐”等。

5. 落款

书信落款包括署名和日期。

署名写在致敬语或祝愿语的下一行接近右端的地方。写姓名全称或只写名不写姓，要根据双方的关系来定。

日期写在署名下面。

三、书信写作注意事项

① 首先明确与收信人的关系及写信的目的。关系不同、目的不同,在使用称呼、语气和写法上也就不同。

② 要做到行款格式正确。

③ 注意使用简明、平直和口语化的语言。

④ 信封信纸的选择:a. 与公务无关的事,最好不要用公务信纸;b. 喜庆事要选用专用礼仪信封;c. 丧事和其他不幸事件要使用素信纸信封。

【例文】

廖承志致蒋经国先生的信

经国吾弟:

咫尺之隔,竟成海天之遥。南京匆匆一晤,瞬逾三十六载。幼时同胞,苏京把晤,往事历历在目。唯长年未通音问,此诚憾事。近闻政躬违和,深为悬念。人过七旬,多有病痛,至盼善自珍摄。

三年以来,我党一再倡议贵我两党举行谈判,共捐前嫌,共竟祖国统一大业。唯弟一再声言"不接触,不谈判,不妥协",余期以为不可。世交深情,于公于私,理当进言,敬希诠察。

祖国和平统一,乃千秋功业。台湾终必回归祖国,早日解决对各方有利。台湾同胞可安居乐业,两岸各族人民可解骨肉分离之痛,在台诸前辈及大陆去台人员亦可各得其所,且有利于亚太地区局势稳定和世界和平。吾弟尝以"计利当计天下利,求名应求万世名"自勉,倘能于吾弟手中成此伟业,必为举国尊敬,世人推崇,功在国家,名留青史。所谓"罪人"之说,实相悖谬。局促东隅,终非久计。明若吾弟,自当了然。如迁延不决,或委之异日,不仅徒生困扰,吾弟亦将难辞其咎。再者,和平统一纯属内政。外人巧言令色,意在图我台湾,此世人所共知者。当断不断,必受其乱。愿弟慎思。

孙先生手创之中国国民党,历尽艰辛,无数先烈前赴后继,终于推翻帝制,建立民国。光辉业绩,已成定论。国共两度合作,均对国家民族作出巨大贡献。首次合作,孙先生领导,吾辈虽幼,亦知一二。再次合作,老先生主其事,吾辈身在其中,应知梗概。事虽经纬万端,但纵观全局,合则对国家有利,分则必伤民族元气。今日吾弟在台主政,三次合作,大责难谢。双方领导,同窗挚友,彼此相知,谈之更易。所谓"投降""屈事""吃亏""上当"之说,实难苟同。评价历史,展望未来,应天下为公,以国家民族利益为最高准则,何发党私之论!至于"以三民主义统一中国"云云,识者皆以为太不现实,未免自欺欺人。三民主义之真

谛，吾辈深知，毋须争辩，所谓台湾“经济繁荣，社会民主，民生乐利”等，在台诸公，心中有数，亦毋庸赘言。试为贵党计，如能依时顺势，负起历史责任，毅然和谈，达成国家统一，则两党长期共存，互相监督，共图振兴中国之大业。否则，偏安之局，焉能自保。有识之士，虑己及此。事关国民党兴亡绝续，望弟再思。

近读大作，有“切望父灵能回到家园与先人同在”之语，不胜感慨系之。今老先生仍厝于慈湖，统一之后，即当迁安故土，或奉化，或南京，或庐山，以了吾弟孝心。吾弟近曾有言：“要把孝顺的心，扩大为民族感情，去敬爱民族，奉献于国家。”诚哉斯言，盍不实践于统一大业！就国家民族而论，蒋氏两代对历史有所交代；就吾弟个人而言，可谓忠孝两全。否则，吾弟身后事何以自了。尚望三思。

吾弟一生坎坷，决非命运安排，一切操之在己。千秋功罪，系于一念之间。当今国际风云变幻莫测，台湾上下众议纷纭，岁月不居，来日苦短，夜长梦多，时不我与。盼弟善为抉择，未雨绸缪。“寥廓海天，不归何待？”

人到高年，愈加怀旧，如弟方便，余将束装就道，前往台北探望，并面聆诸长辈教益。“度尽劫波兄弟在，相逢一笑泯恩仇。”遥望南天，不禁神驰，书不尽言，诸希珍重，伫候复音。

老夫人前请代为问安。方良，纬国及诸侄不一。

顺祝

近祺！

廖承志

1982 年 7 月 24 日

（引自 1982 年 7 月 25 日《人民日报》）

（这封信是在 1979 年元旦全国人大常委会发表《告台湾同胞书》，1981 年国庆节叶剑英委员长发表和平统一的九项建议之后，蒋经国仍一再声言“三不”的情况下写的）

第二节 介绍信、证明信

一、介绍信

（一）介绍信的概念

介绍信是机关、团体、企事业单位为了联系工作、了解情况、学习经验、参加会议等给本单位人员外出所开具的一种专用书信，用以介绍被介绍人的姓名、身份、人数、接洽事项等情况。介绍信具有介绍和证明双重作用。

（二）介绍信的格式及写法

介绍信按照格式可分为用一般公文纸书写的介绍信、印刷成文不留存根的介绍信、印刷成文留有存根的介绍信。

1. 用一般公文纸书写的介绍信

其格式和写法如下。

(1) 标题

在第一行居中用较大字体写上“介绍信”3个字。

(2) 称谓

称谓写收信单位名称或收信人姓名,顶格书写名称或姓名,后加冒号。

(3) 正文

正文写介绍信的内容,另起一行空两格写。具体内容应包括:

① 被介绍者的姓名、人数、年龄、职务,如果是党、团事务类的,还应写清楚被介绍人的政治面貌等;

② 要接洽的事务及对收信者的要求(请求)等;

③ 祝愿和敬语,一般用“此致敬礼”;

④ 落款,包括署名和日期,在结尾下一行的偏右方写上单位的名称,并加盖公章,署名下一行写日期。

2. 印刷成文,不留存根,随时用随时填写的介绍信

其格式及写法为:

① 在第一行正中印有“介绍信”字样;

② 正文、结尾、署名均按一定的格式印好,只在上面的空白处填写清楚有关的内容即可。

3. 印刷成文,留有存根的介绍信

这种介绍信由“存根”“间缝”“本文”三部分组成。其格式及写法为:

① 介绍信存根部分的右下方印有“××字××号”;

② 介绍信存根部分的正文,按其格式将内容填入空格处即可;

③ 介绍信存根部分的署名和日期;

④ 介绍信的间缝部分,存根与介绍信本文之间,有一条虚线,这条虚线上印有“××字××号”字样,依照存根部分的有关内容填写,但号码要大写,如“壹佰陆拾捌号”,字体要大些,便于裁开后各留一半字迹,虚线在正中要加盖骑缝章;

⑤ 介绍信本文部分中“××字××号”要与存根相同,第三行要顶格写上联系单位或个人姓名,后边加冒号,其余部分按格式将空白处的内容填写清楚即可。

以上3种形式的介绍信写完后,均应装公文信封内。信封写法与普通信封写法相同。

(三) 介绍信写作注意事项

① 要填写持介绍信者的真实姓名、身份,不得冒名顶替。

② 接洽和联系事项要写得简明扼要，办什么事就写什么事，与此无关的不写。

③ 要经过领导过目或在存根上签字，以示慎重负责。

④ 重要的介绍信要留有存根或底稿，内容和正文完全一致，并由开具介绍信的人认真核对。存根或底稿要留存，以备查考。

⑤ 书写工整，不得涂改，如有涂改，涂改处必须加盖公章，否则，对方可以不予接待。

【例文1】

××××协会

介绍信

×××：

兹有我会×××同志等×人，前往贵局参加××会议，并联系××××××等事宜，请予接洽为盼。

此致

敬礼！

（公章）

（有效期×天）　　××××年××月××日

【例文2】

××××公司介绍信

——××介字××号——

×××：

兹有我公司×××(部门)×××同志等×人，前往贵处联系××××××等事宜。

请予接洽为盼。

此致

敬礼！

（公章）

××××年××月××日

（有效期×天）

【例文3】

介绍信存根　　　　**介字第××号**

前往单位:×××　　　　持信人×××等×人

接洽事项:×××

批准单位:×××

××××年××月××日

-------------------------(骑缝章)-------------------------

××县人民政府介绍信

介字第××号

×××:

兹介绍×××等同志×人,前往你处联系××××××等事宜。

请予接洽为盼。

此致

敬礼!

(公章)

(有效期×天)　　　　××××年××月××日

二、证明信

(一)证明信的概念

证明信是以机关、团体、个人的名义凭借确凿的证据,证明某人的身份、经历,或证明有关事件的真实情况的专用书信。

证明信的特点如下。

1. 真实性

这是证明信最重要、最本质的体现,出具虚假证明就失去原有的意义和作用,会害人害己,贻误大事。

2. 凭证性

证明信贵在证明,它以真实性为基础,是持有者用以证明自己身份、经历或某事真实性的一种凭证。没有证明就言之无据。

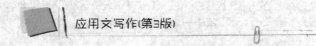

（二）证明信的格式及写法

证明信按照写信者身份可分为以组织名义出具的证明信和以个人名义出具的证明信。

1. 以组织名义发出的证明信

这类证明信用来证明某人身世、经历或某一事件的真相。

（1）标题

在第一行居中以较大字体写“证明信”3 个字，也可以写为公文形式的标题，如“关于××问题的证明”。

（2）称谓

顶格写明需要证明单位的名称，名称后加冒号。

（3）正文

另起一行，空两格写正文。如证明一个人的历史问题，写清人名、时间、地点及所经历的事情；如证明的是一件事，要写清参与者的姓名、身份及在此事件中的地位、作用和事件本身的前因后果。

（4）结尾

可接着正文或另起一行空两格写上“特此证明”4 个字。

（5）落款

在末行右下方写上证明的单位名称，加盖公章。另起一行，在右下方写日期。

2. 以个人的名义证明某人某事情况的证明信

证明人对所证明的内容要完全负责。若为与工作相关的证明，除个人签名外，还需由证明人所在单位签署意见，以增强证明信的可靠性和严肃性。

以个人名义出具的证明信，除结尾须由写信者单位签署意见和加盖公章外，其余的写法与以组织的名义所写的介绍信的格式相同。

3. 证明信写作注意事项

① 写作要严肃认真，实事求是，言之有据。

② 语言要准确，不能随意夸饰，不可模棱两可。

③ 不能用铅笔、红笔书写，不能涂改。

④ 凡单位出具的证明信要求盖章，以个人名义出具的证明信要求署名。对于随身携带的证明信，一般要求在信的结尾注明有效时间和“过期无效”的字样。

【例文4】

证 明 信

××××单位：

你单位××××年××月××日来信收到。根据信中要求，现将×××同志在我单位工作期间的情况介绍如下：

×××同志于××××年××月××日至××××年××月××日在我单位任职。该同志思想先进，工作认真，并多次被评为我单位优秀干部。

特此证明。

××单位(盖章)

××××年××月××日

第三节　感谢信、表扬信、慰问信、贺信

一、感谢信

(一) 感谢信的概念

感谢信是为了感谢对方的关心、帮助而写的书信。感谢信具有感谢、表扬双重意思。

(二) 感谢信的格式及写法

1. 标题

在第一行的正中写上“感谢信”或“致×××的感谢信”等字样。

2. 称谓

在标题下面一行顶格写被感谢对象的单位名称或个人姓名。称谓注意要用敬称。

3. 正文

① 简练地叙述需要感谢的对方的先进事迹。

② 热情赞颂对方的可贵精神及积极影响，表示向对方学习的态度和决心。

4. 结尾

结尾写表示敬意和感谢的话，如“致以最诚挚的谢意”“表示衷心的感谢”等。

5. 落款

落款包括署名、日期。

【例文1】

感谢信

河北省人民政府：

5月12日，我省汶川县发生里氏7.8级强烈地震，人员伤亡惨重，财产损失巨大。灾害无情，人间有爱。地震发生后，你们发扬“一方有难，八方支援”的中华民族传统美德，庚即向我省发来慰问电，运送各类救灾急需物资，派出医疗救护、抢险救援、地震监测等救援队伍。

之后，在收到我省5月14日《关于商请抗震救灾急需物资支援的函》和5月16日《急需救灾物资清单》后，你们急灾区人民之所需，解灾区人民之所难，把“灾区需要什么我们就支援什么，灾区的需要就是我们的工作”作为当前工作的重中之重，立即组织物资，连夜紧急调度，迅速运输，全力以赴支援灾区人民抗震救灾。

在灾区人民奋起抗震救灾的关键时刻，你们的亲切慰问和雪中送炭，充分体现了与四川人民同甘共苦、患难与共的深情厚谊，使我们深受感动，倍受鼓舞，更加增添了我们战胜地震灾害的信心，更加坚定了我们战胜地震灾害的决心，更加鼓舞了我们战胜地震灾害的斗志，为我们有力有序有效推进抗震救灾工作、重建美好家园提供了强大动力和有力保障。在此，谨代表灾区人民和全省各族人民，向你们表示诚挚的感谢！

我们坚信，在党中央、国务院的坚强领导下，在全国各地各部门和社会各界的大力支持和无私援助下，我们一定能够同舟共济，迎难而上，万众一心，夺取抗震救灾斗争的全面胜利！

再次衷心感谢你们的关心、支持和帮助！

四川省人民政府

二〇〇八年五月十八日

二、表扬信

（一）表扬信的概念

表扬信是对某个单位或个人的先进思想、高尚风格或模范事迹进行表彰和颂扬的书信。

（二）表扬信的格式及写法

1. 标题

在第一行的正中写上“表扬信”。

2. 称谓

在标题下面一行顶格写被感谢对象的单位名称或个人姓名。称谓注意要用敬称。

3. 正文

① 交代表扬的理由,重点叙述表扬人物的先进事迹。

② 对被表扬者的先进事迹进行热情的赞扬,并表示向其学习的决心。

4. 结尾

如果写给被表扬者个人的,就写“值得学习”“深受感动”等方面的内容;如果是写给被表扬者的所在单位或领导的,就可以提出建议,如“×××同志的优秀品德值得大家学习,建议予以表扬”“建议在×××中加以表扬”等。

5. 落款

落款包括署名、日期。

【例文2】

表扬信

中央民族大学:

在中联办、香港特区政府的支持下,国家民委港澳台办与香港各界青少年迎奥运系列活动委员会于5月1日至6日在香港联合举办了第二届“中华民族文化周”系列活动,取得了圆满成功。文化周活动以“民族共融、喜迎奥运”为主题,开展丰富多彩的民族文化展演和形式多样的青少年交流活动,营造出内地各族青少年与香港青少年共迎圣火、喜迎奥运的热烈、欢快、祥和的人文奥运氛围,赢得了香港各界人士的积极关注和广大媒体的高度评价,在香港产生了强烈的社会反响。

你校选派教师和学生参与了“香港会亲迎奥运”项目,在香港参加了“喜迎圣火”“五四升旗礼”“迎奥运大巡游”“多彩中华迎奥运·人文奥运大汇演”和“心系奥运·中华青年大联欢”等重要活动,并进入家庭进行了会亲活动,建立了深厚的友谊,生动展示了内地各族大学生积极向上的良好形象,为文化周活动的成功举办作出了贡献。为此,特对你校予以表扬,并向参加活动的同学致以亲切的问候。希望在今后的工作中,进一步加强内地各族青少年与香港青少年的交流,激励他们为祖国的繁荣发展作出贡献。

国家民族事务委员会

二〇〇八年五月二十八日

三、慰问信

(一) 慰问信概述

慰问信是以组织或个人的名义向有关集体或个人表示慰问、问候和致意的

书信。

慰问信具有发文的单向性、内容的针对性、情感的沟通性等特点。

（二）慰问信的种类

1. 表彰慰问

表彰慰问即向作出贡献的集体或个人表示慰问，鼓励他们戒骄戒躁继续前进。

2. 同情慰问

同情慰问即向由于某种原因而遭到重大损失或巨大困难的广大群众表示同情和安慰，鼓励他们战胜暂时的困难，加倍努力，迅速改变现状。

3. 节日慰问

在重大节日来临之际，向相关人员表示节日的问候及敬意。

（三）慰问信的格式及写法

1. 标题

在第一行居中写“慰问信”或“×××致×××的慰问信”，后一种形式的标题若字数太多，“慰问信”3 字可置于第二行。

2. 称谓

在标题下面一行顶格写被慰问的单位或个人姓名。称谓注意要用尊称、敬语。

3. 正文

正文要另起一行空两格写，内容为：

① 说明写慰问信的背景、原因，根据不同的慰问信，有不同的表达方式；

② 概述对方的先进思想和事迹，或是战胜困难、舍己为人、不怕牺牲的可贵品德和高尚风格，并向对方表示慰问和学习；

③ 表示共同的愿望和决心。

4. 结尾

结尾写祝愿的话。接在正文后面或是另起一行空两格写“祝”“此致”，然后在下一行顶格写“节日愉快”“取得更大成绩”“敬礼”等。

5. 落款

落款包括署名、日期。

（四）慰问信写作注意事项

① 要根据所慰问的不同对象，确定信的内容。对在工作中取得成绩的集体或个人，应侧重于赞颂他们取得的成绩和体现的精神；对遭受困难的集体或个人，则应侧重于向他们表示关怀和支持。

② 字里行间要洋溢着由衷的、真挚的感激之情、慰问之意。慰问信的抒情性较强，语言应亲切、生动、富有感情，切忌应付、客套。

【例文3】

韩启德发表致海内外留学人员新春慰问信

海内外留学人员及亲属：

金猪携冬去，吉鼠迎春来。在2008年新春佳节到来之际，我谨代表欧美同学会·中国留学人员联谊会并以我个人的名义，向海内外留学人员及亲属致以节日的问候和美好的祝愿！

2007年，在中国共产党的领导下，在全国各族人民，包括广大海内外留学人员的共同努力下，我国各项事业都取得了辉煌的成就。经济持续快速健康发展，综合国力不断增强，人民生活水平显著提高；与世界各国人民的友好合作关系进一步发展，在国际上的影响力越来越大。2007年，是中国历史上具有重要意义的一年。中国共产党召开了第十七次全国代表大会，进一步明确了我国未来的发展方向和任务，中华民族正站在一个新的历史起点上。

在过去的一年里，广大海内外留学人员刻苦学习，学以致用，积极投身为国服务的伟大实践，创业奉献；社团组织团结协作，跨地域、跨国家的合作活动日益丰富；在扩大对外开放，构建和谐社会，实施科学发展和人才强国战略，促进中国与所在国友好交流合作等方面都发挥了积极作用。在此，我向海内外留学人员及组织表示崇高的敬意和衷心的感谢！

2007年，欧美同学会在广大海内外留学人员的支持和配合下，各项工作也都取得了可喜的成绩。我们在美国休斯敦成功地举行了第十届"21世纪中国"研讨会，在北京先后举办了第三届海外留学人员团体负责人代表座谈会、第四届留学人员回国创业与发展论坛，与共青团中央、全国青联联合举办了"2007海外学人回国创业周"，组织人员参加了第十届中国留学人员广州科技交流会。这些重大活动，进一步密切了欧美同学会与海外留学人员团体的合作，为广大留学人员建立起了交流的平台和沟通信息的渠道，得到了海内外留学人员的肯定。去年，我按照"依据规章、民主协商、优化结构、统筹兼顾、稳步实施"的原则，完成了分会理事的换届选举工作。

2008年，是我国全面贯彻落实党的十七大作出战略部署的第一年，也是我国"十一五"规划承上启下的一年。我们将迎来改革开放30年，还将举办2008北京奥运会。做好2008年各项工作，对巩固已有成绩，推进留学人员工作，促进留学事业的发展，具有十分重要的意义。为此，我们要围绕中心，服务大局，以人为本，履行职能，突出重点，务实求进，使各方面的工作不断跃上新台阶。

大业需携手，重任贵同心。在新的一年里，我们将继续推进留学人员工作，

支持和帮助海外留学人员回国创业，促进海内外学人为国服务工作，维护海内外留学人员的合法权益，促进文化、经济、科技等领域的合作交流。我们要同心协力，扎实工作，不断开创新局面、取得新业绩。

新世纪新阶段为留学人员提供了前所未有的机遇和施展才华的空间。我衷心希望广大留学人员抓住机遇，一如既往地为坚持中国特色社会主义、深入贯彻落实科学发展观、为构建社会主义和谐社会、为实现祖国统一和中华民族伟大复兴作出更大的贡献！我深信，新形势一定会给留学人员事业的发展带来新的契机，留学人员事业也一定能够再创新的辉煌。

祝大家新春快乐、身体健康、阖家幸福、万事如意！

四、贺信

（一）贺信的概念

贺信是对胜利、成绩、节日、生日等喜庆事件表示庆贺的一种专用应用文。

贺信是从古代祝词演变而来的。从行文关系上看，它既可以用于上下级单位之间，也可以用于同级或没有行政隶属关系的单位之间，还可以用于单位与个人以及个人之间。

（二）贺信的格式及写法

1. 标题

标题一般是在第一行居中用较大字体写“贺信”两个字，或写“给×××的贺信”。

2. 称谓

顶格写被祝贺单位或个人的姓名，注意要用尊称敬语。

3. 正文

正文主要包括：

① 简略叙述取得成绩的社会背景，或重要会议召开的历史条件；

② 概括说明取得的成绩以及原因；（如果是祝贺重要会议的召开，应说明会议的内容及其重要性。如果是寿辰贺信，应简练、概括地说明对方的贡献和优点）

③ 表示热烈的祝贺、赞颂；

④ 热情的鼓励、殷切的希望及双方共同的理想。

正文部分在用语上要仔细斟酌，感情充沛，文字明快；贺颂用语要恰如其分；提出的要求和希望要合情合理。

4. 结尾

结尾写祝愿的话，如“此致”“敬礼”“祝争取更大胜利”“祝健康长寿”等。

5. 落款

落款包括署名、日期。

(三) 贺信写作注意事项

① 贺信正文的写作篇幅一般不要太长,特别是贺电正文的写作,一般用百余字表达祝贺就行了。

② 贺信要注意时效性,应及时、迅速发出。

【例文4】

贺　信

2008年北京奥运火炬接力珠峰传递登山队:

今天,你们成功登上珠穆朗玛峰,将奥运圣火高擎在世界最高峰峰顶,将五星红旗和奥运五环旗共同飘展在地球之巅,将奥林匹克精神带到了一个新的高度,为祖国赢得了荣誉,为奥林匹克运动增添了光彩!北京奥组委谨向中国登山队全体登山火炬手和教练员表示热烈的祝贺和诚挚的慰问!

你们在全国人民和世界人民的瞩目之下,发扬不怕艰险、团结协作、勇攀高峰的优良传统,克服了种种险阻,完成了奥运圣火珠峰传递的神圣使命,实现了北京在申办奥运会时的庄严承诺!

奥运圣火成功登顶珠峰的壮举为现代奥林匹克运动的历史写下了浓墨重彩的一笔,将极大地鼓舞我们进一步振奋精神,扎实工作,全力以赴做好各项筹办工作,为实现有特色、高水平奥运会贡献力量。

我们期待着登山英雄们的凯旋!

第29届奥林匹克运动会组织委员会

2008年5月8日

第四节　求职信与应聘信、推荐信、个人简历、自我鉴定、聘书

一、求职信与应聘信

(一) 求职信与应聘信概述

求职信是指求职者向自己所要谋求职业的单位进行自我介绍、推荐以谋求职业的书信。应聘信是指求职者根据用人单位招聘信息向用人单位进行自我介绍以谋求职业的书信。

求职信与应聘信的特点如下。

1. 求职对象的针对性

求职信和应聘信的针对性包括两个方面:一是要针对用人单位的实际情

况，看是否符合求职人的意愿，求职人选准用人单位是写求职信或应聘信的前提条件，求职信或应聘信是求职人对求职单位认可的体现；二是求职人要针对自己的实际情况，看是否符合用人单位的条件。

2. 信件内容的自荐性

在求职信或应聘信中，求职人必须进行毛遂自荐。通过自荐，用人单位才能决定对求职人是否进行面试或录用。

3. 工作岗位的竞争性

双向选择本身就是竞争，用人单位要在众多的求职人员中选择适合本单位需要的人才，求职人要在竞争中取胜，就必须写出自己的竞争优势。

（二）求职信与应聘信的格式及写法

求职信和应聘信一般由标题、称谓、问候语、正文、祝颂语、附件、署名、日期、联系方式等构成。

1. 标题

标题可直接写为求职信或者应聘信。

2. 称谓

称谓就是对用人单位受文者的称呼。称谓应多用体现文明的尊称、敬称，在标题之下顶格书写，名称后加冒号。求职信和应聘信的受文者一般是用人单位的人力资源管理部门，若已知相关人员的姓名，也可以直接写为"尊敬的×××先生(女士)"。

3. 问候语

问候语在称谓的下一行另起一段，左空两格书写，一般写"您好！"，以示对用人单位及其相关人员的问候和敬意。

4. 正文

正文一般包括引言、主体和结尾3个部分。

(1) 引言

引言是求职信和应聘信的开头部分，一般先直接写出自己求职、应聘的岗位及缘由，然后简要介绍自己的姓名、性别、年龄、学历、专业、工作经验等基本情况。引言力求文字简洁，表达清楚、得体。

(2) 主体

主体是求职信和应聘信的重点部分，应写出谋求此项工作的优势和想法。此部分要用简练的语言写出个人背景，阐述自己的特长、志向、兴趣、性格、能力及适合此岗位的理由，还可以适当提出待遇要求。

在信中，围绕求职或应聘岗位的职责和任职条件，重点介绍自己的专业背景、工作经验和业绩，参加培训的经历和收获，突出自己对此工作的强烈意向和能胜任的信心。

在应聘信中,写信人要就招聘的有关条件陈述理由,应如实回答,表明态度。用语诚恳、得体,不卑不亢,不渲染与所求职业无关的优势。

(3) 结尾

求职信和应聘信的结尾要再次以诚恳的态度提出自己的求职意向。一般在主体之下另起一行书写。

正文为求职信和应聘信的主要部分,要层次清楚,突出重点。

5. 祝颂语

祝颂语是在信的正文之后对受文者表示祝愿、感谢的短语。可用"此致敬礼"之类的常见祝颂语,对于工商企业单位可套用"恭祝大安""谨祝春安""顺颂商祺""事业兴旺发达"等祝颂语,若是写给相关人员可用"谨祝身体健康、家庭幸福"之类的祝颂语。

6. 附件

附件是指附在信后的能证明自己情况和展示自己优势的资料。常见的求职资料如下。

(1) 简历表

简历表一般包括姓名、性别、籍贯(出生地)、年龄、民族、政治面貌、证件照、婚姻状况、学历、学位、外语计算机水平、特长、爱好,重点介绍学习、工作经历。

(2) 推荐信或毕业生推荐表

推荐信是由某组织或个人向用人单位推荐人才的专用书信。推荐信主要内容包括被推荐者的基本情况,说明推荐的理由及推荐态度。个人书写的推荐信还要介绍推荐者的情况,并说明和被推荐者的关系。

毕业生推荐表由应届毕业生所在院校提供,是每位大中专毕业生就业时必不可少的材料。表上有毕业生各种自然情况、学习成绩及所在学院(系)和学校的推荐意见等。推荐表应客观、真实地填写。

(3) 有关证件的复印件

证件包括学历、学位证书,各种荣誉证书,外语、计算机水平证书,培训证书,职位证明,职称证书,专业资格证书、专利证书,论文、专著等。

7. 落款

落款包括署名和日期。

8. 联系方式

在落款下面准确填写通讯地址、邮政编码、联系电话、移动电话、电子邮箱或网址等联系方式。

(三) 求职信与应聘信写作注意事项

① 要有针对性。求职信和应聘信的写作是针对某一单位的某一职位专门撰写的,主题要鲜明,所有的内容、材料都应当针对这一职位进行叙述和说明。

② 结构要清晰，要有条理，要简练、准确，切忌冗长、含糊。

③ 语言方面要诚恳、平实，语句要通顺，表达要准确、得体，要注意礼仪，要自信，不卑不亢。

④ 字迹要工整，若为打印的信，注意版面设计要大方、得体，不能出现错别字。

二、推荐信

（一）推荐信的概念

推荐信是向有关单位或个人推荐人才，介绍某些先进事物的专用书信。

推荐信根据推荐人的身份可分为推荐信和自荐信，也可以分为单位推荐信和个人推荐信。

（二）推荐信的格式及写法

1. 标题

第一行正中写“推荐信”3个字。

2. 称谓

顶格写收信的单位或个人的名称。称谓注意要用敬称。

3. 正文

正文要另起一行空两格写起，内容包括：

① 被推荐者的基本情况；

② 说明推荐的理由和态度，应写具体、写充分；

③ 个人书写的推荐信要说明推荐者和被推荐者的关系。

4. 结尾

结尾要另起一行空两格写“此致”，再转行顶格写“敬礼”等。

5. 落款

落款包括署名、日期。单位出具的推荐信要加盖公章。

【例文】

推荐信

×××校长：

新年快乐！

×××同学将于2008年7月从北京师范大学历史学院考古学专业博士毕业。该生在校学习期间各科成绩优良，曾先后公开发表过十多篇学术论文，出版两部专著，还翻译过3部英文历史著作（详情请见附件）。

×××同学有较强的研究能力，社会知识比较丰富，富有钻研精神，而且身体健康,人品很好。近闻贵校考古所拟招聘研究人员,我深信他是可以胜任的。

特此推荐,顺颂春安!

北京师范大学历史学院×××教授

2008年9月8日

三、个人简历

(一) 个人简历概述

个人简历也叫个人履历,是个人向机关单位、部门领导或用人单位介绍自己以往的主要经历时所使用的一种专用文体。毕业生个人简历主要是指学生向应聘单位介绍个人在学校学习的情况和参加社会实践活动的情况。

个人简历按其形式可以分为表格式简历和行文式简历两种。

1. 表格式简历

表格式简历是最常见的简历形式,一般它就存在于各种"登记表"之中,填表人只需依次、如实填写即可。

2. 行文式简历

行文式简历是以散文的形式介绍自己简历的一种形式。一般情况下,它作为附页,或在其他文体的行文中存在,相比表格式简历而言,它可以更详细地介绍个人的情况。

(二) 个人简历写作格式

作为表格式简历没有什么标题,只需在其"个人简历"栏中按时间、地点、工种、证明人等逐项填写即可。

行文式简历由于是以散文的形式写就的,所以大体来讲,应由标题、正文和落款三部分组成。

1. 标题

标题可以由自己的姓名加文种构成,也可以直接由文种名构成,如"×××个人简历"或"个人简历"。

2. 正文

简历的正文要分3步来写。

首先,写明自己一些基本情况,如介绍自己的籍贯、工作单位、家庭住址、家庭成员等。如果是学生写的毕业生简历,则要介绍自己的毕业学校、专业、联系方式,如电话号码、电子信箱、通讯地址等。

其次,依次把自己从上学至今的学习和工作的经历写出来。

最后,还可以介绍自己的成绩、优点等内容。

3. 落款

落款一般署上成文的时间即可,若是作为附页的简历,还需在简历上署上个人的姓名。

（三）个人简历写作注意事项

① 要注意时间上的衔接，不可在个人经历上出现时间上的空档。

② 务求真实、可靠，经得起调查核实。

③ 语言要简洁明了，说明清楚，格式尽可能地规范。

四、自我鉴定

（一）自我鉴定的概念

自我鉴定是个人对自己在一个时期、一个阶段中生活、学习、工作表现的一个自我总结和评定。

（二）自我鉴定的格式及写法

自我鉴定由标题、正文和落款三部分构成。

1. 标题

自我鉴定的标题主要有两种形式：一种是直接用文种“自我鉴定”作标题。一种是由鉴定的时间、性质或内容加文种构成，如《2008年度工作自我鉴定》《学期学习自我鉴定》。

如果是填写自我鉴定表格，则不必写标题。

2. 正文

正文由前言、优点、缺点、今后打算四部分构成。

（1）前言

前言概括全文。

（2）优点

一般习惯按政治思想、业务工作、理论及专业学习等方面分别写出自己的成绩和经验。

（3）缺点

一般习惯从主要缺点写到次要问题。

（4）今后打算

用简洁明了的语言概括今后的打算，表明改正缺点的态度。

自我鉴定的正文，可用一段式，也可用多段式。但都要实事求是、条理清晰、用语准确。

3. 落款

在右下方署上鉴定人姓名，并在下面注明时间。

五、聘书

（一）聘书概述

聘，是聘请的意思；聘书，是聘请某人做某项工作的证书，是党政机关、社会团体、企事业单位聘请人担任某项工作的凭证。

颁发聘书表示聘任单位的郑重和守约。随着经济体制和劳动人事制度改革的深入,相当多的单位在用人制度上采取聘任制,聘书也成为应用频率较高的应用文种之一。

(二)聘书的格式及写法

聘书一般由标题、应聘人姓名、正文、结尾、落款组成。

1. 标题

标题只写"聘书"或"聘请书",位置放在聘书的上方正中,字体要大而醒目。如有必要一般在聘书标题的右上或右下位置,写明聘书编号。

2. 应聘人姓名

在标题左下方、正文左上方位置,顶格书写,姓名可写称谓,如×××同志(或职务),也可将姓名写在正文中,不单独列出。

3. 正文

一般用一段文字组成,这是聘书的主体部分,正文要写明聘请的缘由、任务、要求、受聘人的权限、职务、待遇、上任日期及任期等。

4. 结尾

结尾主要写表示致谢、祝愿等礼貌用语,如聘书中受聘人姓名未单列,此部分不写。

5. 落款

聘任单位名称写在正文右下方位置,要同时加盖单位印章,并署明发证年、月、日。

(三)聘书写作注意事项

① 写聘书一定要交代清楚聘请谁,在什么时间做什么工作及聘任时间,语言要简明、准确。

② 聘书形式应庄重、大方。

③ 比较简单的聘书(只交代聘请谁、担任什么职务)可事先制订统一格式,用时填写相关内容。

④ 书写聘书应使用毛笔或钢笔、签字笔,书写要工整、清楚。

⑤ 聘书写作要注意符合相关法律和法规的精神。

第五节　倡议书、申请书

一、倡议书

(一)倡议书的概念

倡议书是为了发动群众、动员社会力量共同完成某项任务、开展某种公益

活动,而向有关方面和群众提出某种建议的文书。

(二) 倡议书的特点

1. 公开性

倡议书是一种广而告之的书信,其目的就是想通过公开张贴或公众媒体进行宣传。

2. 鼓动性

倡议书的目的是通过宣传,让大家都能照倡议的条款来落实。

3. 对象的不确定性

倡议书是要求广大群众响应的,而其对象范围往往是不定的。但实际上它本身不具有很强的约束力,有关人员可以表示响应,也可以不表示响应。

(三) 倡议书的格式及写法

1. 标题

第一行居中书写,可直接写为“倡议书”,也可以由倡议内容和文种名共同组成,如“关于××××的倡议书”。

2. 称呼

第二行顶格写受倡议者的称呼,范围要明确。也有不写称谓的,而在文中指明。

3. 正文

正文是倡议书的主体部分,一般包括以下内容:

第一,写明在什么情况下,为了什么目的,发出什么倡议,倡议有哪些意义、作用;

第二,倡议的具体内容和要求,具体事项可分条目写作。

4. 结尾

在结尾概括地提出希望,表示倡议者的决心。

5. 落款

落款包括署名、日期。

【例文1】

“迎接北京奥运 树立网络新风”倡议书

2008年北京奥运会开幕在即,为了进一步促进文明办网、文明上网,弘扬网络道德,抵制网络低俗之风,为北京奥运会营造良好的网上舆论环境,特向互联网业界及广大网民发出如下倡议。

一、弘扬奥运精神,争创一流服务。互联网站以民族自豪感和高度责任感,以只争朝夕的精神状态,投入到传播北京奥运、服务北京奥运的工作中来。大力弘扬奥运精神,争创一流服务,为国争光,为北京奥运会添彩,为我国互联网事业发展作贡献。

二、坚持文明办网,展示文明风貌。互联网站大力传播先进文化,弘扬热爱祖国、服务人民、崇尚科学、团结互助、诚信守法、艰苦奋斗的精神和美德,在办网过程中大力倡导以八荣八耻为标准的社会主义荣辱观,向世界展现中国互联网的文明风貌。

三、加强行业自律,实现共同发展。互联网站严格自我管理,做到不制作发布危害国家安全、违反法律法规、违背社会公德、损害公共利益的信息,不为淫秽色情、诈骗、赌博、暴力等有害信息提供传播渠道,不传播谣言和虚假信息,提倡公平竞争,实现共同发展。

四、接受公众监督,共建网络文明。互联网站始终把社会和公众利益放在第一位,全心全意为公众服务,自觉承担社会责任,自觉接受公众监督,建立健全举报受理制度,以文明健康、积极向上的服务赢得公众的信任,并与广大网民一道共建网络文明。

五、规范网上行为,抵制恶俗之风。广大网民要文明上网,做到网上文明讨论,网下文明观看奥运比赛,争做文明网民,不恶搞,不谩骂,自觉抵制网上不良信息和低俗之风,积极参与到树立网络新风的活动中来。

二〇〇八年六月

发起网站:人民网、新华网等

响应网站:光明网、中青在线等

(引自新华网)

二、申请书

(一)申请书概述

申请书是个人或组织因某种需要向有关部门、组织以及社会团体或其领导表达愿望、寻求帮助或者请求解决问题时使用的一种专用文书。

申请书一般具有请求性和单一性等特点。

申请书按照内容可分为入党申请书、入团申请书,还有加盟申请、入会申请、开业申请、调动申请、专利申请时使用的申请书等。按形式可分为文章式申请书和表格式申请书两类。按申请者可分为个人申请书和单位申请书等。

(二)申请书的结构与写法

1. 标题

第一行居中写标题,可以写“申请书”3 个字,也可以在“申请书”3 个字前加上申请内容或性质,如“入党申请书”“开业申请”。

2. 称呼

在标题下一行顶格写接收申请书的单位或领导人的名字。称谓注意要用

敬称。

3. 正文

这是申请书的主体部分，应写清如下三方面的内容。

① 申请事项，即申请的具体内容，要直截了当提出申请的具体事情。

② 申请理由，理由要充分、具体、有条理，还要合情合理。

③ 表明自己的决心和态度。

4. 结尾

正文结束后，另起一行写“请领导批准我的申请”“以上申请，请批准”之类的祈请语。在下面还要写上祝颂语。

5. 落款

落款包括署名、日期。

（三）申请书书写注意事项

① 一事一书，切忌在一份申请书中提请多项请求。

② 理由要充分合理，实事求是，不能虚夸和杜撰，否则难以得到上级领导或部门的批准。

③ 语言要准确简洁，态度要诚恳朴实，切忌东拉西扯，拖沓冗长。

【例文2】

入党申请书

敬爱的党：

像小苗盼望阳光雨露那样，我殷切期望早日投入您的慈母般的温暖怀抱，在您的直接关怀、教育、培养下，成为伟大的社会主义祖国的四化建设的有用之才。因此，我盼望成为一名中国共产党党员。

敬爱的党，虽然我不像健康人那样，在学校里系统地学习党的光辉历史，但是，从给我以厚爱的亲朋师友之中，从我自觉的课堂上，从二十几年的生活经历中，同样强烈地领略到党的光荣和伟大。我们的党是中国工人阶级和先锋队，是中国各族人民利益的忠实代表，是中国社会主义事业的领导核心。党的最终目标是实现共产主义，胜利完成对封建主义、官僚资本主义的革命斗争，取得了新民主主义革命的胜利，建立了人民民主专政的中华人民共和国。“没有共产党就没有新中国”的歌声，唱出了人民的心声，也道出了一个伟大的历史事实。新中国成立以后，党又领导全国人民顺利地进行了社会主义改造，完成了新民主主义到社会主义的过渡，确立了社会主义制度，发展了社会主义的经济、政治和文化。特别令人难忘的是，我们的党经受了十年内乱的严峻考验，在国家和人民最危急的关头，一举粉碎了江青、林彪两个反革命集团，挽国家于存亡之际，救人民于水火之中。党的十一届三中全会的召开，在各条战线上取得了拨乱反正的重大胜利，实现了历史性的伟大转变，规划了四化建设的伟大蓝图。党的十二大以来，随着社会主义建设新局面的开创，各族人民意气风发，同心同德奔向未来。历史证明，我们的党不愧为光荣、伟大、正确的党。

作为一个病残青年，我时时刻刻感受到党的温暖。没有党的关怀，就没有我的生命，更没有我的今天。特别是当我在生活中克服了一点困难，在工作中做出一点成绩的时候，党又给我以很高的荣誉，使我时时有一种无功受禄之感。我付出的太少了，得到的太多了，纵然献上我的青春和生命也无法报答党和人民对我的厚爱。

我深知自己离一个共产党员的要求相差太远了。但我决心时时处处以一个党员的标准严格要求自己。战胜困难，刻苦学习，百折不挠，奋力攀登，更多地掌握四化建设的本领，为共产主义事业贡献出我微薄的力量。敬爱的党，请考验我。

张海迪

××××年××月××日

第六节　条　据

条据是人们处理日常临时性事务时使用的一种简短的应用文体。根据条据的内容和性质，条据可分为两类：一类是说明性条据，称便条；另一类是凭证性条据，称单据。下面介绍几种主要条据的写法。

一、请假条

（一）请假条概述

请假条是人们在日常生活中因病或因事而向单位或主管者请求准许在一定时间内不工作、不学习或不参加活动的便条。

请假条具有鲜明的目的性和祈请性的特点。

请假条有便条式和表格式两大类。前者是常见的请假条，后者一般由企事业单位统一印制，请假人只需按表格的内容填写即可，方便快捷，也便于存档。

（二）请假条的写作格式

请假条一般由标题、称谓、正文、结尾、落款等部分组成。

1. 标题

“请假条”3字作为标题写在称呼上面居中位置，字体稍大。

2. 称谓

第一行顶格写上对方称谓，后加冒号，还可以加上问候语。

3. 正文

正文在第二行空两格写起，主要内容包括 3 个部分。

① 原因

请假必须有原因，不说明原因或原因不详、不当，则得不到允许。

② 请求

请求是一种渴求和企盼，因此用语要委婉、诚恳，以获得对方的支持与批准，从而达到请假的目的。

③ 时间

请求准假的时间要明确、合理，否则会让审批者为难，达不到请假的目的。

4. 结尾

正文后另起行空两格写"此致"，另起行顶格写"敬礼"等惯用语。

5. 落款

落款包括署名、日期。

（三）请假条写作注意事项

① 请假条必须按格式要求写清楚何人、何因、何时请多长的假。

② 请假原因要实事求是，不弄虚作假，或夸大实情，以免引起不良后果。

③ 请求合理，不提不恰当的请假时间要求。确因事（病）在假期内仍未完妥，可提出续假。

④ 语言简明得体，有感染力。在陈述原因时具体而不累赘，语气委婉而不媚俗。在文后用祈请语，如"请批准""请予批准"等，切忌盛气凌人。

【例文 1】

请假条

贾老师：

　　您好！

　　我昨天晚上开始头痛发热，后由孔由之同学陪同到校医院就诊，经大夫诊断为流行感冒。这两天我不能坚持到校上课，特请假两天（3 月 15 日到 16 日，共 8 节课），请予批准。

　　此致

敬礼！

　　附：医院证明

学生：易简

2008 年 3 月 15 日

二、留言条

(一)留言条概述

留言条的含义有狭义和广义之分,狭义的留言条是指人们在离开某地时用书面形式留下要说的话。

广义的留言条是指用简短的语言送上自己要表达的信息。

从形式上分,它包含家庭留言、车站机场等公共场所的板上留言、贺卡留言、网上或手机短信留言等。

从内容上分,有知启留言、寻访未遇留言、示爱(爱情、亲情、友情)留言、催讨留言、不便面谈的留言等。

(二)留言条的特点

与其他文体相比较而言,留言条具有其自身的一些特性。

1. 目的性

它无须客套,直奔主题,说明实质性的事情。

2. 灵活性

内容丰富多彩,可以畅所欲言,如南方卫视的“马后炮”的留言板,网友们畅所欲言,反映社会问题,诉说自己的遭遇或苦恼,评论热点话题。

3. 友善性

它知照你该做的事,关照你该注意的问题,问候你的近况。家里有块留言板,写上家人间难以启齿的爱意;寻访不遇,给有求的对方留下难以面说的话;用手机给恋人发个示爱的短信,多少情意全在留言中。

4. 简单扼要

留言条简短明了,言简意赅,片言只语即能表意传情。

(三)留言条的格式及写作

留言条无固定的格式要求,特别是在留言载体如此丰富的今天,格式已失去了它存在的意义,如网上留言和手机留言,更是随心所欲,毫无格式可言。

但较为庄重的留言一般要包括以下内容。

1. 称呼

称呼不像书信那样讲究,视双方关系而定。但建议一般要恰当称呼,以示礼节。

2. 正文

正文主要写告知的事情、表达的情感。

3. 祝辞

祝辞可有可无,视双方关系而定。

4. 署名

署名也较随意,可昵称,可写与对方关系。建议留言条一定要留名。

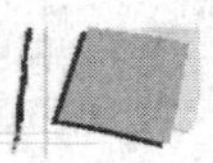

5. 日期

时间较短的知照可写“即日”或“即时”；一般不写年份，如手机短信留言也可省略。

（四）留言条写作注意事项

① 写留言条要留有余地。如果求人办事，或是向心仪的人留言，则更要注意留有再次约见的机会，为创造交往条件打下基础。

② 不同的对象用语也有所不同。知照性留言意思清楚即可，可直来直去。而示爱留言，既要饱含情感又要意味深长。求助留言则既要目的明确又要含蓄委婉，富于情感。家庭或熟人留言可用口语。

③ 选择最好的表达方式。一种好的表达方式会收到意想不到的效果。有时孩子向父母表达爱意会难以启齿便可以选择字条式留言。

【例文2】

造访不遇留言

大强：

你好！上午10点我来到你宿舍，恰逢你外出未归。我因有其他事情亟待办理，故不能在此久候。现有一事相告，本月8日（周六）下午6点汉寿老乡会拟在北京邮电大学举办联谊会，主题是欢迎今年考入北京各大学的汉寿老乡。届时请你赏光。

此致

台安！

小雪 3日

三、借条

（一）借条概述

借条也叫借据，是指在借到别人或单位的钱物时写给对方留存的条据，起着凭证的作用。

借了别人的东西，主动写下借条，是诚实守信的表现。革命战争时期，中国工农红军在根据地向老百姓借了东西，都向老百姓写下借条，成了人民军队严明守纪的佳话。

（二）借条的格式和写法

借条的组成部分分为标题、正文、签署三部分。

标题：在标题的上方居中写“借条”二字，字体可稍大。

正文：写从哪里借，借出钱物的内容（数量、名称、款式、型号）、用途等，最后还要写明何时归还。

结束语,在文后直接或另起一行空两格写上惯用语"此据"。

落款:在右下方签上自己的姓名,下面写清日期。

(三) 借条写作注意事项

① 借条应短小精悍,语言简洁明了。

② 文面干净,不许涂改。若有涂改,需出据方在改动处加盖印章或手印。

③ 借方在写好条据后须清点所借钱物的数量。

④ 借条在钱物归还后,应将其收回或当面销毁。

⑤ 以单位名义借出的,要写上经手人姓名,并加盖公章。

⑥ 钱物数字须汉字大写。

【例文3】

借　条

今借到公司财务部人民币壹拾万元整,作为购房首付款。等公司住房补贴到账后两个工作日之内日连本带息全部归还。

此据。

借款人:杨世人

2010年5月5日

四、欠条

(一) 欠条的概念

借用别人或单位的钱物,归还了一部分,还有部分拖欠,对拖欠部分打的条子,叫欠条。

(二) 欠条的格式及写法

欠条的写法与借条差不多,分标题、正文和签署三部分。但正文部分要因所欠的范围不同而加以说明。

(三) 欠条写作注意事项

欠条要求篇幅短小,说明清楚;用语要通俗明白,不会引起误解;注意用汉字大写说明数量金额。

【例文4】

欠　条

原借张三同学人民币捌佰元整,已还伍佰元整,尚欠叁佰元整。我将于一个月内归还。今写此条,以为凭证。

王五

2010年8月8日

五、领条

（一）领条的概念

领条是向单位领取钱物时，写给负责发放人留存的条子。领条具有表达明确、用语简洁的特点。

（二）领条的格式和写法

正文上方居中写标题，以文种为题。

第一行空两格写正文，主要写上发放单位名称、物品名称及数量；在正文右下方签署姓名和日期。如果是单位领的，除写上单位名称外，还应写上经手人姓名。

（三）领条写作注意事项

① 文面整洁清晰，不能涂改。

② 所领物品必须写明名称、型号及数量，数字用大写。

③ 文字简短，切忌累赘。

【例文5】

领　　条

兹领到学院办公室软皮笔记本贰拾个，签字笔伍盒（伍拾支），订书机肆个，信封壹佰柒拾个。

院学生会

经手人：李四

2010年9月1日

六、收条

（一）收条的概念

收条也叫收据，是收到别人或单位送来的钱物时写给对方的一种凭证性应用文。它在我们的日常生活中使用范围很广。例如，我们平时买东西的收据、发票，乘车时售票员给你的票据，以及工作中产生的各种钱物交割单等。

收据具有文面清晰、用语准确、文字简练等特点。

（二）收条的格式及写法

一个完整的收条一般由标题、正文、落款三部分组成。

1. 标题

收条的标题主要有两种形式：一是由文种名构成，写于正文上方居中位置，字体稍大；二是以正文的前3个字作标题：今收到、现收到、已收到等。

2. 正文

在第二行空两格起写上收到的钱物数量、种类、物品规格、完好程度等。

3. 落款

在正文的右下方写上收钱物人的姓名或单位名称，加盖公章，下方写日期。如果是某人经手的要在姓名前写上“经手人”字样，是代收的则要在姓名前加上“代收人”字样。

(三) 收条写作注意事项

① 钱物数字要用大写。

② 书写清楚准确，如因笔误修改，应加盖印章或按手印。

③ 务去陈言赘语，该说则说，越简越好。

④ 印制的收款收据应有编号。

【例文6】

收　条

今收到魏大勇同学归还的《抗日战争全录》壹套捌本，经检查全书完好无损。

北京大学哲学系(公章)

经手人：张大彪

2010年9月18日

第七节　启事、海报

一、启事

(一) 启事概述

“启”是“陈述”的意思，“事”即“事项”。启事是机关、团体或个人把需要说明或希望大家协助办理的某些事情简要地写出来，具有广告性质和信息传递作用的短文。启事的应用范围和告示范围都很广泛。无论何人何事，只要有必要告诉公众，都可以使用。因此，启事的类型也是多样的。

(二) 启事的种类

根据目的不同，启事主要可以分为3类。

① 征召类启事包括招生、招聘、招商、招标、招工、征稿、征婚、征友、征订等启事。

② 提醒类启事包括开业、停业、更正、更期、庆典、迁移、遗失、作废、解聘、辨伪、竞赛、讲座等启事。

③ 寻找类启事包括寻人、寻物、招领等启事。

（三）启事的格式及写法

1. 标题

在第一行的中间用较大字体写“启事”，或者在前加修饰语，如“招领启事”。如果“启事”的内容紧迫，可在前面加上“紧急”二字。

2. 正文

正文因启事所说明的事项不同而异。总的要求是要说得真实、准确，有条理，清楚明白，简明扼要。

① 寻人启事：要写明失踪者的姓名、性别、年龄，因什么事、什么时间、什么地点失踪，要交代清楚失踪者的长相、体态、口音、服饰特点，最好能附上失踪者近照，还要写明联系人姓名及联系方式等。

② 招领启事：要写明所拾物品的时间、地点，物品的名称，让失主在什么时间、到什么地点认领等，不能说明物品的数量、特征，以防冒领。

③ 征文启事：要写明征文的目的、主题、范围、要求、征文起止的时间、征文评选的办法、设立的奖项及奖金标准，以及欢迎应征的礼貌语。

④ 开业启事：要写明开业企业的名称、开业时间、开业企业主要经营的商品介绍、开业期间为消费者提供哪些优惠让利服务、开业优惠活动起止的时间，以及开业企业地址、电话、联系人、网址等。

3. 结尾

正文后可以写上“此启”或“特此启事”的结束语，亦可略而不写。

4. 落款

落款要写明发启事的单位或个人姓名，最后注明启事的日期。

【例文1】

招领启事

蒋不平同志于6月26日中午在单位食堂拾到皮夹一个，内有IC卡及人民币若干，望失主速来认领。

安全保卫部　诸葛平

2010年6月27日

【例文2】

寻物启事

本人8月6日晚上乘地铁奥运支线时，不慎将工作证、身份证、本人单位介绍信等物件遗失。有拾到者请与××大学学生处李云隆老师联系，或直接与本人联系，电话：1390××××××××。万分感谢！

启事人：戴大意

2010年8月7日

【例文3】

招聘启事

中新社海外中心，系中国新闻社旗下对海外华文报纸提供新闻版面服务的专设机构，每日编辑传送对开30版，内容涵盖国际国内时事报道、焦点追踪、财经贸易、体育娱乐等，强调新闻冲击力和持续影响力，追求"时效第一、原创第一、读者第一"的目标。

海外中心现因事业发展需要，进行新一轮招聘，希望业界青年才俊加盟。

一、新闻记者编辑(6名)应聘条件

① 男女不限，户籍不限，年龄在30岁以下，条件优异者可适当放宽。

② 需大学本科或以上学历，专业不限。

③ 有两年以上新闻从业经验，对外报道有经验者优先。

④ 具较好的英语读写及编译能力。

⑤ 需熟练掌握基本计算机技能，会操作北大方正"飞腾"排版软件系统者优先。

二、文学副刊编辑(1名)应聘条件

要求具有扎实的文字功底，具有文学作品鉴赏能力。在文学界有广泛人脉者优先。

三、行政财务助理(1名)应聘条件

年龄30岁以下，女性，大专以上相关专业学历，具从业经验者优先。

凡符合上述条件之应聘者，请将详细简历、个人照片、求职文件投递至：100037，北京市西城区百万庄南街12号中新社海外中心，封面请注明"应聘"。或将详细简历、个人照片、求职文件传送至：××××@chinanews.com.cn。

联系电话：010-8838××××

请务必注明有效联络方式,以便通知安排面试。

接受应聘资料时间截止至 2010 年 9 月 20 日。

中新社海外中心

2010 年 7 月 20 日

二、海报

(一) 海报的概念

海报是将举办文艺演出、影视放映、体育比赛、学术报告的信息告诉公众的一种日常应用文书。海报一般在公共场所张贴。

(二) 海报的格式及写法

海报一般由标题、正文、落款等部分组成。

1. 标题

海报的标题置于第一行中间位置,可直接写"海报"二字,也可以直接写活动名称,如为纪念《城市快报》创刊一周年举行的明星演唱会的海报,其标题为《盛大传齐演唱会》(盛为李宗盛,大为罗大佑,传为赵传,齐为齐豫)。

2. 正文

海报正文是海报的核心部分,它要把举办的活动及相关要求交代清楚,要写明活动的内容、时间、地点、举办(承办、协办)单位、演员(报告人)姓名、参赛队名称、售票办法、票价、联系方式等。

海报要求语言形象生动、简明扼要,要做到既有吸引力、鼓动性,又实事求是,不夸大其词。

海报的常见表现形式有简介说明式、文学描述式、美术设计式等。

3. 落款

落款包括制发海报的组织名称和日期。

(三) 海报写作注意事项

① 要有号召性和鼓动性。

② 内容要真实、贴切。

③ 设计要有艺术性。

【例文 4】

学术讲座海报

生活中我们会面临各种各样的压力,这些压力是成为你生活中的包袱还是转化成了你前进的动力?

你每天都以怎样的情绪面对生活?如何调节自己的心情,使自己每天都感到阳光明媚?

心理咨询中心特邀请北京师范大学心理学院郑日昌教授前来我校举办专题讲座:

《压力应对与情绪管理》

时间:4月27日(周四)晚6点半

地点:学术会堂

欢迎全校师生参加!

附:郑日昌教授简介

北京师范大学心理系教授、博士生导师,北京师大辅仁应用心理发展中心主任;中国人才素质测评研究会副会长;国家教育部考试中心兼职研究员;中国心理卫生协会常务理事;全国大学生心理咨询委员会副主任;北京学校心理卫生委员会主任;北京高校心理咨询研究会理事长;中国心理学会心理辅导与咨询委员会(筹)主任;国家教育部中小学心理健康教育咨询委员会副主任。

曾于英国彻斯特学院任客座研究员;美国教育测验中心、匹兹堡大学做访问学者;布鲁塞尔国际笔迹学研究所任客座研究员;澳大利亚新南威尔士大学心理学院任客座教授。

学生处心理咨询中心

高教所心理学会

4月25日

第八节　会议记录

一、会议记录概述

会议记录是在开会的过程中,当场把会议的基本情况、会议报告、研究和讨论的问题、会议决议等内容如实记录下来的专用应用文。

会议记录具有真实性和资料性的特点。

根据会议的性质和领导对记录的要求,会议记录可以分为简要会议记录、详细会议记录和议程会议记录等类型。

二、会议记录的格式及写法

会议记录一般包括标题、组织概况、主体及结尾4个部分。

（一）标题

一般形式为"会议名称＋文种"，如"抗震救灾会议记录"。如有需要，还可以在前面冠以召开会议单位的名称，如"北京大学 2009 年招生工作会议记录"。如果单位备有专门的会议记录本，则可以不用再写标题。

（二）组织概况

依次写明开会时间、地点，出席人、列席人姓名，缺席人姓名及缺席原因，主持人姓名和职务，记录人姓名等，是否要写明有关人员的单位和职务，要视具体情况而定。

这些内容尽可能在会议主持人宣布开会之前写好。

（三）主体

记录会议具体内容和进程。这部分记载项目不固定，完全取决于会议情况和领导要求，一般包括以下内容。

① 会议的中心议题、宗旨。

② 会议议程。

③ 会议讲话，包括会议主持人讲话和领导讲话。主持人讲话又包括开场白、会议总结以及串场讲话。主持人对领导讲话和其他人的发言所进行的点评、即兴讲话以及重要的插话等。

④ 领导报告，其中包括传达有关文件和上级指示精神。如属传达文件，一般可只记录要点，但要注明详见××号文件。如属传达上级指示精神，一般要详细记录，原则问题要记录准确，不得走样。

⑤ 会议讨论和发言。

⑥ 会议决定和决议。

⑦ 会议遗留或待进一步讨论的问题。

⑧ 结束语。会议最后一项议程"散会"，应在主体最后一行单独成一小节写清，后面加括号写明散会时间。

（四）结尾

一般性的会议可以没有尾部，但重要会议必须由会议主持人和记录人在右下角签名以示负责。

三、会议记录写作注意事项

1. 速记

精力要集中，跟上会议发言的速度，迅速记录会议的内容，也可以用缩略语，但会后要及时进行整理、还原。

2. 准确

会议记录是会议情况的真实记录，所以一定要如实准确地记录会议内容。

记录者要抓住发言者的中心意思，其方法就是抓住关键词、关键句。一般来说，游离于主题之外的、与会议内容无关的话可以不记或略记。

3. 规范

记录会议应使用专用记录本、记录纸，一是为了规范，二是便于保存，三是便于保密。

【例文】

××地区教育局党组扩大会议

地点：教育局会议室。

时间：2008年6月8日。

出席人员：×××局长、×××副局长、×××纪检组长、×××工会主席。

缺席人员：××副局长、×××副局长。

列席人员：×××普教科科长、×××职教室主任。

主持人：×××局长。

记录人：×××办公室副主任。

会议内容：听取×××一行赴兄弟地市考察“三加一”教育情况汇报，研究制订我区实施“三加一”教育的意见。

一、×××汇报考察情况

① 参观考察的基本情况。(略)

② 兄弟地市“三加一”教育的形式及做法。(略)

③ 几点建议。(略)

二、讨论(略)

三、决议

① 为地委行署起草“关于在中小学毕业生中实行职业技术教育的意见”，由成教、职教负责。

②“三加一”教育的场地可放在乡镇成人教育中心，由成教科负责这项工作。

③ 要体现灵活多样的原则，适合各县市的具体情况。

第九节　大事记

一、大事记的概念

大事记是指把重大事件(事情)按年、月、日顺序记载，以便查考的资料。作

为应用文书，它是用来简要、系统记载机关重要活动，反映机关（单位）整个工作（活动）情况，具有总结工作情况和备查的作用。大事记工作简便易行，每个机关（单位）都应编写大事记。通常由机关（单位）综合办公室指定专人负责。

二、大事记的写法

1. 标题

由大事记所记录的机关名称、记录的时间、范围组成，如《教育部 2008 年大事记》。

2. 内容

采用一事一记的写法，并按年、月、日记载。一条大事记应包括事情发生的具体时间、基本情况。基本情况通常包括事情的起因、过程，涉及的部门、人员、结果等，如《中央人民政府 1949 年大事记》。

7 月 11 日　在辅仁大家礼堂举行本年大学毕业生统一分配工作动员大会。到会有北大、清华、师大、燕京、辅仁、中法、农大、回民学院八校毕业生 1 300 余人。大会由本部马叙伦部长主持，周恩来总理、郭沫若副总理等到会讲话。

大事记一般应记录如下内容：

① 本机关的组织机构变动情况，如本机关的成立时间，职责范围，内设机构的增减，办公地点的迁移，人员编制的变化及重要领导人的任免、调动等；

② 重要会议的简况，如会议名称、任务、议题及形成的决议等；

③ 本机关领导出席的重要内事、外事活动；

④ 本机关发布的规定、制度、办法及重要工程的兴建、竣工、验收，重大科技成果的鉴定等。

三、大事记写作注意事项

① 要体现“大”字，“大”事指能反映本机关（单位）活动情况且有价值的事，切不可把大事记写成流水账。

② 实事求是，即按照事情的原貌，客观地加以记述，要表述清晰，言简意赅。

【例文】

九江市委市政府大事记(2008 年 5 月)

5 月 5 日，我市召开全市新农村建设暨农业产业化督查汇报会，会议听取了市委农工部关于新农村建设和农业产业化工作督查情况的汇报。市委副书记刘德意出席并讲话，市领导魏宏彬、廖凯波出席。

5 月 6 日上午，市长王萍在城西港区察看开发建设情况，随后召开城西港区建设现场办公会,现场解决城西港区开发建设过程中遇到的有关问题。

同日,九江华凌国际旅游商贸港项目签约仪式在新疆乌鲁木齐举行。省政协副主席、市委书记陈安众出席并讲话,新疆克州党委常委、副州长谢一平,市领导陈和民出席,副市长李伟代表市政府与华凌集团签约。

同日,我市召开强农惠农政策落实情况监督检查工作调度会,回顾前一阶段我市督查工作落实情况,研究解决当前工作中突出的问题,部署下一步工作。市委副书记刘德意、副市长廖凯波出席。

5月6—8日,由省委宣传部组织的"科学发展抓项目"大型记者采访团,深入我市庐山区和湖口县,实地采访巨石集团九江玻纤、赛得利(江西)化纤二期和湖口九江钢厂3个全省重大项目。采访期间,市领导赵东亮、冯静与记者进行了座谈。

5月9日下午,市政府召开第20次常务会议,会议研究了《九江市加快县(市、区)污水处理设施建设实施方案》等问题。

5月10—12日,市长王萍在香港参加省、市招商活动,先后走访了香港嘉里集团董事长郭鹤年、香港宏安集团主席邓清河、香港讯汇金融集团董事长谢兆凯、加拿大置地有限公司董事长叶树林、香港赛维LDK太阳能高科技有限公司朱良保、香港宏大集团董事长项善友等重点客商。在港期间,王萍还会见了深圳深水集团董事长于剑女士,就深水集团参与九江城西港区水务管网建设进行了洽谈。副市长李伟陪同。

5月12日上午,市委召开各县市区主要负责人员座谈会,围绕中央和省委出台的重大政策、重大决策、重大课题、重大战略部署,认真研究对策,广泛征求意见和建议。省政协副主席、市委书记陈安众,市领导张远秀、程来安、华金国、赵东亮出席。

同日下午,四川汶川发生7.8级地震,地震发生后,省政协副主席、市委书记陈安众,市长王萍立即作出指示,要求切实组织支援灾区抗震救灾工作,发动好社会各界对灾区的捐赠,以实际行动回报全国各地对我市以往的支持。分别于13日、14日、17日、23日先后派出消防救援队、市公安局特巡警救援队、援川电力抢修队、卫生防疫队、建口千人服务队奔赴四川灾区支援抗震救灾。

5月13日,2008江西(香港)招商引资活动周开幕式暨重大项目推介会在香港国际会展中心举行。我市领导王萍、魏宏彬、李伟参加会议。

5月14日上午,九江(香港)产业对接撮合会在香港万豪酒店召开,将我市重点产业进行了专题对接撮合。省委常委、副省长赵智勇,江西日报社社长严力,市领导王萍、魏宏彬、李伟、王翔出席。

5月14—16日,省政协副主席、市委书记陈安众率我市招商团专程赴新加坡对接大企业推介九江。

5月15日上午，我市举行向四川地震灾区捐款捐物活动启动仪式，市四套班子领导出席并向灾区人民捐款。

同日，我市召开援助四川地震灾区工作会议，研究部署九江支援四川地震灾区的举措。市领导王萍、华金国、叶国兵、刘建平、卢天锡出席。

5月16日，市长王萍在江西海扬纺织集团现场调研办公，研究解决进一步推进企业改制工作中的有关问题。市委常委、副市长张华，副市长卢天锡、熊永强陪同。

5月18日，市长王萍会见了由黑龙江省大庆市市长夏立华率领的大庆市党政代表团一行，两地女市长围绕经济社会发展话题进行了座谈。大庆市政府副市长栾莹，市领导华金国、刘智、甘智德、熊永强出席座谈会。

5月19日上午，市政府与江西铜业集团公司举行战略合作签约仪式。市领导王萍、甘智德、卢天锡、熊永强、纪岗昌，江西铜业集团公司总经理李贻煌，党委书记李保民，副总经理龙子平、李平出席。

同日，市长王萍深入彭泽核电项目现场调研办公，协调解决核电项目有关问题，指导沿江开发推进工作。副市长熊永强陪同。

同日14时28分至31分，市委、市政府举行庄重、肃穆的哀悼仪式，深切悼念四川汶川大地震遇难者。

5月20日，瑞昌市"项目建设年"传捷报，由深圳汉玉矿业开发投资有限公司投资的瑞昌市非金属矿综合利用科技园正式签约落户瑞昌。

5月21日下午，市长王萍主持召开动员会，部署安排我市支援灾区、共建家园任务。市领导尧希平、华金国、冯静、张华、陈和民、卢天锡、吴锦萍、李伟出席。

5月22日，巨石集团建设年产30万吨玻纤新材料基地项目签约仪式举行，省政协副主席、市委书记陈安众，市领导王萍、张远秀、华金国、李伟、熊永强、陶春元出席。

同日，省政协主席傅克诚在我市调研，省政协副主席、九江市委书记陈安众随同，市领导王萍、华金国、陈晖陪同。

同日下午，市长王萍会见了台湾和硕集团旗下公司——博硕科技(江西)有限公司——总经理吴政卫一行。副市长李伟会见时在座。

5月23日下午，省政协副主席、市委书记陈安众会见了中国水利水电集团副总经理李跃平一行。就庐山西海旅游高速公路项目进行进一步考察洽谈。市领导华金国、刘建平、李伟会见时在座。

同日下午，省政协副主席、市委书记陈安众会见和成国际集团公司主席周安达源、中国瑞联实业集团有限公司董事局主席李明一行。市领导尧希平、华金国、李伟会见时在座。

5月24日下午，省政协副主席、市委书记陈安众会见了来我市考察的上海文广集团副总裁、上海电影集团党委书记兼总裁、上海电影制片厂厂长任仲伦一行。市领导华金国、冯静、吴锦萍会见时在座。

同日晚，我市举行“支援灾区，共建家园”赈灾募捐晚会，市四套班子领导出席。

5月26日上午，市政府第二次廉政工作暨全市纠风工作、民主评议动员会议召开，市长王萍出席并讲话。市委常委、纪委书记朱建国应邀出席。市委常委、副市长张华、刘智、刘建平，副市长卢天锡、吴锦萍、廖凯波 、李伟 、熊永强出席。

同日，赵东亮同志赴南昌市，拟任南昌市常务副市长，殷美根同志来我市，拟任九江市常务副市长。市政府当日举行了简短的迎送仪式。

5月27日，市委中心组举行理论学习会议，传达学习省委书记、省长在省委常委理论中心组学习会及在鄱阳湖考察调研时的讲话精神，对我市如何贯彻落实省委、省政府的重大决策部署，建设环鄱湖生态经济区和推进新型城镇化进行了认真研究。省政协副主席、市委书记陈安众主持。市四套班子领导出席。

5月27—28日，省委常委、省委宣传部长刘上洋深入我市武宁、修水两县调研考察村镇文化事业、新农村建设和项目建设等工作。省政协副主席、市委书记陈安众随同。市领导王萍、华金国、冯静、程利民、吴锦萍先后陪同。

5月27—28日，全省农民专业合作社建设经验交流现场会在永修县召开。省委常委、省委秘书长陈达恒出席并讲话，省政协副主席、市委书记陈安众致辞，省农业厅党委书记萧茂普、厅长毛惠忠，省委农工部副部长许德仁、省农村信用联社主任孔发龙及市领导王萍、华金国、魏宏彬、廖凯波参加会议。

5月28日上午，瀚森科技电子产品项目、九江城西港区物流园区一期工程两个重大项目在我市城西港区开工奠基并举行开工典礼。省政协副主席、市委书记陈安众出席，市长王萍、台湾正翰集团董事长陈炯勋、上港集团副总裁黄新分别致辞。市领导程来安、华金国、殷美根、甘智德、熊永强、李光荣、魏改生出席。

同日，我市城西港区第二批6个重大项目：中南控股集团整体开发九江城西港区口岸商务区项目、佛山三水好帮手建设汽车GPS导航影音项目、中国人民电器集团购并九江市电线电缆厂并在城西港区扩建新厂项目、深圳信源通手机研发生产及手机芯片软件园基地项目、年产10万吨纯菜籽油及副产品循环利用项目和深圳华锦电子手机充电器生产线项目举行签约仪式，省政协副主席、市委书记陈安众出席并致辞，市领导王萍、殷美根、甘智德、李光荣、魏改生等出席。

5月29—30日，市十三届人大常委会召开第十一次会议。市人民政府市长王萍，市委常委、市政府党组副书记殷美根，副市长卢天锡、廖凯波列席会议，会议决定任命殷美根同志为九江市人民政府副市长。

5月30日，省经贸委领导班子来我市就如何深入学习实践科学发展观，进一步提高经贸委服务经济社会发展的能力和水平进行集中调研。省政协副主席、市委书记陈安众出席征求意见座谈会并讲话，市领导华金国、殷美根、熊永强出席座谈会。

（引自九江市委市政府门户网）

本章小结

本章主要介绍人们在日常工作、学习、生活中使用频率很高的一些常用事务应用文。

了解日常应用文的概念、特点、种类，掌握它们的格式和写法，提高常用事务应用文写作和处理能力对每一个人都是很有必要的。

思考与练习

一、名词解释

介绍信　证明信　感谢信　表扬信　慰问信　倡议书　申请书

二、填空题

1. 书信由________和________两部分组成。信封包括________、________、________、________、________、________等内容，信笺包括________、________、________、________、________等部分。

2. 证明信具有________和________等特点。

3. 表扬信的格式包括________、________、________、________、________等部分。

4. 慰问信可分为________、________、________等种类。

5. 求职信与应聘信具有________、________、________等特点。

6. 倡议书具有________、________、________等特点。

三、问答题

1. 简述书信的结构与写作注意事项。

2. 证明信按照写信者身份可以分为哪些种类？并分别简述其结构与写作注意事项。

3. 简述感谢信的结构与写法。

4. 简述慰问信的结构与写作注意事项。

5. 简述推荐信的结构与写法。

6. 简述聘书的结构与写作注意事项。

7. 简述倡议书的结构与写法。

8. 简述申请书的结构与写作注意事项。

9. 简述会议记录的结构与写作注意事项。

四、能力训练

1. 根据某招聘广告,按照应用文写作要求结合自己实际为自己拟写一份求职信和个人简历。

2. 根据自己的实际情况,按照应用文写作要求,拟写一份入党申请书。

3. 按照应用文写作的要求,试着拟写规范的请假条、收据等条具。

4. 请按照应用文写作要求,做好会议记录。

延伸阅读

中国古代书信知识

一、古代书信种类

简:造纸发明前,以削成狭长的竹片作为书写材料,这种竹片称为简。用于写信的便称为书简。

牍:古时书写用的薄而小的木片称牍。汉代对简和牍串起来写文字时规定,诏书律令不能宽过三尺(1 尺≈0.33 米),民间写书信不能超过一尺,故有“尺牍”之说,代称书信。

柬:与简通用,是信件、名片、帖子的统称。

素:古代称绢为素。用白绢(或绸)写成的书信称“尺素”,后成为书信的代称。

笺:原指精美的小竹片,供题诗作画用。一般信纸也叫笺,后引申为书信的代称。

函:原指封套。古代寄信用木匣子邮递,这种匣子就叫函。后来就称信件为函,如函件、来函、公函。

札:古指书信,公私文书。

二、古代书信别称

鸿雁:古代传说鸿雁能传书,故代称书信。

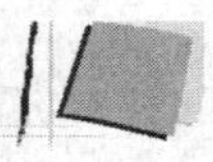

鲤鱼：典故出自汉乐府诗《引马长城窟行》："客从远方来，遗我双鲤鱼，呼儿烹鲤鱼，中有尺素书。"

书筒：以盛书信的邮筒代称书信。

入行书：古时信件每页入行，以此作书札的代称。

三、关于函与封的知识

汉代用"牍"写信，长度一尺，故曰"尺牍"，在写作信的"牍"上再加一块，当作信封，然后用绳子捆好。古人把这块封缄叫作"检"，在"检"上签字叫"署"。在检的中间一块微凹的空间叫"函"，在"函"上捆的绳子打结的地方用泥封上，加盖印章，以防人拆动，这种做法叫作"封"。

第十二章　网络应用文写作

本章学习目标

1. 理解网络应用文的概念。
2. 确认网络应用文的几大特点。
3. 了解网络应用文的写作方式。

第一节　网络应用文

一、网络应用文

定义:网络应用文,顾名思义,即是网络上使用的应用文体。一般来讲,具有两种含义:一是指传统应用文的网络化,纸质应用文在网络上的电子呈现文体;二是直接在网络上写作并应用的文体,具有网络媒体的新的写作方法和技巧。

二、网络应用文的特点

(一) 阅读对象广泛,受众多元化

互联网网络的一大特点就是内容开放性和受众多元化,一个帖子、一篇文章从写作到阅读,作者是不局限于一个部门或者系统的,受众则更是广泛化。

(二) 网络题材丰富,写作资源的丰富性

互联网网络资源丰富,海量数据带来的是写作资源的丰富性,一是体现在写作内容的海量信息获取,二是体现在写作形式的丰富多彩,例如,网络应用文所体现的不仅仅是文字信息,还可以通过视频、图片、文字、声音、课件等全方位展示。

(三) 网络应用文的超文本性

网络应用文的网络化文本可以采用多媒体的表达手段与超文本的结构方式,将图片、声音、视频影像等因素与文字有机地结合起来,极大地丰富了应用文的表达能力。

(四) 文本语言的简洁性

网络应用文的语言风格将日趋简洁。网络应用文的文本信息的传递更快

捷，语言的简洁与快捷将成为网络文本的基本特征。如使用英语缩略语来简洁地表达特定的内容，其中大部分是源于电报上惯用的简语，也有一些是网络上特有的简体缩写。

第二节　常用网络应用文写作

一、网络论坛

（一）论坛

论坛（Bulletin Board System）即是大家常说的BBS，也叫电子公告板。这是一个可以在互联网络中发表、阅读和查找文章，可以围绕特定话题发表个人主张、意见和看法的电子虚拟空间。

（二）论坛的分类

1. 教学型论坛

这类论坛通常如同一些教学网站，中心是对某些领域知识的传授和学习，在计算机软件等技术类的行业，这样的论坛发挥着重要的作用，通过在论坛里浏览帖子、发布帖子能迅速地与很多人在网上进行技术性的沟通和学习。

2. 推广型论坛

这类论坛为某一个企业，或某一种产品进行宣传推广服务。此类论坛因为广告属性强，寿命短，会员多是雇佣人员，发展空间不大。

3. 地方性论坛

地方性论坛是论坛中娱乐性与互动性最强的论坛之一。地方性论坛能够更大距离地拉近人与人的沟通，论坛中的人或多或少都来自于相同的地方，所以这样的论坛常常受到网民的欢迎。

4. 交流性论坛

交流性的论坛是一个广泛的大类，这样的论坛重点在于论坛会员之间的交流和互动，所以内容也较丰富多样，有供求信息、交友信息、线上线下活动信息、新闻等。

（三）论坛文章写作一般格式

论坛文章写作一般格式为“标题＋内容”。

1. 标题

为吸引网民的最大关注和阅读，标题一般都采用大胆新颖、吸引注意力的热门话题词汇组成。一般常见的标题有如下几种。

(1) 疑问句式

给你一万元,让你去实现梦想,会去吗?

把房建在桥上,是创意无限还是馊主意?

(2) 攻略知识

教你一招,粉丝过100万不再是问题。

(3) 互动形式

民间记事征集:你在生活中遇到过什么烦恼?

2. 内容

随着网络阅读习惯的建立,符合网民习惯的浏览排版方式很关键,图文结合的形式比单纯文字要生动活泼,文字表达要简单明了,表达有连贯性,符合网络快速阅读习惯。语言的表达方式可以根据内容需要,可幽默可严谨。内容有独特的见解,有趣味性,对读者有实际价值。

【例文1】

从"播种"到"传播"大学专业

法制晚报3月13日报道　近日,导演冯小刚录制一档电视节目时,评价一名选手在中国农业大学读传播"都哪跟哪啊",演员张国立也在一旁调侃农大传播系应为"播种系"。他们的言论引发热议,农大学子要求冯、张二人道歉。昨天下午,节目官方回应称,冯小刚和张国立是从专业角度对选手和社会现象作客观点评,并无任何恶意。对此,农大表示,引起"误读"主要是因为对学校及专业不了解。

导演冯小刚评价一名选手在中国农业大学读传播"都哪跟哪啊",更多是对有的大学设置专业时不顾自身传统和定位,盲目跟风导致"牛头不对马嘴"现象的调侃,当然,农业大学传播系的老师和同学可以不高兴,捍卫自己的尊严,举例出该校传播专业的种种好,但无法改变外界对农业大学应该专心"播种"等农业学科的刻板印象。这样的刻板印象可以说是一种偏见,但并非是歧视。在视频中,两位演艺界大佬也举例说,现在的医学院不但有体育系,还有表演系呢。

说起新闻传播学专业,一般人首先会想到其是中国传媒大学、中国人民大学、复旦大学的优势专业,列举完综合性大学恐怕也不会想起这所冠以"农业"的大学,当然,中国农业大学也是一所学科门类齐全的综合性大学,但也应该专心于把服务于"三农"的学科建设好,而不是分散精力搞别类。可农业大学的人不会认为自己不专业,他们说自己的传播学与别的院校有"差异化",如农业新闻、乡村传播学。所谓术业有专攻,在短短的四年大学本科,能把农业或者传播一个专业学好就很不容易了,培养出懂"播种"又懂"传播"的复合型人才有这个可能吗？如果可能，那也是泛泛而学，称不上精通。好比医学院的体育系，也可以标榜自己的专业设置，专门针对运动员，运动时磕磕碰碰、碰伤拉伤是常有的事，难道别的医生就应付不过来，非要等搞体育的来治疗？

中国农业大学是以农科院系为主的理工科大学，历史和现实的定位是明确的。我国是一个农业大国，"三农"问题的重要性和迫切性是不言而喻的，深入研究农业方面的学科，农业大学大有所为，不用非得要把所有的学科囊括其中，面面俱到反而会削弱自身的传统优势。从专业成立的背景来看，媒体传播系是在中国农业大学原电教中心的基础上建立的，原电教中心长期承担着学校的电化教育任务，为校内其他农科院系的科研转化和信息传播提供对口服务。资料上记载，2001年农大传播系创建初期，教师大多来自本校电化教学研究室，学生则是原来信息电气工程信息技术专业的28名学生。电化、电气工程摇身一变成了传播学，这"duang"的一下，可比成龙的特技还厉害。其实，如果真要拍个农业科教片，完全可以是农业专家与传播专家的强强联合，不必非得让农业专家成为新闻传播的专家，恐怕到最后，陷入左右为难的尴尬境地，没成为专家反而误人子弟。

（天涯论坛：http://bbs.tianya.cn/post-news-326312-1.shtml）

二、电子邮件

（一）电子邮件

电子邮件，顾名思义，就是利用互联网电子手段实现的邮件系统，是新型的提供信息交换的通信方式，是互联网应用最广的服务。电子邮件可以是文字、图像、声音等多种形式。

（二）电子邮件的特点

1. 传播速度快

电子邮件传送信息的速度和电话一样快，随着互联网技术的普及与发展，电子邮件可以方便快捷地到达有网络连接的任何一个地方。

2. 内容丰富多样

电子邮件综合了电话通信和邮政信件的特点，内容可以为文字、图像、声音、视频等多种形式。

3. 成本低廉

电子邮件省略了传统邮件传递过程的大量人工和邮政物流成本，使得信息传递几乎接近零成本传递。

4. 相对安全

通过信息加密技术等手段，使得一些商业信函和机密信函能够第一时间到达邮件接收人手中，并且经过的中间环节少，安全系数提高。

（三）电子邮件的写法

和传统书信格式相同，电子邮件也基本保持书信的写作格式，一般由"标题＋正文＋落款"组成。

1. 标题

标题表明电子邮件的主要内容。如果是回复邮件,可以是关于对方电子邮件的回复。

2. 正文

一般要先写称谓和问候。其次是正文结构,一般表明写信的目的、回答或者介绍基本问题、提出看法等。

3. 落款

落款一般包括署名和日期等。有些可以设置签名栏,写明发信人的联系方式、工作单位、职务等详细信息。

(四) 电子邮件的写作原则

1. 标题环节

确认收件人地址准确无误,尽量言简意赅,使收件人看到主题就知道邮件内容。

2. 正文环节

注意称谓的文明礼貌用语。正文要简洁、美观,可以使用图文并茂的格式,段落分明,事情结论在前,分析在后。

3. 签名

签名字体要和正文字号匹配,签名信息尽量齐全。

【例文2】

尊敬的读者朋友:

非常感谢您长期以来对《世界经理人》杂志的支持!

为了回报您对我们的拥护,我在这里很荣幸地邀请您成为我们上线1周年的尚品·人生网的尊贵会员,您将享受到我们仅为尚品·人生网站会员提供的所有优惠和特权,更有机会在尚品·人生网的社区中结识其他与您一样成功的精英人士!

您只要单击"接受",便可自动成为尚品·人生网站的尊贵会员。

作为世界经理人网的姊妹网站,尚品·人生网以"享受成功品味生活"为使命,让成功人士在取得财富成果的同时,也能尽情享受丰盛的人生,得到生活与事业的和谐平衡。非常感谢您的关注,期待您加入尚品·人生网!

此致

敬礼!

CRAIG PEPPLES

环球资源执行总裁

《世界经理人》《尚品·人生》出版人

三、博客

（一）博客的概念

博客(blogger)的正式名称为网络日志。一般是作者以网络平台为载体，简易迅速便捷地发布自己的心得，专注在特定的课题上提供评论或新闻，其他则被作为比较个人的日记。一个典型的博客结合了文字、图像、链接及其他与主题相关的媒体，能够让读者以互动的方式留下意见。

（二）博客的特点

1. 操作简单

平台注册简便，后台管理、写作操作简单明了，相比较传统纸质写作便利很多，并且一般的网络平台都提供模板（自主选择）、博客设置（参数变更）、日志管理（建立分类）、添加日志（记录内容）、发表日志（单击保存）、预览首页。

2. 开放互动

网络空间是开放的，赋予了博客的开放性，博客也就不再是一个单纯的私人空间了。博客和阅读者之间产生了互动和交流，写评论和签留言，博主回复，并通过链接地址进行回访，达到互动效应。

3. 个性展示

博主利用自己的网络空间，充分展示自己的个性。可以简单地从日志内容、博客界面、文章数量、日志分类、人气指数体现出博主的个性。

（三）博客的分类

根据博客内容的表现形式，大致可分为以下几类。

1. 日志博客

作者把原本在日记本中的内容转移到了自己的博客网页之中，就像以往在日记本中记录自己的生活点滴和思想火花一样，形成日志博客。

2. 新闻博客

作者希望通过自己的所见所闻或网上收集的信息，告诉大家最近发生了什么重大事件，或有什么奇特的东西出现了，常常是科技、音乐等时尚内容。

3. 文学博客

作者通过这种方式将自己的原创作品张贴出来，形成个性化鲜明的文学创作产品。

4. 学术博客

以学术探讨为主题的个人博客，这类博客更加专注于思想的传播和学术问题的探讨。

5. 图片博客

作者把自己生活中的精彩瞬间通过图片记录下来，张贴到支持图片上传功能的博客网站上,形成以图片为主的博客。

6. 音频博客

作者自己制作音频文件,并上传到博客空间与广大网友分享。这是一种以声音文件为主,辅以文字文本来传播信息的方式。

(四) 博客的写作

博客的一般格式为“标题+正文”。

1. 标题

标题表明文章的主要内容,关键词和热点词要提及。

2. 正文

正文一般写明博主的文章核心表达点,字数不用太多,内容简明扼要,具有一定的新闻价值或者实用性,提出作者自己的观念。

【例文3】

衡水中学

我过去对衡水的全部认知局限于衡水三宝:内画鼻烟壶、毛笔和金鱼。冀派鼻烟壶是王习三先生创建的;毛笔产于侯店村,古称蒙笔,刚柔相济,据说跟蒙恬大将军有关;宫廷金鱼早年为衡水人所培育,“衡”字可拆为鱼行二字,继而如鱼得水,不知是否巧合。

高考发榜,河北文理两科状元皆出自衡水中学,据说这已是常态,冠军包揽四年有三,衡水习以为常了。再细看一下新闻,也真算是奇迹,河北全省文理科前四名均出自衡水中学,在今天高考如此严峻的环境下,我确信衡水中学握有法宝,不是运气。

可我在坊间听到的衡水中学的教育手段都是集中营式的,为了防止学生压力过大自杀,能跳楼的地方都安装了铁栅栏,军事化的管理细到大厕三分钟小厕一分钟,学生们的任务就是反复做题,老师的任务就是绞尽脑汁出题,师生双方的目标倒是一致,那就是高考必须一本大学。

有志者事竟成。今年的文理科状元分别奔赴清华北大,让其他莘莘学子高山仰止。我估计衡水中学的应届毕业生此时此刻已是一身轻松,各自挥泪告别,各奔前程,而明年这个神话将延续,直至教育完全改革。

中国的高考神校都出在底层,大城市反倒不行,优越就缺乏动力。衡水中学所处地区不算富裕,安徽六安毛坦厂更是山中灯火,黄冈中学也曾发力造就过辉煌,这些学校都有一个拼字,都有一套异于常规的手段,将不谙世事的孩子们推向喜马拉雅山脉,让他们出人头地,一览众山小。对于家长们,惶惑中心疼孩子,心疼中又挥泪让其加入苦行大军,这其实都是人类未来的写照:染于苍则

苍,染于黄则黄,世之质文,随教而变。

2016 年 6 月 24 日

(马未都博客 http://blog.sina.com.cn/u/1347712670)

【例文 4】

一次告别

也许很多人不知道,我在小学的时候是数学课代表。后来因为粗心和偏爱写作,数学成绩就稍差一些。再后来,我就遇上了我的初恋女朋友,全校学习成绩前三名的 Z。Z 是那种数学考卷上最后一道压轴几何题都能用几种算法做出正确答案的姑娘,而我还是恨不得省去推算过程直接拿量角器去量的人。

以 Z 的成绩,她是必然会进市重点高中的,她心气很高,不会为任何事情影响学业。我如果发挥正常,最多也是区重点。我俩若要在同一个高中念书,我必然不能要求她考差些迁就我,只能自己努力。永远不要相信那些号称在感情世界里距离不是问题的人。没错,这很像《三重门》的故事情节,只是在《三重门》里,把这感情写成了女主人公最后为了爱情故意考砸去了区重点,而男主人公阴差阳错却进了市重点的琼瑶桥段。这也是小说作者唯一能滥用的职权了。

在那会儿,爱情的力量绝对是超越父母老师的训话的,我开始每天认真听讲,预习复习,奋斗了一阵子后,我的一次数学考试居然得了满分。

是的,满分。要知道我所在的班级是特色班,也就是所谓的好班或者提高班。那次考试我依稀记得一共就三四个数学满分的。当老师报出我满分后,全班震惊。我望向窗外,感觉当天的树叶特别绿,连鸟都更大只了。我干的第一件事就是借了一张信纸,打算一会儿给 Z 写一封小情书,放学塞给她。信纸上印着"勿忘我""一切随缘"之类土鳖的话我也顾不上了。我甚至在那一个瞬间对数学的感情超过了语文。

之后就发生了一件事情,它的阴影笼罩了我整个少年生涯。记得似乎是发完试卷后,老师说了一句,韩寒这次发挥得超常啊,不符合常理,该不会是作弊了吧。

同学中立即有小声议论,我甚至听见了一些赞同声。

我立即申辩道:"老师,另外两个考满分的人都坐得离我很远,我不可能偷看他们的。"

老师说:"你未必是看他们的,你周围同学的平时数学成绩都比你好,你可能看的是周围的。"

我反驳道:"这怎么可能,他们分数还没我的高。"

老师道:"有可能他们做错的题目你正好没看,而你恰恰做对了。"

我说:"老师,你可以问我旁边的同学,我偷看了他们没有。"

老师道:"是你偷看别人,又不是别人偷看你,被偷看的人怎么知道自己被人看了。”

我说:“那你把我关到办公室,我再做一遍就是了。”

老师说:“题目和答案你都知道了,再做个满分也不代表什么,不过可以试试。”

以上的对话只是个大概,因为已经过去了十六七年了。在众目睽睽之下,我就去老师的办公室做那张试卷了。

因为这试卷做过一次,所以一切都进行得特别顺利。但我唯独在一个地方卡住了——当年的试卷印刷工艺都非常粗糙,常有印糊了的数字。很自然,我没多想,问了老师,这究竟是个什么数字。

数学老师当时就一激灵,瞬间收走了试卷,说:“你作弊,否则你不可能不记得这个数字是什么,已经做过一次的卷子,你还不记得么?你这道题肯定是抄的。”老师还抽出了我同桌的试卷,指着那个地方说:“看,他做的是对的,而在你作弊的那张卷子里,你这也是对的,这是证据。”

我当时就急了,说:“老师,我只知道解题的方法,我不会去记题目的。”说着顺手抄起卷子,用手指按住了几个数字,说:“你是出题的,你告诉我,我按住的那几个数字是什么。”老师自然也答不上来,语塞了半天,只说了一句“你这是狡辩”之类的,然后就给我父亲的单位打了电话。

我父亲很快就骑车赶到,问老师出什么事情了。老师说:“你儿子考试作弊,我已经查实了。”接着就是对我父亲的教育。我在旁边插嘴道:“爸,其实我……”

然后我就被我爹一脚踹出去数米远。父亲痛恨这类事情,加之单位里工作正忙,被猛叫来了学校,当着全办公室其他老师的面被训斥,自然怒不可遏。父亲骂了我一会儿后,对老师赔了不是,说等放学到家后再好好教育。我在旁边一句都没申辩。

老师在班级里宣布了我作弊。除了几个了解我的好朋友,同学们自然愿意接受这个结果,大家也没什么异议。没有经历过的人恐怕很难了解我当时的心情。我想,蒙受冤屈的人很容易产生反社会心理,在回去的路上,15岁的我想过很多报复老师的方法,有些甚至很极端。最后我都没有做这些,并慢慢放下了,只是因为一个原因,Z她相信了我。

回家后,我对父母好好说了一次事情的来龙去脉。父亲还向我道了歉。我的父母没有任何权势,也不敢得罪老师,况且这种事情又说不清楚,就选择了忍下。父母说,你只要再多考几个满分,证明给他们看就够了。

但事实证明这类反向激励没什么用,从此我一看到数学课和数学题就有生理厌恶感。只要打开数学课本,就完全无法集中注意力,下课以后,我也变得不喜欢待在教室里。当然,也不觉得叶子那么绿了,连窗外飞过的鸟都小只了。

(摘自韩寒博客,2013-08-16)

四、微博

（一）微博

微博(microblogging 或 microblog)又称微博客，是一种允许用户及时更新简短文本(通常少于 140 字)并可以公开发布的微型博客形式。微博作为一种分享和交流平台，其更注重时效性和随意性。微博客更能表达出每时每刻的思想和最新动态，而博客则更偏重于梳理自己在一段时间内的所见、所闻、所感。

（二）微博的特点

1. 便捷

用户可以通过各种连接网络的平台，在任何时间、任何地点即时发布信息，其信息发布速度超过传统纸媒及网络媒体。

2. 内容原创性

微博写作的便利和传播效果，使得大量的原创内容产生出来。真正的个性化媒体内容时代到来。

3. 信息获取具有很强的自主性

用户可以根据自己的兴趣偏好，依据对方发布内容的类别与质量，来选择是否“关注”某用户，并可以对所有“关注”的用户群进行分类。

（三）微博的格式

微博的一般格式为“标题＋正文”。

1. 标题

标题表明文章的主要内容。

2. 正文

正文要简明扼要表达文章的核心点，重在时效性和新闻性，也有的是商业推广等。

【例文 5】

中国一点都不能少　中国的领土主权和海洋权益，不需要别人仲裁。中国，一点都不能少，一寸都不会让。

7 月 12 日 18:07，来自人民日报微博

重庆生活　【2016 中国十大火炉城市　重庆第一名】 2016 中国十大火炉城市，气象部门通过分析我国省会和直辖市近 31 年气象资料，首次权威公布中国夏季炎热城市情况，夏季炎热城市前十名分别是重庆、福州、杭州、南昌、长沙、武汉、西安、南京、合肥、南宁。你想说________？

第十三章　提高写作能力的途径

写作能力是一种综合能力。作者不仅要有正确的观点，要掌握丰富的有代表性的材料，还应具备一定的文字表达能力。只有这样，写出的文章才能正确体现党的路线、方针、政策，提出的措施和办法才能做到切实可行，真正起到对下指导，为四化建设服务的目的。但是，怎样才能提高写作能力呢？

一、要努力学习，掌握马克思列宁主义、毛泽东思想和邓小平建设有中国特色社会主义理论

从事文字工作的人员，一定要认真学习马克思列宁主义、毛泽东思想和邓小平建设有中国特色社会主义的理论，在理解上下功夫。通过学习，完整、准确地掌握它，在现实工作中，用马克思列宁主义、毛泽东思想和邓小平建设有中国特色社会主义理论的立场、观点、方法来认识问题、解决问题，坚持四项基本原则和改革、开放的方针，做一个头脑清醒、思想进取、勇于开拓的文秘工作者。

我们之所以强调要努力学习马克思列宁主义、毛泽东思想和邓小平理论，是因为文秘写作和一般的文章写作存在着许多不同。公务应用文的特殊地位与作用及它的特定作者决定了这点。公文代表的不是作者个人的观点、意志，而是代表整个制发机关的观点、意志。公文的主旨若有问题，不仅会给制发机关的工作带来不利影响，而且会给党和国家带来损失。因此，从事文秘工作的人员一定要认真学习马克思列宁主义、毛泽东思想和邓小平建设有中国特色社会主义理论，用正确的政治理论作指导，保证在应用文起草工作中，自觉地贯彻党和国家的路线、方针、政策。

二、学习、领会党和国家的有关法规，提高政策水平

党和国家制定的各项方针、政策、法规是指导各项工作的依据和规范，各机关、各部门必须遵照执行。我国幅员辽阔，各地区、各系统、各单位的情况千差万别，而党和国家的方针、政策、法规不可能面面俱到，这就要求我们必须认真学习、领会它的精神实质和政策界限，结合本地区、本单位实际制订切实可行的措施和办法。在当前改革日益深入的形势下，党和国家相应地对有些政策、规定作了调整，为了适应这种变化，我们必须认真学习有关的政策，结合实际，认清形势，把社会主义经济建设推向新胜利。

三、学习、熟悉本部门的业务

这是对应用文起草人员的基本要求。只有熟悉本部门的业务，才能对本部门工作提出有价值的建议，提出切实可行的指导意见或改进措施，从而推动整个部门工作的开展。很难想象一个业务上的门外汉能写出高质量的公文。业务上的门外汉或对业务一知半解，文件很容易出现这样或那样的毛病、问题，不仅影响办文效率，也会影响机关的权威与形象，甚至会给工作带来意想不到的损失。因此，从事公文写作的人员必须要扎扎实实地学好业务，尽快实现由门外汉到门内汉的转变。

四、学习语法、逻辑、修辞等写作知识

写好公文，不仅要解决思想认识问题，还要提高写作技巧。这两个方面，起决定作用的是内容，其次才是形式。内容决定形式，形式依附于内容。内容要依赖形式来表现，才能成为交流思想的工具。所以，掌握写作技巧是提高写作能力的重要方面。要提高表达能力，就要学习语法、逻辑和修辞，加强运用语言文字的基本技能训练，在熟练掌握遣词造句的基础上，掌握谋篇布局的技巧，力争使文字结构完整，叙事顺畅，准确精练。

表述能力是思维能力的表现。毛泽东同志曾讲："写文章要讲逻辑，就是要注意整篇文章，整篇说话的结构，不要互相冲突。"(见《毛泽东选集》第五卷，《农业合作化的一场辩论和当前的阶级斗争》)。所以，特别要重视逻辑、条理性的训练，使自己的思路更加清晰、缜密，这样才可以使文章表述得更加透彻、精辟。

五、多读范文

读与写是紧密联系在一起的，多读好文章，日久天长，就会产生潜移默化的作用，就会从中吸取许多有益的东西。杜甫的"读书破万卷，下笔如有神"的佳句，俗话说的"熟读唐诗三百首，不会作诗也会吟"讲的都是这个道理。

多读，是说在认真阅读古代、当代优秀公文的基础上，要多读名著，广泛涉猎文、史、哲各方面的书籍，要博采众长，为写作奠定扎实的基础。

六、多写

多读，不是为了欣赏，读的根本目的是为了写。

多读丰富了知识，开阔了眼界，但并不代表就掌握了它。不少读书众多但提笔难成行的人大有人在。这就说明，要掌握写作技巧，绝不是看了几本书，了解了写作知识就可以获得的，而必须通过艰苦的练习与实践才能逐步掌握。从事文秘工作的人员要脑勤、手勤。脑勤指勤于思考，手勤则指勤于提笔练习。

要尽快提高自己,通常的练习方法有如下几种。

(一) 坚持写日记、工作日志

日记侧重记载个人生活中发生的事,工作日志则侧重记载每天的工作情况。看起来写日记、日志是件信手拈来的事,但真要写好并不容易。日记、日志虽然是天天写、天天记,但绝不等同于流水账,要写得文字通顺、层次分明、格调清新绝非易事,只有天天练、天天写,才会在实践中得到提高。

(二) 请人改

平日多写些小文章,尤其是机关行政文书,不仅可以提高写作能力,而且可以加深行政文书格式规范的学习。文章写好后,要本着"丑媳妇不怕见公婆"的态度,请本部门文字水平较好的人员提出意见,尤其要注重向"一字师"请教学习,要从文章的修改中汲取营养,增长才干。

唐朝诗人贾岛写的"鸟宿池边树,僧敲月下门",第二句原为"僧推月下门",经韩愈斟酌后改为"僧敲月下门",一字之功成为千古名句,就是例证之一。

写作能力的提高是一个长期、努力实践的过程,要有百折不挠的精神,不断练习,不断总结,掌握规律,假以时日,必然会达到运用自如的程度。